D0929995

LA DÉCOUVERTE
INTÉRIEURE

Note sur l'auteure :

Sarah Ban Breathnach célèbre dans son œuvre les joies tranquilles, les plaisirs simples, les révélations du quotidien. Elle est l'auteure du best-seller *L'Abondance dans la simplicité* (*Simple Abundance*).

Sarah Ban Breathnach est également la fondatrice de l'organisation caritative Simple Abundance, visant à établir des liens entre les causes charitables et le public, et développer la conscience que «faire le bien» et «mener une bonne vie» sont une seule et même chose. Elle vit à Washington, D.C., avec sa fille.

Toute demande d'information peut être acheminée à l'adresse suivante :

Sarah Ban Breathnach/Something More
P.O. Box 11123
Takoma Park, Maryland 20913
U.S.A.

ou via Internet, à : http://www.simpleabundance.com

SARAH BAN BREATHNACH

LA DÉCOUVERTE
INTÉRIEURE

À *la recherche du moi authentique*

Traduit de l'anglais par
Françoise Forest

Données de catalogage avant publication (Canada)

Ban Breathnach, Sarah
  La découverte intérieure : à la recherche du moi authentique
  Traduction de : Something more.
  Comprend des réf. bibliogr.
  ISBN 2-89466-049-9
    1. Vie spirituelle. 2. Réalisation de soi. 3. Femmes – vie religieuse.
I. Titre.
BL625.7B35314 2001   291.4'4'082   C2001-940388-7

Nous reconnaissons l'aide financière du gouvernement
du Canada par l'entremise du Programme d'aide au
développement de l'industrie de l'édition (PADIÉ)
pour nos activités d'édition.

Conception graphique de la
page couverture : Diane Luger
Illustration de la couverture : Margaret Chodos-Irvine
Graphisme : Carl Lemyre
Infographie : René Jacob, 15e Avenue
Titre original : *Something More : Excavating Your Authentic Self*
          Warner Books, Inc., New York
Copyright © 1998 Sarah Ban Breathnach
Copyright © 2001 Éditions du Roseau, Montréal
          pour la traduction française
Tous droits de traduction, de reproduction
et d'adaptation réservés pour tous pays.
ISBN 2-89466-049-9
Dépôt légal : Bibliothèque nationale du Québec, 2001
          Bibliothèque nationale du Canada, 2001
Distribution : Diffusion Raffin
          29, rue Royal
          Le Gardeur (Québec)
          J5Z 4Z3

À Katie Brant
et Larry Kirshbaum,
mes âmes sœurs.

Ceux qui vivent passionnément nous apprennent à aimer.
Ceux qui aiment passionnément nous apprennent à vivre.

Un livre doit être une hache pour la mer glacée en nous.

FRANZ KAFKA

REMERCIEMENTS

Pour ma part, je ne connais rien d'autre que les miracles.

WALT WHITMAN

En tant qu'auteure irlandaise, je me fie davantage à l'invisible qu'au visible, ce qui m'amène à croire que le « Grand Livre » est toujours plus sage que moi, heureusement. Je commencerai donc par remercier mon collaborateur – le Créateur –, à qui je dois de bouger, d'écrire, de vivre, d'aimer et de trouver un sens à ma vie. La grâce qui m'a permis de donner naissance à *L'Abondance dans la simplicité* ne cesse de m'étonner. *La Découverte intérieure*, qui est un autre cadeau du ciel, pourrait être perçue comme une gâterie, mais je suis très fière de ce livre. C'est le miracle que j'ai demandé dans toutes mes prières.

Je me réjouis de ne plus avoir à éclaircir ce mystère ; je ne fais que me régaler de voir mon nom apparaître sur ces livres. Peut-être cela vient-il du fait que, comme Franz Kafka, je sois convaincue que l'écriture est la prière la plus personnelle qui soit. Une fois que j'ai accepté une tâche, mon rôle, tel que je le conçois, consiste simplement à être fidèle au poste, à collaborer avec l'Esprit et à lui laisser le champ libre. Quand j'arrive à le faire, je vois l'impossible se produire à chaque page, jour après jour. Nulle part ce miracle ne se manifeste-t-il plus clairement que dans la valeur des personnes extraordinaires que l'Esprit met sur ma route pour m'aider à mettre mon œuvre au monde, avec autant de dévouement que s'il s'agissait de la leur. Je suis bénie entre tous les écrivains, et j'en suis consciente.

Pendant l'écriture de *La Découverte intérieure*, ma foi a vacillé à plusieurs reprises, mais le soutien et la générosité de mes collègues, de mes amis et de ma famille n'ont jamais faibli. Grâce à leur confiance, ce livre a pu voir le jour.

Maureen Mahon Egen, présidente de Warner Books, a compris que l'œuvre que j'entrevoyais était plus qu'une conclusion de *L'Abondance dans la simplicité*, et a gracieusement fourni l'amour, la liberté et la générosité essentiels à la création de ce livre qui attendait impatiemment de voir le jour. Elle a reçu avec grand enthousiasme (ce qui m'a à mon tour enthousiasmée) la version finale, qui n'avait pourtant rien à voir avec le projet initial. Maureen n'est pas seulement la directrice générale chez Warner ; elle est une visionnaire et une âme sœur. J'espère que notre collaboration se poursuivra longtemps encore.

Caryn Karmatz Rudy a d'abord été ma rédactrice, mais elle n'a pas tardé à devenir la sage-femme qui m'a aidée à donner naissance à *La Découverte intérieure*, un accouchement qui n'a pas été facile. Sa sérénité et son attitude calme, confiante et réconfortante ont contribué à extirper ce livre du magma créateur pour lui donner la forme qu'il a aujourd'hui. Pourquoi est-ce que je l'apprécie ? Pour une foule de raisons, et particulièrement pour son courage sur le champ de bataille. Pour toutes les fois où elle a répondu avec entrain et conviction « On ne peut mieux ! » en réponse aux autorités qui lui demandaient comment le projet évoluait. J'ai envers elle une dette karmique énorme, que j'espère pouvoir rembourser au fil des années. (Pourquoi pas un long week-end au *Canyon Ranch* ?) Il est vrai que tout est bien qui finit bien, mais une collaboratrice pleine de bon sens ne nuit certainement pas.

Je remercie du fond du cœur tous mes autres bienfaiteurs et bienfaitrices de Warner Books : la directrice de l'édition Harvey-Jane Kowal, qui incarne l'élégance dans la sobriété, démontrant encore une fois les vertus de la concision, notamment grâce à ses deux seuls mots d'encouragement : « aucune pression » ; Jamie Raab, responsable des premières éditions de Warner, qui se préoccupe autant du travail de l'auteur que du produit final, fait rare et d'autant plus apprécié. Merci encore à la correctrice Ann Armstrong Craig, qui perpétue l'illusion que je maîtrise la langue anglaise, et à la responsable de la révision Ann Schwartz, qui a le don de décrire merveilleusement des livres encore en gestation.

Chapeau encore une fois à l'équipe de conception et de production : Diane Luger, Thom Whatley et particulièrement Flamur Tonuzi, concepteur de la superbe couverture du livre ; Margaret

Chodos-Irvine, qui a créé la belle illustration qui s'y retrouve, nous prouve à nouveau qu'une image vaut mille mots.

Un clin d'œil affectueux à toutes les personnes qui travaillent sans relâche pour faire en sorte que mes livres reçoivent un accueil enthousiaste : la diva de la publicité Emi Battaglia, qui chante mes louanges et réussit toujours à atteindre les notes les plus hautes. Merci à Jennifer Romanello, ma maestra de la publicité chez Warner, qui mêle les bémols du quotidien aux dièses de l'extra-ordinaire, de façon à créer une belle symphonie. Acclamons-les à nouveau ! La verve énergique de Susan Richman est contagieuse, et la simple présence de Jimmy Franco est rafraîchissante quand la fièvre monte. Merci à l'équipe préposée aux droits subsidiaires, composée de Nancy Wiese, directrice, Tracy Howell, Julie Saltman et Sarah Telford, qui a diffusé mes écrits de la Chine à la Croatie, ainsi qu'à Chris Barba, vice-présidente du service des ventes chez Warner, qui a pris *La Découverte intérieure* sous son aile – un livre ne peut espérer meilleure marraine.

N'oublions pas de porter un toast en l'honneur de Judy McGuinn, de Time Warner Audio, qui devrait remporter le Grammy de l'amabilité. Maja Thomas allie la créativité à la gen-tillesse ; elle a donné des ailes à mes paroles et réussi à transformer la séance d'enregistrement la plus difficile en ce qui m'a semblé quelques jours d'école buissonnière ; John Whitman mérite d'être applaudi pour ses excellents résumés.

Un merci sincère à Letty Ferrando, Jackie Joiner, Carolyn Clarke et Lissy Katz, qui réussissent toujours à me donner l'im-pression que je suis la seule auteure à être publiée par Warner Books.

Chaque jour, plusieurs autres personnes me font l'honneur de m'accorder leur temps, leur énergie créatrice, leurs émotions, leur loyauté, leur amitié, leur appui et leur amour inconditionnel. À Washington, Dawne Winter, Beth Sanders, Jane Parker et Jennifer Page forment l'équipe de Simple Abundance Inc., et m'apportent un réconfort et un équilibre inestimables. Ceux qui affirment que personne n'est irremplaçable n'ont jamais rencontré ces femmes.

À New York, Kathy Schenker, Sally Fischer, Nancy Hirsch et Yael Schneiderman s'assurent que personne n'oublie l'auteure ou le fait que le Simple Abundance Charitable Fund est la pierre angulaire de ma demeure sacrée. Merci également à Stacey Bosworth, mon assistante à New York et coordonnatrice des projets spéciaux, qui crée partout où elle va une atmosphère de fête.

Margaret Gorenstein et Katie Maresca m'ont permis de dormir sur mes deux oreilles en se chargeant des autorisations ; j'éprouve une reconnaissance éternelle envers ces personnes qui accomplissent une tâche qui n'est pas assez reconnue ; c'est pour cela que je tiens à les remercier ici.

Ma sœur, Maureen Crean, et mes frères, Pat Crean et Sean Crean, veillent fidèlement sur moi et m'assurent leur soutien indéfectible. Je remercie le ciel d'avoir placé ces trois « proches » dans ma famille. Merci à Maureen d'avoir eu l'intelligence de me propulser gentiment dans le vingt et unième siècle grâce à un site Web, et à Pat, toujours prêt à me tendre la main.

Jonathan Diamond connaît intuitivement mes besoins et les comble avant même que je les exprime. Il est et sera toujours mon prince charmant.

Deux femmes accomplies et réviseures indépendantes douées m'ont aidée d'innombrables façons pendant la rédaction de ce livre. Leur constante collaboration a représenté pour moi un filet de sécurité me permettant de m'élancer sans risques vers ma page ; leur souplesse, leur perspicacité et leurs talents de détectives ont été une source permanente d'inspiration. Merci à Sally Arteseros pour les leçons privées d'archéologie, pour avoir exhumé la bibliothèque perdue du roi assyrien Assurbanipal à ma place et livré quelques-unes de ses trente mille tablettes d'argile sur mon bureau chaque semaine, pour avoir réglé les détails tout en conservant son calme. Vous m'avez aidée de tant de façons que je sais que je vais oublier quelque chose. Je sais aussi que de faire en sorte qu'une chose semble facile est la tâche la plus difficile au monde. Merci de me faire paraître brillante.

Toute ma reconnaissance à Susan Leon qui m'a aidée à faire surgir de nouvelles idées à propos des points tournants de la vie des femmes, avec créativité et entrain, qu'elle ait été à Londres ou à Los Angeles. Quand j'étais en panne d'inspiration, Susan veillait à ce que je ne flanche pas. Son aptitude à trouver des histoires de femmes qui incarnaient les vérités présentées dans ce livre a été une contribution unique et irremplaçable.

Enfin, aucun mot me peut exprimer la gratitude et l'amour que j'éprouve envers ma fille, Katie Sharp, et ma chère amie, Chris Tomasino, qui n'est pas seulement mon agente littéraire et ma gérante, mais mon sabre et mon bouclier. Je pourrais leur dédicacer tous mes livres. Ces deux personnes sont beaucoup plus que mon enfant et mon amie: elles sont mes âmes sœurs, et leur présence dans ma vie est une immense bénédiction.

Mais la source première d'inspiration de ce livre apparaît dans sa dédicace. Ma rencontre avec Katie Brant et Larry Kirshbaum, il y a deux ans, a profondément transformé la trajectoire de ma vie. La beauté et le courage de Katie incarnent l'essence même de *La Découverte intérieure*. Sa persévérance à la fois douce et passionnée et sa conviction inébranlable que nous pourrions convaincre les administrateurs de regarder au-delà du résultat financier ont été le catalyseur spirituel de The Simple Abundance Press, chez Warner Books.

Quant à Larry Kirshbaum, directeur de Time Warner Trade Publishing, il m'a appris à faire d'un rêve fou une magnifique réalité. Quand *L'Abondance dans la simplicité* a fait ses débuts dans le monde, il a été le parfait gentleman veillant à ce qu'une timide débutante devienne la reine du bal ; une femme n'oublie jamais l'homme qui l'a accompagnée à son premier bal.

Puissent toutes ces personnes lire entre les lignes l'amour et la gratitude dont mon cœur déborde.

SARAH BAN BREATHNACH

Juillet 1998

UNE VIE AUTHENTIQUE

*Je sens ces vies enfouies qui cherchent à remonter
en moi pour s'exprimer.*

MARGE PIERCY

Au cœur de notre vie

Notre naissance n'est qu'endormissement et oubli.
L'âme qui se lève avec nous, notre étoile de vie,
s'est couchée ailleurs.
Elle vient de loin,
et n'a pas tout oublié...

WILLIAM WORDSWORTH

D'après ce que je peux voir, les humains se divisent en deux sous-espèces : il y a les résignés, qui traînent un tranquille désespoir, et les exténués, qui s'agitent dans un tourbillon perpétuel. Les premiers sont convaincus que notre passage ici-bas est le fruit du hasard, un jeu de dés cosmique sur lequel nous n'avons aucune prise. Ces gens sont faciles à reconnaître : leurs soupirs en disent très long.

Les autres – les agités chroniques – sentent qu'il doit bien y avoir *autre chose*, une autre raison à notre séjour terrestre que de découvrir le rapport entre l'argent, l'amour, le sexe et le Sens de la Vie. Nous cultivons nos légumes biologiques, prenons nos vitamines, buvons de l'eau de source, méditons, organisons des groupes de travail. Nous nous entraînons cinq jours par semaine, mangeons du sorbet faible en matières grasses, puis nous nous demandons pourquoi nous sommes toujours de mauvaise humeur. *Qu'y a-t-il d'autre ?* Nous voudrions bien le savoir (de préférence d'ici la fin de l'après-midi). Cette question nous distrait, nous trouble et nous laisse perplexes.

Et si nous étions là pour arriver à comprendre ce que l'argent, l'amour et le sexe ont à voir avec la texture et la trame de notre vie. Sans contredit, la bambine de deux ans qui apparaît sur la vieille photo en noir et blanc que j'ai entre les mains semble déterminée à trouver la réponse à cette question. Les mains solidement agrippées à sa chaise haute, le menton rebelle, les mâchoires serrées et les yeux profonds et solennels révèlent une volonté farouche de comprendre ce qui en est, une détermination qui déconcerte chez une enfant de cet âge. Ce n'est pas là le visage d'une ingénue ; nous avons affaire à une vieille âme dans un nouveau corps : circonspecte, consciente de son long passé, avertie des ruses de ce monde et loin d'être prête à s'endormir. Guerillera d'expérience, elle ne prend aucun prisonnier cette fois-ci.

J'ai déterré cette photo après la mort de ma mère. Telle une archéologue fouillant un site, j'examinais et classais une étonnante collection de vestiges de la vie de deux femmes, ma mère et moi-même : des cartes de souhaits jaunies, des carnets de banque, des livres de messe, des billets de loterie irlandaise, de vieilles photos que je voyais pour la première fois. Pour toutes ces raisons qui compliquent la vie des historiens – sous-sols inondés, déménagements, trous de mémoire –, il ne reste que quelques photos de mon enfance. La plupart ont disparu. Mais toutes les reliques familiales que j'ai dénichées m'ont permis de me découvrir. J'ai dû alors éprouver la même émotion que le célèbre égyptologue Howard Carter lorsqu'il a découvert la tombe du jeune pharaon Toutânkhamon.

Une image vaut plus que mille mots ; elle équivaut à un inventaire jungien de la personnalité. Sur cette vieille photo apparaissent toutes mes forces ou mes faiblesses (selon la circonstance et la personne qui fait l'évaluation). Force, détermination, ténacité, courage, résolution, fermeté, obstination : autant de facettes d'un trait caractéristique – l'entêtement – résumées en une seule photo.

Comme j'aurais aimé savoir dès le début que j'étais une femme forte ! Cela aurait fait toute la différence ! Comme j'aurais aimé savoir que j'étais une femme courageuse, moi qui ai passé une bonne partie de ma vie à plier l'échine. Si j'avais su en partant que j'avais l'âme d'une guerrière, j'aurais mené à terme toutes ces discussions que je me contentais d'engager. Si j'avais su dès le départ que j'étais venue au monde pour embrasser le monde, je n'aurais pas passé mon temps à lui tourner le dos ; je l'aurais accueilli à bras ouverts !

Une photo prise presque cinquante ans plus tard fait ressortir la même attitude : même visage en forme de cœur, même inclinaison de la tête, même regard direct. Mais une aura tout à fait différente enveloppe le sujet. L'entêtement d'acier s'est mué en énergie spirituelle ; en grandissant, l'enfant en a appris, des choses. La défiance a cédé la place à cette certitude qui permet de se dire : « Détends-toi ; je sais ce que je fais. » Mieux encore, toute la tension a disparu ; cette femme est débarrassée du fardeau des apprentissages auxquels son âme avait décidé de s'attaquer au cours de cette vie ; elle a appris ses leçons. Son karma a été effacé, une dette énorme a été remboursée. Est-ce possible ? Peut-être ai-je devant moi les photos de deux femmes parentes ayant vécu à des époques différentes ? Mais dans mon for intérieur, je sais.

Surprises par la joie

L'âme est venue ici pour son plaisir.

RUMI

Selon Cynthia Ozick, « après un certain nombre d'années, notre visage devient notre biographie ». J'espère qu'elle a raison. Si elle dit vrai, alors la femme sur la photo devant moi me fournit une preuve matérielle de ma théorie de la réincarnation.

La réincarnation est la croyance selon laquelle, après la mort, notre âme renaît à une autre époque, dans un autre lieu et un autre corps, pour poursuivre son périple vers la paix et la perfection en assimilant des leçons spirituelles. D'après les Anciens, ce voyage intérieur personnel prend plusieurs vies. Mais une fois ces apprentissages complétés, nous pouvons poursuivre notre route et passer à un autre niveau, en quelque sorte.

Mais qu'arrive-t-il si nous sommes éveillées et prêtes à suivre un cours accéléré durant la vie *présente*? Pourquoi ne pas demander à l'Esprit de nous enseigner tout de suite les leçons particulières susceptibles d'accélérer notre voyage vers l'authenticité? Ne pourrions-nous pas nous réincarner en toute connaissance de cause – ici et maintenant –, enrichir et transformer notre vie en nous rappelant nos rêves, nos amours et nos peurs passés, et en les réexaminant?

Oui, même nos peurs. Je suis profondément convaincue que nous pouvons modifier le cours de notre destin de façon prodigieuse en conviant les leçons qui nous effraient le plus. Car la loi spirituelle transcende la loi du karma. Nous sommes destinées à nous frayer un chemin à travers nos peurs: c'est notre karma. Mais nous pouvons les surmonter grâce à l'Esprit. Quand nous lançons une invitation à nos peurs, même si nous claquons des dents et avons l'estomac à l'envers, le Ciel admire notre courage, applaudit à notre audace et nous comble de ses grâces. N'oublions jamais qu'*il faut d'abord passer à l'action pour que la grâce se manifeste.*

Dans *Crisis Points: Working Through Personal Problems*, l'écrivain anglais Julian Sleigh nous propose de voir les démons qui nous inspirent «crainte et dégoût» comme des messagers qui cachent des cadeaux sous leurs ailes. «Si nous les affrontons et leur faisons lâcher leurs cadeaux, affirme Sleigh, ils seront satisfaits et s'envoleront, nous laissant profiter de ce qu'ils nous ont apporté.»

Quelle que soit la façon dont nous considérons nos peurs – que nous tombions dans nos propres pièges ou ceux des autres, que nous soyons aveuglées par une crise soudaine ou que nous en traînions une depuis longtemps –, Sleigh nous rappelle que nous n'avons que trois options:

1. *Ignorer notre peur et espérer qu'elle se dissipera.* Elle ne le fera pas.

2. *Essayer de l'endurer.* Cela ne peut se faire indéfiniment.

3. *Chercher le cadeau que recèle notre peur et en profiter.* Ce faisant, nous accédons à l'autre versant de la vie et trouvons la joie.

«Soyez joyeux, nous conseille le poète Wendell Berry, car c'est humainement possible.»

Quand l'élève est prêt

Si nous pouvons apprendre dans la douleur,
nous pouvons aussi apprendre en douceur.

Carolyn Kenmore

N os leçons spirituelles sont la multitude d'expériences que nous croisons au cours de notre vie, particulièrement celles que nous ne comprenons pas. Nos maîtres sont les événements commandés par notre âme.

Les événements commandés par notre âme nous font sortir de la zone de confort et de sécurité des vieilles habitudes. Ils défient la logique et se moquent de la raison. Ces moments d'authenticité ne nous trahissent jamais, cependant. Il est vrai que souvent, ils nous étourdissent ou nous plongent dans la confusion. Mais en maintenant le cap, comme lorsque nous tenons fermement le volant en traversant un brouillard sur la route, nous passons au travers jusqu'à ce que le nuage se dissipe. Soudainement, la route réapparaît et nous voyons où nous allons : nous retournons chez nous.

Se réincarner n'est pas chose facile ; si ce l'était, tout le monde le ferait. D'après mes observations, les meilleures candidates sont les femmes qui ont beaucoup de discernement, qui n'ont pas de temps à perdre ou à gaspiller, qui frôlent trop souvent la crise à leur goût. Des femmes comme vous et moi. Ce n'est pas pour nous esquiver que nous choisissons de nous réincarner, mais pour nous mettre à la tâche, pour amorcer le processus. Nous réincarner, c'est nous créer une vie amoureuse, une vie dont nous sommes amoureuses.

En effet, c'est *notre* vie que nous nous réapproprions enfin, non pas celle de notre mère, de notre sœur, de notre conjoint ou de notre meilleure amie. N'est-ce pas là le miracle que nous invoquons dans nos prières depuis toujours ? Je le sais parce que je l'ai fait. Quand j'observe la photo de la femme que je suis devenue, que j'ai toujours été sans le savoir, je suis remplie de joie et d'émerveillement. Pour la première fois de ma vie, je n'ai plus de désirs à assouvir, car je me suis enfin retrouvée.

Vous pouvez le faire vous aussi.

C'est là le miracle que j'aimerais vous aider à accomplir. La reconquête de vous-même. Il vous faudra retourner au moment où vous vous êtes perdue. Car, à un moment donné, sans doute à votre insu, vous avez dévié de votre route. Heureusement pour nous, l'autoroute de la vie a autant de voies d'accès que de voies de sortie.

Sur le chemin de l'authenticité, au fil de notre quête d'autre chose, nous avons toutes vécu sept vies où nous nous sommes mises en marche, avons survécu, nous sommes installées, avons trébuché, avons connu la tourmente, avons senti qu'il existe autre chose et sommes parties à sa recherche. Comme l'exprime le Psalmiste, nous devons passer par la Vallée des Ténèbres, du découragement, du déni, du doute et de la noirceur, pour accéder à la Lumière et trouver ce que nous cherchions.

Le cœur de *L'Abondance dans la simplicité* se trouvait dans son premier principe : la gratitude. Celui de *La Découverte intérieure* réside dans le dernier principe de *L'Abondance dans la simplicité* : la joie. Tout comme la gratitude nous a aidées à passer du manque à l'abondance dans toutes les dimensions de notre vie, la joie nous aidera à passer de l'imitation à l'authenticité.

Bon nombre d'entre nous confondons *plaisir* et *joie*. Le plaisir est souvent déclenché par un événement extérieur, un événement sur lequel nous n'avons habituellement aucune prise : nous avons une promotion, l'être aimé nous rend notre amour, notre demande d'hypothèque a été approuvée. Le plaisir masque beaucoup de peurs.

La joie, elle, est l'absence de peur. Elle est la certitude de notre âme que si nous n'obtenons pas la promotion en question, si nous ne pouvons poursuivre cette relation ou acheter cette maison, c'est que c'est mieux ainsi. C'est que nous sommes appelées à trouver quelque chose de mieux, de plus riche, de plus profond. La joie était là dès notre naissance, au moment où nous avons lancé notre premier cri. La joie est un droit que nous avons acquis en naissant.

Cependant, pour reconquérir notre droit à la joie, nous devons changer notre façon d'être en profondeur. La plupart d'entre nous fomentons inconsciemment des drames dans notre esprit : nous nous attendons au pire et voyons souvent nos prévisions pessimistes se réaliser. Nous créons ainsi notre propre malheur par inadvertance. Nous nous battons quotidiennement, naviguons d'une crise à l'autre, secouées et malmenées par les circonstances, ne réalisant pas que nous avons le choix.

Imaginons la scène suivante. Une femme se présente à la porte du ciel avec plus de bagages qu'elle ne peut transporter. « Pourquoi encore traîner toutes ces inepties ? » lui demande l'ange affecté à l'entrée du paradis. « Cette fois, vous étiez censée vous débarrasser de la plupart de ces choses. »

« Je sais bien, mais je ne suis pas arrivée à me défaire de l'habitude de la misère. C'est vraiment embêtant, mais la misère aime la compagnie, là-bas sur la Terre. De plus, si vous étiez né dans ma famille et aviez épousé mes énergumènes de maris... »

« Vous devez retourner et recommencer, ma chère », lui répond l'ange sur un ton sarcastique tout en visant son passeport. « Retournez et recommencez. Présentez-vous au centre de recyclage ; un conseiller se penchera sur votre cas. »

« Ce sera long ?

– Je n'en ai pas la moindre idée. Cela peut prendre une semaine, ou quelques centaines d'années. Tout dépend si on vous mettra, ou non, dans la catégorie des durs à cuire. Ceux-là sont renvoyés presque immédiatement.

– Qui considère-t-on comme durs à cuire ?

– Ceux qui se situent au dernier échelon de la délégation divine. Chaque fois que vous retournez, la vie est de plus en plus difficile. À un moment donné, vous êtes sonné, vous touchez le fond du tonneau. Vous finissez par lever les yeux et appeler au secours. Peut-être même éprouver de la gratitude. Vous remerciez d'être encore en vie et de pouvoir vous attaquer à toutes les leçons spirituelles que vous vous êtes fixées en venant au monde. La reconnaissance est le premier pas vers la joie. »

Gardons cela à l'esprit.

Carte du site

Qu'arriverait-il si une seule femme disait la vérité sur sa vie?
Le monde s'ouvrirait d'un coup.

MURIEL RUKEYSER

Être une femme, vraiment, totalement, c'est être toutes les femmes.

KATE BRAVERMAN

Lire un livre peut sembler très facile. Vous choisissez un livre, l'ouvrez, y posez le regard puis vous vous mettez à le lire. En fait, cela n'est pas toujours aussi simple. Comme lectrice, je suis dure avec les livres et les écrivains. En femme passionnée, j'aime que mes hommes et mes livres me chavirent. Il faut que ce soit le coup de foudre. Il faut que je sois renversée par la vision d'un auteur, que je me demande comment j'ai pu vivre avant de lire son livre si éclairant, comment il se fait qu'il me comprenne si bien.

En réalité, bien qu'il y ait souvent un lien mystique entre un écrivain et son lecteur, c'est sa propre vie qu'un auteur essaie de clarifier en écrivant, non celle du lecteur. Mais comme le poète irlandais W. B. Yeats dit un jour à un de ses admirateurs : « Si ce que je dis a une résonance chez vous, c'est tout simplement parce que nous sommes deux branches du même arbre. »

Ainsi en est-il du livre que vous avez entre les mains. Selon la merveilleuse écrivaine Katherine Paterson, une partie de la magie des livres tient au fait qu'« ils nous permettent d'entrer en imagination dans la vie d'une autre personne. Ce faisant, nous apprenons à comprendre les autres. Mais la vraie surprise, c'est qu'en même temps, nous apprenons sur nous-mêmes et notre vie des choses que, pour une raison ou une autre, nous n'avions pas pu voir auparavant ».

L'écriture de ce livre a été très ardue. Il m'est arrivé à plusieurs reprises de penser que je n'aurais pas le courage de le terminer. Sur une période d'un an et demi, j'ai jeté trois versions au panier. Pourquoi ? Parce que lorsque je me relisais, je ne me sentais pas émotivement reliée à ce que j'avais écrit. J'avais tenté de raconter des expériences, particulièrement la mienne, en gardant mes distances. Or, notre âme a un profond besoin de communion et de relation. Je savais ce que je voulais dire, mais je ne le disais pas. J'avais peur de me mettre à nu d'une façon encore plus franche et intime que dans *L'Abondance dans la simplicité*. Pourtant, comme l'affirme Jessamyn West: « Pour écrire, si le talent est utile, le courage s'avère absolument nécessaire. »

À vrai dire, je craignais qu'en scrutant l'histoire des femmes dont je parle dans ce livre, vous imaginiez que je ne parle que de moi. « Seigneur, me demandais-je, vont-elles penser qu'il s'agit de moi ? » Finalement, la page devant moi m'a demandé de cesser de me dérober et de surmonter ma trouille. En fait, certaines des histoires que je raconte parlent de moi, mais la plupart parlent d'autres femmes, dont certaines sont connues alors que d'autres ont vécu loin des caméras. Mais qu'importe. Certaines histoires éveilleront des résonances si profondes en vous que vous pourriez en être le sujet. En fait, ces histoires parlent de vous, elles parlent de *nous toutes*.

Nous sommes toutes des branches du même arbre.

Comme je l'ai souligné plus haut, l'authenticité nous fait sortir de notre zone de confort. La lecture de ce livre aura le même effet. « Si l'écrivain ne verse pas de larmes, le lecteur n'en versera pas non plus », confie le poète Robert Frost. « S'il ne rit pas, le lecteur ne rira pas non plus. » Pendant l'écriture de ce livre, j'ai ri et j'ai pleuré, comme une femme qui donne naissance. J'ai le sentiment que vous ferez de même en le lisant. Car nous sommes en train d'accoucher de notre moi authentique. C'est pourquoi je vous exhorte à y aller doucement. Si vous butez sur un passage trop ardu, mettez-le de côté pour un autre jour.

À la fin de chaque chapitre, vous trouverez des exercices agréables qui vous mettront en contact avec votre propre source d'inspiration et vous aideront à reprendre votre souffle entre les sections. Je les ai intitulés « Sur le terrain ». L'archéologie nous servira de cadre de référence. Pour découvrir notre moi véritable, nous devons fouiller le champ verdoyant de notre passé. J'ai placé diverses suggestions de travaux pratiques à la fin de certains chapitres parce que les questions soulevées au cours des exercices me semblaient compléter la démarche qui y était entreprise. Toutefois, si vous arrivez au milieu d'un chapitre difficile et voulez passer à la prochaine série d'exercices, faites-le. Si vous êtes du genre à sauter des passages, ne vous gênez pas. Si la reconquête de votre moi profond vous intéresse, cependant, vous devrez retournez en arrière et reprendre là où vous vous êtes arrêtée.

En réalité, c'est justement le but de ce livre : nous aider à reprendre notre voyage intérieur vers la Plénitude, là où nous l'avons interrompu.

Je vous recommande de lire *La Découverte intérieure* d'un couvert à l'autre, puis de le reprendre en passant à travers chaque chapitre à votre rythme. Le processus de réincarnation exige beaucoup de réflexion et de méditation.

Peut-être avez-vous l'habitude de lire des livres qui vous promettent de changer votre vie au moyen de divers exercices créatifs.

La Découverte intérieure ne fait pas partie de ces ouvrages. Vous devez le lire, l'assimiler et le ruminer jusqu'à ce que qu'il prenne un sens *pour vous*. Que vous soyez ou non d'accord avec moi au fil de ces pages, je vous invite à considérer votre vie sous un nouvel angle.

La transformation est un long processus. Ne vous découragez pas. Prenez le temps qu'il faudra. Traitez-vous avec douceur ; laissez à votre cœur, à votre esprit et à votre âme le temps d'assimiler les histoires et les leçons avant de passer aux pages suivantes. Ne vous inquiétez pas : votre moi authentique saura vous guider. Et vos fouilles seront d'autant plus fructueuses.

J'espère que de tous les voyages que vous avez entrepris jusqu'à maintenant, l'expédition que vous entreprenez aujourd'hui sera la plus féconde, la plus stimulante et la plus passionnante. Votre courage sera récompensé. Des trésors insoupçonnés sont enfouis au plus profond de vous.

L'ÂME AU ROMANTISME

*Elle avait été acculée à la prudence durant sa jeunesse.
C'est en vieillissant qu'elle s'est initiée au romantisme –
suite naturelle d'un début contre nature.*

JANE AUSTEN

Faire face à l'avenir
en scrutant le passé

Le passé ne se trouve jamais là où nous croyons l'avoir laissé.

KATHERINE ANNE PORTER

Selon l'écrivaine quaker Jessamyn West, le passé est presque « autant une œuvre de l'imagination que l'avenir ». Tout archéologue sera d'accord avec elle. L'archéologie est l'humble tentative de l'humanité de comprendre le sens de la vie en observant la façon dont les civilisations et les sociétés vivaient avant nous.

Le terme *archéologie* vient d'un mot grec signifiant « science des choses anciennes ». Cependant, comme le souligne l'archéologue Paul Bahn, ce mot « en est venu à désigner l'examen des vestiges du passé, du tout premier objet jusqu'aux rebuts d'hier ».

Que nous en soyons conscientes ou non, nous aussi avons vécu plusieurs vies ; et je ne parle pas ici de vos ébats passés en tant que Cléopâtre ou des miens comme reine de Saba. Je fais plutôt allusion aux divers épisodes de notre vie : l'enfance, l'adolescence, les années d'études ou les premiers emplois, la carrière, le mariage, la maternité, parfois une expérience monoparentale ou la solitude de la femme d'âge mûr, après un divorce ou la mort du conjoint, et ainsi de suite. Chaque expérience a laissé une trace indélébile sur notre âme, une couche de souvenirs qu'on pourrait comparer à une couche géologique.

J'ai présenté *L'Abondance dans la simplicité* comme une recherche du Moi et de l'Esprit, un safari spirituel. Dans *La Découverte intérieure*, nous entreprenons une fouille archéologique pour déterrer notre moi authentique. Notre périple nous a conduites au site sacré de notre âme. J'ai choisi délibérément la symbolique de l'archéologie, car nous, les femmes, sommes d'incurables romantiques. Si vous sondez la psyché féminine, vous y trouverez une complainte romantique. Des élans mélancoliques d'amours non partagées ponctuent notre vie, du berceau à la tombe. Ces regrets ne sont pas tant déclenchés par des amants qui nous ont quittées que par le souvenir de choses que nous avons aimées, mais dont nous avons appris à nous priver.

La vie se doit d'être une aventure exaltante. La vôtre l'est-elle ? Y avez-vous même déjà réfléchi ? Peut-être y a-t-il quelques maux qu'un interlude romantique ne peut guérir, mais je ne les connais pas. Et si l'aventure ne vient pas à nous, alors nous irons à elle !

« Des pharaons chargés d'or [...] des civilisations perdues dans la nuit des temps : l'univers de l'archéologie évoque l'aventure et le romanesque », rappelle l'archéologue et écrivain Brian M. Fagan. Revenir en arrière pour déterrer notre passé ne sera pas toujours tâche aisée. Cette fouille sera amusante, fascinante, excitante, mais elle ne sera pas toujours facile.

L'excavation n'est pas l'étape la plus spectaculaire d'une fouille archéologique. Elle requiert un travail acharné souvent effectué dans des conditions difficiles. Pour réussir à dégager les trésors du passé, il faudra souvent enlever soigneusement des tonnes de terre. Sans ce laborieux travail de déterrement, le plaisir de la découverte ne serait pas aussi doux. Si grande que soit l'impatience de toute l'équipe affairée aux fouilles, le processus d'excavation ne peut être précipité. Et quand nous frapperons un mur de doute et de découragement, l'aventure exaltante que constitue notre course aux trésors nous remontera le moral.

D'autres raisons nous incitent à nous percevoir comme des archéologues. Pour découvrir nos trésors enfouis, nous devons cultiver les qualités qui permettent aux archéologues de faire des trouvailles époustouflantes. Selon le Dr Fagan, un archéologue doit posséder une persévérance à toute épreuve, une patience infinie, la capacité de reconnaître des modes de fonctionnement, un sens aigu de l'observation, une grande curiosité et « une conviction passionnée que son instinct est sûr. L'instinct de l'archéologue est puissant, irrésistible ; nous pourrions le définir comme un profond sentiment de savoir où trouver ce qu'on cherche ».

Ce que nous rechercherons, ce sont les moments qui ont influencé la trajectoire de notre vie. Pour ce faire, nous devrons creuser profondément : dans les perceptions et les attentes qui nous ont façonnées, les succès et les échecs qui nous ont définies, les amours et les haines, les gains et les pertes, les promesses et la souffrance qui nous ont ligotées, les risques et les ruines, le tumulte et les triomphes qui nous ont libérées. Nous déterrerons tous les choix parfaitement raisonnables qui ont fait dérailler nos rêves et enlèverons la terre qui cache les demi-vérités qui nous ont habitées toutes ces années.

Un filon prometteur.

Un roman d'amour

Les désirs non comblés sont des forces dangereuses.

SARAH TARLETON COLVIN

P arfois, lorsque nous nous réveillons du mauvais rêve du reniement de soi, nous avons l'impression de partir à la découverte de nous-mêmes pour la première fois. Pourtant, cette quête remonte à fort loin. Quand nous fermons les yeux, notre moi authentique reprend notre histoire, là où nous nous sommes arrêtées au cours de la journée, et il en a toujours été ainsi.

Une peinture peut être impressionniste, abstraite ou si réaliste qu'on dirait qu'elle va se mettre à bouger. Il en va de même pour nos rêves. Ils peuvent aussi ressembler à des collages, œuvres d'art constituées de divers matériaux : papier, tissu ou bois. Nos collages oniriques peuvent être aussi illogiques que des bribes de conversation prononcées par une femme qui tient un tipi en équilibre sur sa tête alors qu'elle est pourchassée par un troupeau de lamas. La plupart du temps, nos rêves ne semblent avoir ni queue ni tête. Mais si nous prenons le temps d'y réfléchir, leur sens nous saute aux yeux. Nos rêves peuvent devenir notre album de trouvailles spirituel.

Dans *L'Abondance dans la simplicité*, vous avez fait la connaissance de mon outil de recherche préféré : l'album de trouvailles. En montant votre propre album, vous composerez un roman d'amour dont chaque page vous révélera vos passions. « Je suis fou de moi, confie le poète Walt Whitman. Il y a chez moi tant de choses, toutes aussi séduisantes les unes que les autres. »

Même si vous vous sentez probablement obligée de le nier, vous débordez de charmes vous aussi. Pourquoi cachez-vous vos forces et attirez-vous l'attention sur vos manques ? Il faut que cela change. Procurez-vous dès aujourd'hui un cahier dans une boutique de matériel pour artistes. D'ici un mois, vous serez étonnée des merveilleuses qualités que vous vous serez découvertes.

Dans *L'Abondance dans la simplicité*, l'album de trouvailles nous a servi de journal de bord pendant notre exploration des possibles. Ici, dans *La Découverte intérieure*, cet étonnant outil d'introspection deviendra un rapport de fouille où nous consignerons les trouvailles que nous ferons en exhumant nos vies passées, nos amours, nos pertes et nos aspirations.

Si c'est la première fois que vous remplissez un tel album, préparez-vous à de belles surprises. Voici les outils dont vous aurez besoin pour entreprendre vos fouilles : une pile de magazines et de catalogues où vous pourrez découper les images qui vous accrochent – des beaux vêtements, meubles somptueux et voyages exotiques aux visages d'enfants en passant par les paysages fabuleux et les pubs farfelues ; une paire de ciseaux bien affilés, de la colle, neuf grandes enveloppes de 9 x 12 po (23 x 30,5 cm), des crayons de couleur (l'aquarelle est formidable car vous pouvez repasser sur votre dessin avec un pinceau mouillé, et vous voilà devenue peintre !) N'oubliez pas de fureter dans des magazines étrangers, en particulier les revues féminines britanniques (vendues dans les grands kiosques à journaux), qui regorgent d'images et d'arrangements complètement différents de ceux que nous trouvons ici. Leurs manchettes spirituelles et artistiques ne manquent jamais de m'inspirer.

À quel rythme nous plongerons-nous dans notre album de trouvailles? Deux séances par semaine donneront des résultats étonnants. Un soir, nous découpons, le lendemain soir, nous collons nos coupures. Je recommande de s'adonner à cette activité le soir, car il est plus facile de se détendre une fois que la maisonnée s'est apaisée. En outre, cette activité sera plus profitable si nous sommes à demi endormies, détendues et réceptives au moment où nous glanons nos images. Créons-nous un rituel pour favoriser l'inspiration. Pour ma part, j'allume toujours une belle chandelle parfumée, j'écoute ma musique préférée et je me sers une coupe de vin ou une tasse de thé au gingembre quand je travaille à mon album de trouvailles.

Quand vous voyez une image qui vous plaît ou suscite chez vous une réaction viscérale, découpez-la. N'essayez pas de comprendre pourquoi votre choix s'est arrêté sur un tigre rugissant et, l'instant d'après, sur une douillette causeuse de velours bordée d'une frange de soie. La logique de tout cela vous sera révélée un de ces jours.

Maintenant, étiquetez les neuf grandes enveloppes:

❖ Le succès authentique
❖ Le style authentique (incluant la mode, l'esthétique, la santé)
❖ Le retour vers soi
❖ Les relations
❖ Le voyage spirituel
❖ Un jour...
❖ La demeure sacrée (incluant la décoration, la cuisine, le jardinage)
❖ Le jeu
❖ Le mystère de la vie

Vous noterez que chacune de ces enveloppes porte le nom d'un exercice que vous trouverez à la fin d'un chapitre. Comme je l'ai mentionné dans l'introduction, ces exercices sont vos travaux pratiques – physiques et psychologiques – destinés à vous aider à assimiler et à appliquer les notions présentées au fil des chapitres.

Vous pouvez travailler – ou plutôt vous amuser – dans votre album de trouvailles tout en effectuant ces exercices pour vous aider à vous rendre au cœur de votre moi authentique. Mais ne vous laissez pas limiter par la forme. Sortez votre album de trouvailles quand le cœur vous en dit et effectuez vos fouilles.

Quand vous choisissez une image, mettez-la dans l'enveloppe qui lui correspond le mieux. Par exemple, le tigre peut représenter un message de votre subconscient sur votre cheminement spirituel ou vos relations. Il se peut aussi que vous n'ayez pas la moindre idée de ce qu'il signifie : mettez-le alors dans l'enveloppe consacrée au mystère. Suivez votre instinct ; abstenez-vous d'analyser. Le peintre français Georges Braque confiait un jour : « Il y a certains mystères dans mon œuvre, certains secrets que je ne comprends pas moi-même, et ne cherche pas à comprendre. »

Nous laisserons certains mystères irrésolus ; il y en a d'autres sur lesquels nous nous pencherons tant que nous ne les aurons pas élucidés. Mais ce n'est pas le temps d'éclaircir des mystères ; c'est le moment de les découvrir. Pour y arriver, nous reprendrons contact avec notre imagination et notre intuition, les systèmes de télécommunication de notre âme.

Vous serez heureuse d'apprendre que, contrairement aux autres domaines de votre vie, *vous ne pouvez pas rater votre album de trouvailles*. Dans mes ateliers, il m'est souvent arrivé de voir des femmes se faire du souci parce qu'elles ne savaient pas comment commencer leur album et craignaient de mal faire. C'est impossible. Pourquoi ? Parce que je le dis. Comme c'est moi qui l'ai inventé, je suis bien placée pour le savoir.

Voici quand même quelques suggestions pour démarrer. Plus votre cahier est grand – 9 x 12 po (23 x 30,5 cm) de préférence –, mieux c'est. Il vous faudra beaucoup d'espace pour exprimer vos rêves et vos réminiscences, pour vous amuser. Car c'est à cela que votre album de trouvailles vous convie : vous amuser avec votre moi authentique.

Mettez-vous dans un état d'esprit joyeux et léger, dans la peau d'une fillette de sept ans qui s'amuse avec ses poupées de papier.

Il ne s'agit pas d'un exercice intellectuel. Je le répète : *vous ne pouvez pas rater votre album de trouvailles.*

En plus des coupures de magazines et de catalogues, il vous faudra recueillir vos citations préférées, des dessins, des cartes de souhaits, des photocopies de photos (qui vous dispenseront de coller les photos elles-mêmes), des manchettes de journaux, des dépliants d'agences de voyage, de belles cartes postales, des rubans, des menus, des fleurs séchées, des maquettes d'événements prestigieux que vous aimeriez voir se produire un jour, bref, n'importe quel objet susceptible de déclencher un souvenir – passé, présent ou à venir. L'idée, c'est de réaliser sur papier ce que le poète W. H. Auden appelle « une carte de notre planète ».

Après avoir passé un mois à rassembler votre matériel, il est temps de réaliser vos collages. Je devine votre impatience, mais essayez de résister à la tentation d'en fabriquer neuf le même soir. Limitez-vous à un seul à la fois.

Pourquoi ? Parce qu'en plus d'être un jeu, l'album de trouvailles est un outil d'introspection. Il vous faut donc vous concentrer entièrement sur votre collage. Rappelez-vous qu'il s'agit d'une version illustrée du livre que votre âme écrit pour vous et sur vous. C'est le premier jet de l'œuvre maîtresse de votre vie. Pour moi, il s'agit de découvrir qui nous sommes et pourquoi nous sommes ici, à ce moment-ci de l'éternité. Il doit bien y avoir une raison. Mais laquelle ?

Gardons notre question.

Les petites choses oubliées

Il n'y a pas de petites choses.
Les « petites choses » sont les charnières de l'univers.

FANNY FERN

L a recherche des « petites choses oubliées », selon l'expression
de l'archéologue James Deetz, est une notion intéressante
pour décrire le processus d'excavation. Comme la majeure partie
de notre vie est consacrée à toutes sortes d'activités banales, la
recherche des petites choses oubliées est « centrale en archéologie historique [...] Les haches de silex ébréchées fabriquées il y a
des milliers d'années et les tasses de porcelaine du dix-huitième
siècle nous livrent des messages de leurs fabricants et de leurs uti-
lisateurs. L'archéologue a pour tâche de décoder ces messages pour
élargir notre compréhension de l'expérience humaine », poursuit
Deetz.

C'est précisément ce que nous entreprenons aujourd'hui : le
décodage des messages de toutes ces choses qui ont fait notre bonheur par le passé, et que nous avons oubliées. Livres, films, vêtements, meubles, animaux domestiques, jouets, vacances, congés,
nourriture, remontants, bandes dessinées, rêveries, musique et magazines qui nous ont accrochées dans notre enfance : nous partons
à la recherche de tous ces objets et événements qui, lorsque nous
nous les remémorons, revêtent encore pour nous un sens particulier. Nos passions communiquent avec nous par le truchement
de pierres de touche affectives, de ces choses spéciales qui expriment notre essence et déclenchent ce qu'Emily Dickinson appelle
« l'expérience extatique » : ce qui nous excite ou nous émeut aux
larmes, nous fait monter le sang à la tête, nous donne des palpita-
tions, nous fait vaciller sur nos jambes, nous fait soupirer du plus
profond de notre âme.

Notre nature véritable se cache dans les menus détails de la vie
quotidienne – maison, famille, travail, plaisirs. Nous croyons que

ce sont les grands moments qui définissent notre vie : le mariage, le premier enfant, la nouvelle maison, l'emploi de rêve. Mais en réalité, ces grands moments de bonheur ne sont que les signes de ponctuation de notre saga personnelle. Le livre de notre vie s'élabore dans les petites choses ordinaires. Dans chacun de nos petits choix, dans les petits changements. Dans les choses sans importance, oubliées, mises de côté, retrouvées.

Quand je pense à mon père, la première image qui me vient à l'esprit est sa main tenant la mienne au moment où il me conduisait à la gare six semaines avant sa mort. Je n'avais jamais remarqué qu'il avait de si belles mains jusqu'à ce jour où nous nous sommes tenus par la main pour la première et la dernière fois. « La plupart du temps [...], nous engageons tout notre être dans les choses les plus banales, la courbe particulière d'une colline, la rue où nous avons grandi, l'ondoiement des herbes dans le vent », notait l'écrivain anglais Storm Jameson dans *That Was Yesterday*, en 1932. « La plupart des choses que nous emporterons lorsque nous mourrons seront de petites choses. »

Quelles petites choses de votre vie actuelle emporterez-vous ? Choisissez-en une soigneusement aujourd'hui, et savourez-la.

La fouille intérieure

Dirigez votre regard au-dedans et vous trouverez
un millier de régions inexplorées.
Parcourez-les et devenez expert en cosmographie intérieure.

HENRY DAVID THOREAU

Un site archéologique doit être choisi, délimité et minutieusement préparé avant la fouille. Cette tâche incombe au chef d'expédition. Au moment où j'écris ces lignes, on recrute des équipes pour partir à la découverte de trésors étrusques, exhumer des cités perdues sur la route de la soie, jusqu'en Chine, ou reconstituer les sites mayas de Tikal et de Caracol. Je suis au courant, car j'ai devant moi une pile d'invitations exotiques des plus alléchantes à me joindre à eux pour deux semaines de rêve. La tentation est grande. Mais la séance d'entraînement de l'équipe de balle-molle de ma fille prend fin dans environ quarante-cinq minutes, puis il me faudra préparer le souper. Peut-être vivez-vous de tels conflits d'intérêts, écartelée entre les besoins de tout le monde.

Ce qu'il nous faut, c'est une expédition archéologique accessible aux femmes qui ont trop à faire et trop peu de temps pour vivre. Un site parfaitement plausible mais imprévisible, empreint de mystère, d'intrigue, de fascination et de romantisme. Une aventure qui nous captivera et retiendra notre attention tout le long de la fouille, qui pourrait s'étaler sur plusieurs « saisons », comme l'ont vécu ces femmes charmantes qui ont creusé les sables d'Arabie durant les années 1920 et 1930, revêtues de leur casque colonial, de leur jupe kaki, de leurs perles et de leur longue écharpe de chiffon blanc.

Outre le fait que votre âme est l'une des dernières sources miraculeuses qui n'aient pas encore été pillées et regorge de merveilles aussi spectaculaires que tout ce qu'on a pu trouver dans le Delta de Vénus ou la Vallée des Rois, en Égypte, vous pouvez entreprendre ce périple spirituel et en revenir sans que personne ne se soit aperçu de votre absence. Peut-être seront-ils intrigués par la lueur de votre regard et vos joues roses d'excitation, mais ce n'est pas moi qui vendrai la mèche si vous gardez le silence.

Prête à partir ?

En route vers le site sacré de notre âme !

Coup de chance

Comment pouvez-vous dire que le hasard et la chance sont la même chose ? Le hasard est votre premier pas ; la chance vient après.

AMY TAN

Quelle belle surprise de vous voir ici ! Toute seule en plus ! Où les avez-vous laissés ? En dehors de la salle de bains ? Parfait. Une bonne ruse.

Nous y voilà donc. Jetez un coup d'œil autour de vous. Vous avez l'air surprise. Vous ne pensiez pas que votre âme ressemblait à cela ? À quoi vous attendiez-vous ? (Écrivez dans la marge la première chose qui vous vient à l'esprit.)

Un des impondérables de l'archéologie est le rôle que joue le hasard dans la découverte des choses anciennes. Tout comme bon nombre d'entre nous qui ne sommes pas conscientes de notre valeur, ainsi le passé enfouit-il ses trésors dans le trivial, ne se dévoilant qu'à ceux qui ont « des yeux pour voir ». C'est par un heureux hasard que la reine de Naples a découvert des vestiges de Pompéi dans un jardin, qu'un jeune Bédouin a trouvé les manuscrits de la mer Morte en cherchant une chèvre perdue, qu'une trouvaille dans un marché aux puces, à Athènes, a permis de découvrir l'ancien palais de Minos qui, pour plusieurs, n'avait existé que dans la mythologie grecque.

Bien sûr, le hasard ne peut que nous *indiquer* le chemin de notre destinée. Il n'en tient qu'à nous de choisir de transformer le hasard en chance par notre courage, en prenant des risques, en sautant dans l'inconnu, en fonçant dans le brouillard. Le jeune homme qui trouva les manuscrits de la mer Morte dans des jarres de terre cuite enfouies dans une caverne n'était pas conscient de leur valeur, et le cordonnier de Bethléem à qui il les vendit se les procurait pour en faire de bonnes semelles. Mais quelque chose l'arrêta au moment où il allait les découper en morceaux. Piqué de curiosité, il se mit à gratter pour voir s'il n'y aurait pas quelque chose sous la surface. Les écritures qu'il découvrit alors sur les parchemins n'avaient aucune signification pour lui ; cependant, en homme religieux qu'il était, il suivit l'impulsion de l'Esprit l'incitant à les apporter à son confesseur syrien. On ne peut qu'imaginer la surprise du prêtre à la pensée que le Livre d'Isaïe de l'Ancien Testament aurait pu servir de semelles à quelqu'un ! « Notre âme se construit de bien étrange façon, écrit Mary Shelley ; c'est par des liens très ténus que nous tenons soit à la prospérité, soit à la ruine. »

Des choses qui étaient là depuis toujours

La plupart des découvertes sont des choses que nous apercevons soudainement, mais qui étaient là depuis toujours.

SUSANNE K. LANGER

Dans *The Archaeology Handbook*, Bill McMillon note qu'une fois que le site d'une fouille a été délimité, il y a d'autres travaux préparatoires à effectuer avant d'entreprendre l'excavation proprement dite. Il faut dresser une carte du site pour pouvoir évaluer l'envergure de la fouille ; la topographie du site consiste à décrire les lieux afin d'avoir un point de référence une fois que le terrain aura été passé au crible. Il faut également constituer une aire de tri où seront apportés et examinés les objets déterrés.

L'archéologue recherche deux sortes de preuves : les preuves *physiques* et les preuves *documentaires*. Par exemple, si on trouve un anneau, il s'agira d'une preuve physique. Si on déniche un journal rempli de renseignements sur le propriétaire de l'anneau, il s'agira alors d'une preuve documentaire.

Nous appliquerons ces méthodes de recherche à notre fouille intérieure. La carte de notre site établira les différentes périodes de notre vie que nous retracerons. Notre topographie sera une description et une représentation visuelle de la femme que nous sommes aujourd'hui. Un classeur pourra nous servir d'aire de tri où nous déposerons nos preuves documentaires ; quant à nos preuves physiques, nous pourrons les entreposer dans un classeur de carton tant que durera notre fouille.

Il est maintenant temps d'entreprendre nos recherches.

« Les pages sont encore blanches, confie l'écrivain Vladimir Nabokov, mais j'ai la mystérieuse sensation qu'il y a des mots qui y sont écrits avec de l'encre invisible, réclamant à hauts cris de prendre une forme visible. »

EN ROUTE!

*Nous avons toujours peur d'entreprendre quelque chose
que nous voulons faire très bien, authentiquement et sérieusement.*

BRENDA UELAND

Une aventure sacrée

Une aventure est une transgression que nous ne regrettons pas.

KATE WHEELER

E ntreprendre une fouille intérieure est une aventure sacrée qui nous fournira toutes les anecdotes amusantes, tous les profonds tournants et les choix provocateurs dont nous aurons besoin pour vivre cette vie sans nourrir de regrets. « Une véritable aventure commence par un désir, une envie d'explorer des espaces inconnus », affirme la chroniqueuse de voyages Kate Wheeler. « Dans l'espoir de trouver quoi ? Des choses sur soi-même, ou sur le monde ? Oui... »

Vous vous embarquez avec moi ? Si oui, vous devrez choisir consciemment, chaque jour, de vous débarrasser de toutes vos vieilleries : problèmes, sentiments de culpabilité, habitudes, façons de réagir, ressentiments, rivalités. Nous ne pouvons plus nous payer le luxe de garder ce qui nous a empêchées d'avancer. Cette fois, nous devons nous défaire de ce lourd bagage émotif.

Nous devons choisir entre le *rêve* d'une vie authentique et sa *réalisation*. C'est un choix incontournable si nous voulons aller plus loin, découvrir autre chose. L'authenticité et l'aventure exigent toutes deux que nous soyons prêtes à abandonner la sécurité et le prévisible pour accueillir le nouveau, qu'il s'agisse de personnes, de lieux, de défis, de plaisirs ou de passions. Une vie nouvelle, une vie authentique.

Deux vies

Nous ne pouvons pas choisir la façon dont nous allons mourir,
ni le moment.
Nous pouvons seulement choisir la façon dont nous allons vivre.
Maintenant.

JOAN BAEZ

Vous souvenez-vous de la scène du film *The Natural* (*Le Meilleur*), où Robert Redford gît dans un lit d'hôpital, malade, découragé et sur le point d'abandonner? Ce sont les finales de championnat et il ne peut y participer parce que la femme qu'il aimait l'a empoisonné. Glenn Close, l'amour de son enfance, lui rend visite. Bob s'apitoie sur son sort. Le médecin lui a annoncé qu'il ne pourra plus jamais jouer au baseball. Mais le baseball, ou plus précisément une carrière dans les ligues majeures, c'est la seule vie qu'il connaisse! Il a trente-neuf ans et vient tout juste d'y accéder. Tout se jouera lors du prochain match et il craint que s'il n'y participe pas, ce sera la fin. Et il a raison. Ce sera effectivement la fin, c'est-à-dire la fin de la vie telle qu'il l'a vécue jusqu'alors.

Mais Glenn a une compréhension plus large des choses. «Selon moi, nous avons deux vies, lui lance-t-elle. Celle qui nous permet d'apprendre et celle qui vient ensuite.»

Mais comment naître à cette seconde vie?

En route!

Nous devons consentir à nous défaire de la vie que nous avons planifiée pour pouvoir vivre celle qui nous attend.

JOSEPH CAMPBELL

« S ur notre petite planète, souligne la romancière française Colette, nous avons le choix entre deux mondes inconnus. L'un d'eux nous tente – ah! quel rêve ce serait; l'autre nous étouffe. »

Accrochez-vous bien.

Me croirez-vous si je vous dis que d'ici un an, vous pourriez réaliser vos rêves, mais (il y a toujours un *mais*) à la condition qu'à partir d'aujourd'hui, vous choisissiez votre destin. Autrement dit, vous avez au moins 365 choix à faire d'ici un an pour que votre rêve devienne réalité.

C'est tout. Seulement 365 choix.

Pourquoi paniquez-vous? Avant que vous preniez la poudre d'escampette, laissez-moi préciser qu'il ne s'agit pas de choix radicaux qui vont remuer ciel et terre, comme de franchir la mer Rouge ou d'escalader l'Everest.

Les petits choix ont de l'importance eux aussi. Souvent, en réalité, ils influencent davantage notre vie que les grands. De petits choix qui, par exemple, vous font dire «Je suis trop fatiguée pour discuter de cela ce soir», et vous font ravaler votre colère, filer en douce, faire une petite lessive, vous affaler devant un téléroman, ingurgiter un litre de crème glacée ou caler une bouteille de vin, ou encore, tenter de retrouver votre petit ami de l'école secondaire pour voir ce qu'il est devenu, vingt-cinq ans plus tard.

Croyez-moi, les menus choix quotidiens façonnent autant notre destin que la décision de tout quitter pour devenir dompteuse d'éléphants dans un cirque plutôt que de fêter ses 50 ans. «C'est en faisant de tout petits choix que nous vivons vraiment», croyait Léon Tolstoï. « Un petit choix n'entraîne qu'un petit changement. Mais ce n'est qu'en effectuant d'infimes changements, des changements si insignifiants que personne ne les remarque, que nous pouvons espérer nous transformer. »

Se modeler soi-même

C'est quand il nous est donné de faire des choix que nous nous assoyons avec les dieux et nous nous modelons nous-mêmes.

DOROTHY GILMAN

P our plusieurs d'entre nous, un choix n'est pas un cadeau spirituel à accueillir, mais un poids à supporter. Ainsi les choix deviennent vraiment des fardeaux. Pourtant, après la vie, y a-t-il un don plus précieux que le libre arbitre ?

Prenons un instant pour prendre conscience qu'il n'y a que trois façons de modifier la trajectoire de notre vie, pour le meilleur ou pour le pire : la crise, la chance et le choix.

Que nous en soyons conscientes ou non, notre vie actuelle – peu importe qui nous sommes, où nous sommes ou qui se prépare à tirer sur notre laisse – résulte directement des choix que nous avons faits par le passé. Il y a trente minutes, ou trente ans.

Vous résistez à l'idée de devoir effectuer 365 choix pour voir vos rêves se réaliser ? Cela vous semble un obstacle énorme à surmonter, n'est-ce pas ? En réalité, le simple fait de vous lever, de préparer le déjeuner, d'aider les enfants à partir pour l'école et de filer au travail vous a fait prendre plus de trois décisions avant neuf heures ce matin. Au bas mot, la majorité des femmes font une douzaine de choix par jour, ce qui fait 4380 décisions par année. Ne croyez-vous pas que parmi tous ces choix, il y en a 365 qui pourraient contribuer à vous faire vivre une vie authentique ? Moi, j'en suis convaincue.

Nos choix peuvent être conscients ou inconscients. Un choix conscient est créatif, la pierre angulaire de l'authenticité. Un choix inconscient est destructeur, le pivot de l'autodestruction. En faisant nos choix inconsciemment, nous en venons à vivre une vie qui n'est pas la nôtre. « La forme de désespoir la plus courante, c'est de [...] ne pas choisir d'être soi-même, ou de ne pas le vouloir », affirme le philosophe danois Sören Kierkegaard. « [Mais] la forme de désespoir la plus profonde, c'est de choisir d'être un autre que soi-même. » C'est ainsi que nous blessons toujours la personne que nous aimons, la personne à qui nous ne devrions faire aucun mal : soi-même.

Notre univers se définit par la dualité : clair ou obscur, haut ou bas, succès ou échec, bien ou mal, peine ou joie. Cette dualité nous tient en perpétuel mouvement. Comme le pendule d'une vieille horloge, nous oscillons d'une émotion à l'autre. Un choix conscient nous permet cependant d'arrêter le balancier et de maintenir notre équilibre, notre tranquillité. Apaise-toi, femme, et apprends à connaître qui tu es.

La plupart d'entre nous sommes terrorisées à l'idée de faire un choix. C'est que nous ne nous fions pas à notre instinct. Cela fait si longtemps que nous avons oublié comment faire. Nous choisirions de nettoyer la litière du chat ou de partir en expédition pour le Congo si cela nous exemptait d'avoir à décider autre chose que ce que nous allons manger ce soir, ce qui nous pose déjà assez de difficultés. (Dites-moi, combien de fois avez-vous mangé du poulet cette semaine ?) Tout le monde sait à quel point choisir une toilette pour un cocktail ou le ton de blanc – parmi les quarante-sept disponibles – pour repeindre les moulures de la salle à manger peut mettre une femme dans tous ses états.

La raison pour laquelle nous avons si peur de faire des choix, même les plus petits, c'est que nous sommes persuadées que nous allons prendre la mauvaise décision. *Encore une fois.* Peut-être êtes-vous trop fatiguée ce soir pour engager cette conversation, bien que vous sachiez pertinemment qu'elle s'impose depuis longtemps. Vous pouvez décider de la remettre à demain soir. *Encore une fois.* Si vous me ressemblez un tant soit peu, une foule de mauvaises décisions vous ont amenée là où vous êtes aujourd'hui et vous y maintiennent.

Il est bon de rappeler qu'une erreur de décision n'est pas nécessairement une mauvaise décision.

Vous n'avez pas épousé l'homme qu'il vous fallait. Vous êtes devenue enseignante plutôt que chanteuse country. Vous n'avez pas terminé vos études universitaires, ne vous êtes pas engagée dans un organisme de coopération, n'êtes pas allée vivre à New York. Si vous l'aviez fait, votre vie aurait été différente. Mais *pas nécessairement meilleure.* Car c'est *nous*, et non les circonstances extérieures, qui déterminons la qualité de notre vie.

Nous ne pouvons pas savoir si un choix est bon ou mauvais tant que nous ne l'avons pas vécu. Même si nous pouvons pressentir la direction qu'il nous fera prendre, nous ne pouvons jamais vraiment savoir où un choix nous mènera. Nous sommes tiraillées entre les « Je devrais » et les « Je ne devrais pas ». Un débat intérieur s'engage. L'écrivaine Jeanette Winterson décrit merveilleusement ce dilemme : « Ma théorie, dit-elle, c'est que chaque fois que nous faisons un choix important, la partie de nous que nous avons laissée derrière poursuit l'autre vie que nous aurions pu mener. »

Nous nous mettons alors à recueillir toute l'information possible. Nous pesons les options qui s'offrent à nous. Nous considérons les possibilités. Nous ruminons. Nous examinons les probabilités avec notre meilleure amie. Nous sondons notre coeur. Nous prions le ciel de nous guider. Puis nous sautons dans l'inconnu et espérons retomber sur nos pieds. Nous vivons notre choix. Pendant longtemps, nous ne regardons pas en arrière. Plus tard, avec du recul, nous jetterons un coup d'oeil derrière nous et verrons si notre décision a été sage ou non. Mais au moins, nous avons pris le risque en toute connaissance de cause, et nous avons fait de notre mieux. L'Esprit ne nous en demande pas plus. Nous ne devrions pas nous en demander davantage nous non plus.

Il importe de ne jamais confondre erreur de décision et mauvaise décision. Les mauvaises décisions – nous en avons toutes pris – se prennent quand nous nous engageons sur le sentier tortueux de l'autodestruction, habituellement avec le sourire. Nous ne demandons alors conseil ni à notre coeur, ni à notre meilleure amie. Nous ne pesons ni le pour, ni le contre. Nous ne prions pas. Pourquoi ? Parce que nous avons la profonde intuition que ce choix ne devrait même pas nous effleurer l'esprit. Mais il nous tente à un point tel que même son inconséquence ne nous en détourne pas. En fait, elle nous y incite.

À vrai dire, avouons que dans de telles situations, nous nous foutons éperdument de ce que *tout le monde* pense.

Si nous fermons les yeux, nous pouvons dire en toute franchise que nous n'avons jamais prévu la catastrophe. Comment aurions-nous pu ? Les mauvais choix se font quand nous somnolons, plongées dans une sorte de coma. Avant même de prendre ces décisions, nous savons qu'en nous réveillant, nous nous demanderons comment nous avons pu nous montrer aussi stupides.

Mais Dieu merci, notre vie n'est pas complètement façonnée par nos mauvais choix. Nous avons fait des choix judicieux, sages, forts, courageux, heureux. Nous avons pris des décisions brillantes. Seulement, nous nous rappelons très peu d'entre elles. Nous avons tendance à sous-estimer nos bons coups et à les attribuer au hasard, à la chance, à une erreur de livraison. Nous ne nous en attribuons certainement pas le mérite. C'est seulement quand les choses vont mal, quand nous commettons une erreur ou faisons un mauvais pas que nous prenons l'entière responsabilité de ce qui nous arrive.

Comment nous surprendre alors que devant un choix, notre première réaction soit de l'éviter ? De le retarder le plus longtemps possible. De remettre l'inévitable à demain. En ne prenant pas de décision cependant, nous laissons les autres décider pour nous. Les autres ont beau avoir les meilleures intentions du monde et être formidables, rappelons-nous que si la décision ne vient pas de nous, nous ne pourrons blâmer personne si elle nous rend malheureuses.

Aujourd'hui, alors que nous commençons à reconstituer notre parcours, disposons-nous à réfléchir aux choix que nous avons faits par le passé, de même qu'à notre mode de décision. Êtes-vous réfléchie ? Impulsive ? Endormie ? Choisissez-vous avec votre coeur, votre tête ou vos tripes ? Êtes-vous à l'aise avec votre façon de prendre des décisions ou vous fait-elle rentrer sous terre ? Et si vous tentiez une nouvelle approche? Quelle que soit votre manière d'effectuer des choix, parions que votre vie, comme la mienne, résulte directement de choix auxquels vous n'avez même pas réfléchi.

Inquiétant, n'est-ce pas?

Le choix est l'âme soeur du destin. Dans son roman intitulé *Avenue of the Dead*, Evelyn Anthony évoque de façon superbe le moment de la prise de conscience: «Bien plus tard, elle se rappellerait ce moment où sa vie avait basculé. Il n'était pas prédestiné; elle avait eu le choix. Ou il semble du moins qu'elle l'avait eu. Accepter ou refuser. Emprunter une voie, ou une autre, à la croisée des chemins vers l'avenir.»

Repartir à zéro

Les chevaux ne naissent pas tous égaux.
Quelques-uns sont venus au monde pour gagner.

MARK TWAIN

Parfois, nous devons repartir à zéro. Comme un des quatre cavaliers de l'Apocalypse, un décès, un divorce, une dette ou un désastre surgit au grand galop dans notre vie et notre univers s'écroule. Nous perdons notre maison, notre santé, notre compagnon de vie ou notre emploi. Nous perdons notre chemin. Et nous devons repartir à zéro.

L'expression anglaise «*starting from scratch*», qui signifie «repartir à zéro», provient d'un règlement de la course de chevaux que les Anglais ont instauré au dix-huitième siècle pour égaliser les chances de franchir la ligne d'arrivée et faire en sorte que le vainqueur ne gagne la course que d'une demi-tête. Ce qui, bien sûr, ne se produisait jamais. Néanmoins, pour entretenir l'illusion d'un

« sacré bon spectacle », le cheval considéré le meilleur devait parcourir une distance plus longue et partir d'une ligne – *scratch* –
tracée sur le sol.

Aujourd'hui, on ne fait plus courir une plus grande distance au
cheval favori, mais on lui fait porter un fardeau pour égaliser les
chances de l'emporter pour tous les concurrents. Plus un cheval a
gagné de courses, plus grand est le poids qu'il doit traîner ! On
raconte des histoires merveilleuses à propos de Secretariat, sans
doute le meilleur pur-sang du siècle dernier. Parmi d'autres
exploits, il éclipsa tous ses rivaux lors d'une course en dépit du
fardeau de sept kilos dont on l'avait chargé, et gagna cette course
non pas d'une demi-tête, mais de trente et une longueurs ! Après
sa mort, l'autopsie révéla que le champion avait un coeur plus gros
que ses congénères. Fascinés par cette découverte, les médecins
émirent l'hypothèse que le pur-sang possédait cet organe vital
exceptionnel dès la naissance et n'avait fait que mettre à profit cet
atout naturel. D'autres soutinrent que c'était plutôt par sa détermination et sa volonté que Secretariat avait renforcé les muscles
de son coeur au point d'en accroître les dimensions. Qu'en était-
il au juste ? Je n'en sais rien. En dernière analyse, importe-t-il vraiment de savoir si l'animal était né avec ce coeur exceptionnel, ou
s'il l'avait développé pour se montrer à la hauteur de son destin ?

Un fil continu de révélations

Les choses viennent en leur temps.

ENID BAGNOLD

Vous avez vu le film *National Velvet* (*Le Grand National*) ? Inspiré
du merveilleux livre d'Enid Bagnold, il met en vedette
Elizabeth Taylor, adolescente, qui y interprète son premier rôle

principal dans la peau de Velvet Brown, une jeune Anglaise déterminée à transformer le cheval des plus ordinaires qu'elle a gagné dans une tombola en un coureur d'élite. Chaque fois qu'elle l'enfourche, elle s'imagine en train de trotter triomphalement sur la piste après avoir remporté le *Grand National*, la plus importante épreuve de course à obstacles au monde. Velvet est convaincue qu'elle et « The Pie » ont un destin spécial et que dans ce cheval d'allure banale bat le coeur d'un champion. Mais la jeune fille a quelques obstacles à surmonter : elle n'a que quatorze ans et ses parents croient que son rêve est pure folie. De plus, The Pie est fort indiscipliné, et il n'a jamais été dressé. Même si elle trouvait un entraîneur dans son petit village de la campagne anglaise, elle n'aurait pas les moyens de l'engager, ni de payer le droit d'inscription à l'épreuve, ni de retenir les services d'un jockey, sans compter que les filles ne sont pas admises à la plus prestigieuse épreuve hippique anglaise. Cependant, comme tout rêveur le sait, pour une jeune fille décidée à prendre son destin en main, ce n'était là que des obstacles mineurs.

Pensez à Velvet Brown la prochaine fois que vous aurez quelques obstacles à surmonter. Comme moi, vous serez ravie de constater qu'accomplir ce dont « les autres » vous considèrent incapable est l'une des choses les plus gratifiantes qui soient.

Depuis ma toute première année d'école, j'entretiens de solides convictions à propos de l'argent, de la réussite, des rêves et du destin. L'origine de ces certitudes et la façon dont je les ai acquises ont toujours été un mystère pour moi, d'autant plus qu'elles n'avaient rien à voir avec la philosophie que m'ont inculquée mes parents. J'ai découvert une de leurs sources peu après avoir entrepris mes fouilles intérieures, au moment où je me suis remémoré les livres qui avaient marqué mon enfance. Parmi ceux-ci, *National Velvet* occupait une place importante. Il m'avait été offert par ma tante préférée, qui adorait les chevaux et voulait me communiquer sa passion. Après avoir lu ce livre presque d'un trait, je me suis dit : « Si Velvet Brown est capable de le faire, moi aussi je le peux. » Je n'avais aucune idée de ce que je voulais accomplir, mais l'équitation me semblait un bon départ.

Or, mes parents n'avaient pas les moyens de me payer des leçons d'équitation et ne voulaient pas que l'un de leurs trois enfants jouisse d'un traitement de faveur en se faisant offrir un tel cadeau par tante Em. Tout à fait par hasard, une troupe de guides parrainait alors un concours destiné à honorer la jeannette la plus débrouillarde. Premier prix : des leçons d'équitation gratuites. Je passai la majeure partie de cette année à me mériter de nouvelles badges. Mes efforts furent récompensés le jour où tante Em m'amena faire des courses pour me procurer l'équipement nécessaire, puis m'invita au restaurant pour célébrer l'événement. Nous étions toutes deux si fières de moi ! Ce fut l'un des plus beaux jours de ma vie.

Deux semaines plus tard, tante Em mourait subitement d'un anévrisme au cerveau. Elle n'avait que trente-quatre ans. Le matin de ses funérailles, je devais recevoir ma première leçon d'équitation. J'étais accablée de douleur. J'avais le coeur brisé. Je n'arrivais pas à croire à ce qui m'arrivait : je venais d'être expulsée du paradis terrestre. Je venais d'apprendre brutalement qu'à n'importe quel moment, la vie, le bonheur, la sécurité et, plus que tout, l'amour, peuvent nous être ravis sans avertissement. Je refusai d'assister aux funérailles ; je m'entêtai à me dire que tante Em ne pouvait pas nous avoir quittés, qu'il y avait certainement eu erreur.

Et la leçon d'équitation ? Et mon prix ? C'est alors que je dus faire mon premier choix conscient, poser pour la première fois un geste d'affirmation en me fondant sur ma propre perception de ce qu'il convenait de faire. Je me rendis à cette leçon. Au plus profond de mon coeur, je savais que tante Em m'aurait approuvée, mais en même temps, je ne pus m'empêcher de penser qu'il fallait être une fille bien méchante pour aller faire de l'équitation en d'aussi tristes circonstances. Avec l'ardeur et l'application dont seul un enfant peut faire preuve quand il s'attaque à une tâche sérieuse, je suivis ma première leçon. Cependant, dès qu'elle eut pris fin et que je fus sortie de l'écurie, mes larmes se sont mises à couler et, d'une certaine façon, n'ont jamais cessé de le faire depuis.

Plus tard, à l'âge de douze ans, à l'époque où je commençais à m'initier au saut, je suis tombée de mon cheval. J'ai certes été ébranlée, mais m'en suis sortie sans grand mal. J'aurais dû remonter immédiatement en selle, mais je ne l'ai pas fait. Le moment de la leçon suivante est venu, mais je me suis mise à avoir peur et je n'ai plus voulu remonter un cheval. Je n'en ai jamais parlé; j'ai tout simplement laissé tomber cette activité comme si mon intérêt s'était dissipé.

Plusieurs années plus tard, j'ai accompagné ma fille à sa première leçon d'équitation. En me rendant à l'écurie, ma mémoire sensorielle s'est mise en branle et tous ces événements me sont revenus: ma tante bien-aimée, l'amour inconditionnel qu'elle me témoignait, le réconfort que m'apportait son amitié, sa confiance en moi, ma détermination à gagner le fameux concours, nos célébrations. Puis, bien sûr, le souvenir de ma perte. En cet instant précis, j'ai pris conscience que j'avais enfoui mon amour de l'équitation sous des couches de peur et de culpabilité, qu'un choix courageux avait dégénéré en un acte honteux. Je pus enfin démêler la vérité du mensonge qui m'avait ravi tant de joie.

Trente-cinq ans après ma chute, j'ai enfourché un cheval à nouveau; je suis repartie à zéro et me suis inscrite à un cours de débutants, aux côtés de bambins de sept ans. Peu importait. Je redevenais la fillette de sept ans, heureuse de se retrouver en selle et d'avoir repris contact avec une partie précieuse d'elle-même. En rentrant à la maison ce jour-là, je me suis acheté une copie flambant neuve de *National Velvet*.

Même si vous partez à la recherche de vos plaisirs et de vos goûts personnels, préparez-vous: vous ne pouvez pas savoir quels souvenirs remonteront à la surface quand vous reprendrez contact avec l'enfant que vous avez été. Mais gardez toujours à l'esprit que vous n'êtes pas seule. Votre moi authentique est à vos côtés, compagnon spirituel toujours disposé à vous aider à dénouer les fils enchevêtrés de la mémoire, des promesses, de l'abandon. Je n'avais pas du tout prévu que l'amalgame des arômes du cuir, de la sueur, du foin et des chevaux allait réveiller d'aussi puissants souvenirs. Grâce à eux, j'ai pu clore en douceur une expérience marquante de ma vie.

La douleur fait partie du passé. Aucune de nous n'est complètement guérie des blessures de l'enfance. Certaines de ces blessures sont plus horribles que d'autres, mais quelque douloureux que soient nos souvenirs, il y a eu aussi des moments glorieux qui nous ont donné le goût de vivre, sinon nous ne serions pas là aujourd'hui. « L'ordre d'importance des événements de notre vie diffère de l'ordre chronologique dans lequel ils se sont produits », nous confie l'écrivaine Eudora Welty. Grâce à notre patience et à notre paisible observation, ces événements fourniront à l'archéologue intérieure en nous « un fil continu de révélations » qui nous conduira en toute sécurité sur les traces de notre moi authentique.

Reprendre depuis le début

Le passé n'est pas seulement ce qui est arrivé ; c'est aussi
ce qui aurait pu se produire mais ne l'a pas fait.

TESS GALLAGHER

I l nous arrivera souvent de jeter un coup d'oeil rétrospectif au cours de notre voyage. Il nous faut donc accepter dès le départ qu'aucune vie reconstituée ne commence au commencement, surtout pas une vie de femme. En effet, même si le passé ne demande qu'à être remémoré, notre mémoire le modifie à notre avantage et dans notre intérêt. La mémoire – cette vieille bonne femme vaniteuse – ne peut s'empêcher de faire quelques petites retouches au passé pour qu'il paraisse mieux. La mémoire est aussi volage. Elle doit être courtisée pour succomber à nos charmes. Parfois, elle fait montre d'une générosité surprenante et nous fait revivre des moments avec une clarté étonnante. Mais la plupart du temps, nos souvenirs viendront par bribes, telles les petites pièces d'une poterie découvertes lors d'une fouille archéologique. Quand cela se produit, nous devons nous armer de patience pour reconstituer la petite fille que nous avons laissée derrière.

« Le passé est une chose très subtile », écrit Natalie Barney. « [Mais] en fin de compte, rien d'autre n'existe : tout est fait du passé, même le futur. »

Tout avoir

Le désir est tout ce qui dure.

JENNIFER STONE

E n vous rappelant que « nous avons tout ce dont nous avons besoin », *L'Abondance dans la simplicité* vous a rassurée et appris à en prendre conscience en recourant aux vertus prodigieuses de la gratitude. Il est à souhaiter que la reconnaissance a opéré des miracles dans votre vie, comme elle l'a fait dans la mienne.

Il vous semble peut-être que je me contredis quand j'affirme maintenant qu'il est bien d'aspirer à autre chose, même après avoir cultivé la gratitude, effectué des changements positifs dans votre vie et vous être rapprochée de votre moi authentique.

Il n'y a là aucun paradoxe. Vous vous rappelez quand j'ai insisté sur le fait que si nous voulons mener une vie profondément satisfaisante, nous devons faire la distinction entre nos désirs et nos besoins ? C'est toujours vrai. Par exemple, s'alimenter est un *besoin* ; si nous ne le comblons pas, nous mourrons de faim. Le *désir* est autre chose : sa satisfaction contribue à agrémenter notre vie, mais nous pouvons nous en passer ou nous contenter d'y aspirer.

Quand je parle d'aspirer à autre chose, il ne s'agit pas de désirer une voiture plus luxueuse, une maison plus spacieuse ou une robe haute couture. Il s'agit plutôt d'étancher notre soif spirituelle.

Nous ne *désirons* pas étancher cette soif. Nous en avons *besoin*. Nous sentons au plus profond de nous qu'il nous manque quelque chose d'essentiel. Nous sommes constamment à sa recherche, mais comme nous ignorons de quoi il s'agit, le mieux que nous puissions espérer, c'est de le reconnaître ou de nous en rappeler si nous le rencontrons. Nous nous portons à la défense de notre vie en disant : « Je sais que je devrais être heureuse. Je le suis, en fait. J'ai un mari fantastique et des enfants extraordinaires, toute la famille est en bonne santé. J'ai un travail intéressant, des amis merveilleux. Maman se plaît au foyer. Notre situation financière est correcte, nous payons nos comptes et avons même commencé à mettre un peu d'argent de côté. Le printemps prochain, nous projetons de faire une croisière dans les Bahamas. Nous sommes bien et heureux de notre sort. Je remercie chaque jour pour tous ces cadeaux. Alors, d'où me vient ce sentiment de vide?»

Vous n'êtes pas la seule femme à éprouver ce sentiment de manque. Comme nous toutes, la superstar country Reba McEntire s'interroge : «Quelles que soient nos réalisations, nous continuons de nous demander s'il y a autre chose que nous devrions faire, si nous avons manqué quelque chose. »

Je suis à court de mots pour exprimer ma gratitude pour la vie merveilleuse que j'ai. Je réalise la plupart de mes rêves. Chaque jour, je dis à voix haute : «Je suis la femme la plus chanceuse de la terre. » Et je le crois vraiment. C'est pourquoi j'ai été aussi renversée que réconfortée quand j'ai découvert la détresse dans laquelle était plongée la romancière anglaise Vita Sackville-West, à une période qui aurait dû être la plus heureuse de sa vie. En 1930, son livre *The Edwardians* avait connu un énorme succès auprès du public et des critiques, et lui avait procuré la sécurité financière après une vie de misère «distinguée». Ce succès permit à Vita et à son époux, Harold Nicolson, d'acheter le château de Sissinghurst, romantique mais en piètre état, et d'en faire un lieu célèbre. À trente-huit ans, elle se sentait au faîte de sa créativité et travaillait à la rédaction de *All Passion Spent*, le roman qui allait être proclamé sa plus grande oeuvre. Néanmoins, Vita avouait à sa meilleure amie, Virginia Woolf: «Si moi, qui suis la plus chanceuse des femmes, je m'interroge sur le sens de la vie, comment les autres font-ils pour vivre ? » Peu après avoir confié sa détresse, elle s'engagea dans une aventure amoureuse qui masqua temporairement sa dépression, mais ne la guérit pas.

Nous voilà donc – vous, Reba, Vita Sackville-West et moi-même –, des femmes talentueuses, éclectiques, brillantes même. Pourtant, le soir, quand nous nous retrouvons enfin seules, nous nous mettons à scruter le trou noir dans notre coeur. À la façon de la langue qui explore la cavité sensible laissée par l'extraction d'une dent cariée, nous sondons notre vide intérieur, en proie à une soif insatiable et inexplicable.

« De nos jours, note Emily Hancock, bon nombre de femmes éprouvent une tristesse qu'elles n'arrivent pas à définir. Bien que nous accomplissions une bonne partie de ce que nous nous proposons de faire, nous avons le sentiment qu'il manque quelque chose à notre vie, et nous en cherchons en vain les causes à l'extérieur de nous. Souvent, le problème, c'est que nous sommes coupées de notre moi authentique. »

Le divin inconfort

[Si] personne n'était insatisfait de ce qu'il a,
le monde n'aspirerait jamais à mieux.

FLORENCE NIGHTINGALE

C omme nous n'arrivons pas à définir ce vide, nous éprouvons secrètement, même au milieu de l'abondance, un sentiment qui va du léger embarras à la honte pure et simple, voire à une énorme culpabilité. Nous ne devrions pas.

Nous devrions plutôt ressentir un grand soulagement.

Le divin inconfort est là pour nous faire avancer. C'est un moyen sûr pour le monde spirituel d'attirer notre attention. Dieu sait qu'il a recours à toutes sortes de subterfuges: imagination, intuition, coïncidences, synchronicité, rêves éveillés, rêveries, délicieuses impulsions. Mais quand cela fait des années que nous les ignorons, il se dépose dans les trous de notre âme des petits grains qui font penser aux grains de sable qui se forment dans le coin de l'oeil, la nuit. Ces particules finissent par irriter la paroi de notre vie, comme le grain de sable dans l'huître qui deviendra une perle. Comme le souligne l'historienne anglaise Cicely Veronica Wedgewood:

« L'insatisfaction et le désordre [sont] des signes d'énergie et d'espoir, non de désespoir. »

Le divin inconfort peut se manifester de différentes façons. Vous pouvez être en train de vous laver le visage et ne pas reconnaître la femme que vous reflète le miroir. « Qui est cette personne ? » demandez-vous. Pas de réponse. Cette tête vous dit vaguement quelque chose, mais n'a pas beaucoup de ressemblance avec la femme que vous vous attendiez à y trouver. Les psychologues appellent cela le « déplacement du moi » ; ce phénomène se produit habituellement durant les périodes de grande tension, c'est-à-dire quotidiennement pour bon nombre d'entre nous.

Il existe un autre trouble psychologique extrême appelé « personnalité limite ». Parmi les symptômes cliniques de cette affection, il y a le sentiment de ne pas avoir d'« identité réelle », le besoin d'aller chercher à l'extérieur l'assurance et le réconfort, le besoin d'exercer son contrôle à tout prix. Habituellement, ses victimes sont des femmes qui, ne pouvant trouver en elles leur valeur ou de quoi se rassasier intérieurement, se mettront à se nourrir d'elles-mêmes, au sens littéral ou figuré, à souffrir de troubles de l'alimentation, ou encore deviendront des buveuses disciplinées (pour masquer leur désespoir), mais dépendantes sur le plan affectif. Que ce trouble soit considéré « extrême » me dépasse ; il m'apparaît plutôt très ordinaire, très courant. Il échappe peut-être à certains, mais pour nous, il saute aux yeux.

Souvent, quand le divin inconfort nous accable, nous nous sentons extrêmement fragiles et vulnérables. N'ayant plus de couche de protection, nous pouvons fondre en larmes au moment le plus inattendu ou inopportun, au beau milieu d'une réunion d'affaires, par exemple, ou lorsqu'une amie nous demande comment nous allons. Lord Alfred Tennyson, tout homme soit-il, décrit fort pertinemment cet état :

Des larmes, des larmes sans fondement,

je ne sais pas ce qu'elles signifient.

Des larmes surgies des profondeurs d'un divin désespoir

se forment dans notre cœur et se retrouvent dans nos yeux.

Avec le divin inconfort, tout se détraque. Vous vous mettez à trop manger, ou trop peu. Vous ne fermez plus l'oeil ou vous dormez tout le temps. Un verre est renversé et vous piquez une crise. «C'est seulement un verre de lait», dit votre mari. «Exactement!» rétorquez-vous, en hurlant si fort que vous effrayez le mari, les enfants, les animaux, mais surtout vous-même. Soudainement, tout vous horripile, des rideaux du salon à votre travail. Les accidents vous guettent. Vous montez dans votre voiture et vous retrouvez à l'autre bout de la ville sans savoir comment vous vous y êtes rendue, ni pourquoi. Vous n'arrivez pas à vous débarrasser de votre grippe ou oubliez de vous laver. Vous n'avez plus un seul vêtement qui vous convienne. Vous êtes fatiguée de votre cuisine, de ceux qui la mangent, du monde que vous fréquentez. Vous ne vous rappelez pas la dernière fois où vous avez été heureuse. L'avez-vous jamais été? Faire l'amour? Pas même avec Rhett Butler. Est-ce une migraine carabinée qui s'en vient, ou auriez-vous simplement besoin d'une injection de Midol?

Tout votre entourage en conclut au syndrome prémenstruel ou aux bouleversements dus au retour d'âge. Vous vous préparez effectivement à vivre un bouleversement, mais il ne s'agit ni de votre ménopause, ni de vos menstruations.

Il s'agit plutôt de votre prémagnificence. «Vous êtes assis toute la journée à vous dire "Comme la vie est étrange!"», écrit le poète soufi Rumi. «Or, c'est *vous* qui êtes étrange. Vous avez en vous l'énergie du soleil, mais vous la bloquez à la base de votre colonne. Vous faites penser à cet or bizarre qui voudrait demeurer à l'état liquide dans la fournaise pour ne pas avoir à devenir une pièce de monnaie.»

Une blessure mortelle

Les regrets sont aussi personnels que les empreintes digitales.

MARGARET CULKIN BANNING

Qu'est-ce qui est pire : regretter ce que nous avons fait, ou regretter ce que nous n'avons pas fait ?

Qu'est-ce qui vient en premier : le désespoir ou le regret ? Quoi qu'il en soit, le romancier russe Ivan Sergeyevich Tourgueniev nous dit que la condition humaine nous oblige à passer par un profond processus d'évaluation, à vivre des « jours de doute » et des « jours de rumination morose », où nous devons reconnaître, honorer et pleurer « les regrets qui ressemblent à des espoirs » et « les espoirs qui ressemblent à des regrets ».

Aspirer à autre chose, c'est vouloir vivre une vie exempte de regrets, ou, du moins, une vie où nos regrets ne nous empêcheront pas de mourir en paix.

Car la vérité – nous le savons –, c'est que nous sommes nées pour mourir sans regrets. Les regrets sont les seules blessures dont notre âme ne peut guérir. Au petit matin, nous pouvons entendre les dernières paroles que l'Esprit a murmurées à notre âme quand nous avons entrepris notre descente vers la sphère terrestre.

La prochaine fois, reviens sans regrets. Pour l'amour de tout ce qui est sacré, mon enfant, vis donc !

Vivre pour la dernière fois

Quelle vie merveilleuse j'ai vécue !
Dommage que je ne l'aie pas réalisé avant.

COLETTE

Ne serait-il pas merveilleux de déclarer au destin : « Je t'avertis, je vis pour la dernière fois ! » comme l'a fait la poète russe Anna Akhmatova ?

Allez-y. Dites-le. *Je vis pour la dernière fois.*

J'en ai moi-même décidé ainsi. C'est le choix le plus excitant que j'aie jamais fait. Pourquoi ? Parce que je n'ai plus une minute pour les regrets. Chaque matin, dès mon réveil, j'interroge mon âme : « Si je mourais ce soir, qu'est-ce que je regretterais de ne pas avoir fait ? » Me faut-il dire à quelqu'un « Je t'aime », « Je te pardonne », « Je m'excuse » ? Si c'est le cas, cela fera l'objet de mon premier coup de téléphone.

Y a-t-il un petit geste que je peux poser pour favoriser la réalisation de mes nouveaux rêves ? Si oui, je l'inscris en tête de ma liste de choses à faire.

S'il m'est accordé d'être en vie demain, y a-t-il un choix que je *peux* faire, que je *dois* faire ou que je *veux* faire, pour améliorer ma qualité de vie ? Y a-t-il un choix que je remets toujours à plus tard parce qu'il est difficile ou douloureux ? Si je passe outre, sera-t-il le regret que j'emporterai avec moi ? S'il y a des risques qu'il en soit ainsi, alors j'aménage une place dans mon coeur et dans mon horaire pour y penser. J'appelle ce temps de réflexion « pause pour aller au fond des choses ». Un moment de répit pour m'ancrer dans la Réalité. Quinze minutes où l'âme est mise à nu. Je sais que la vie n'offre aucune garantie. Personne ne peut m'assurer que je serai là demain. Je ne tiens plus rien pour acquis.

Y a-t-il quelque chose de plus important que de vivre sans regrets ?

Non. Vous le savez. Moi aussi.

Mais ce que vous ne savez peut-être pas, c'est qu'il n'est pas nécessaire de vivre une union malheureuse pour en désirer une plus heureuse.

Il n'est pas nécessaire d'avoir un emploi exécrable pour vouloir trouver sa voie.

Vous n'avez pas besoin d'être misérable pour sentir que vous méritez d'être vraiment heureuse.

Tout ce qu'il nous faut savoir, c'est que partir à la recherche d'autre chose, c'est ne jamais nous accommoder de moins que ce que nous méritons. Admettre que nous y aspirons est le premier pas à franchir pour découvrir ce que cette chose représente pour nous.

À la rencontre de sa vie

Son travail, j'en suis convaincue,
consiste à trouver son travail véritable
et à l'accomplir.
Son travail, sa tâche à elle,
en tant qu'être humain vivant dans ce monde.

URSULA K. LE GUIN

Nous voilà donc prêtes à partir à la découverte de notre vie. Avez-vous choisi le site de votre fouille ? Pourquoi ne pas aller explorer le coffre rempli de vos souvenirs d'enfance dans votre chambre à coucher ou dans le grenier de la maison familiale, ou encore dans le placard du vestibule ou le garage ? (Si vous n'avez plus de souvenirs, vous pouvez effectuer votre fouille en imagination.)

Gardez votre album de trouvailles à votre portée pour pouvoir noter vos réflexions, vos souvenirs et vos réactions aux objets que vous déterrerez. Si vous préférez, écrivez vos notes dans ce livre. Comme le rappelle Piero Ferrucci dans *Inevitable Grace*, une exploration fascinante des percées spirituelles et créatives : « Nous avons tous des moments d'inspiration – un éclair de génie, la solution d'un problème, un état de grâce, une idée brillante concernant un projet, un mot d'esprit. C'est dans ces moments que nous avons des pensées originales qui nous insufflent de l'énergie, nous plongent dans un état d'euphorie, parfois même d'agitation maniaque : nous oublions notre fatigue, notre enthousiasme dissout le doute et les tensions. »

« L'inspiration se présente quand elle veut, poursuit Ferrucci, même dans les moments les plus inattendus et les circonstances les plus inopportunes. Souvent, elle vient par bribes. C'est pourquoi il nous faut l'ancrer. C'est alors qu'un outil précieux fait son apparition : le carnet. »

Quand nous nous plongerons dans notre album de trouvailles, nous utiliserons les trois niveaux d'exploration décrits par Bill McMillon dans *Archeology Handbook* : l'observation, la description et l'explication. « L'observation s'effectue durant l'excavation d'un site, explique McMillon. Elle est une étape cruciale de toute étude archéologique. » Elle nous demandera de garder l'oeil ouvert, non seulement sur l'ensemble de notre vie, mais également sur les petites choses, l'inattendu. « La description se fait quand l'archéologue analyse les objets trouvés au cours de la fouille, et l'explication, quand il tire des conclusions à partir de cette analyse. »

Sur une feuille de papier vierge, dessinez la carte de votre site représentant les diverses étapes de votre vie (passée, présente et future). Je vous suggère les tranches d'âge suivantes, mais vous pouvez découper votre vie à votre guise, en étapes plus longues si vous préférez (par exemple, la vingtaine, la trentaine, etc.) : de 1 à 5 ans, de 6 à 10, de 11 à 14, de 15 à 20, 21, de 22 à 29, 30, 35, 40, 45, 50, 55, 60, 65, 70, 75, 80, 85, 90, 95, 100. (Pensez de façon positive, votre vie ne fait que commencer !)

« Dans le domaine de l'observation, affirme Louis Pasteur, la chance ne sourit qu'aux esprits préparés. » Approchons-nous donc de notre site et fixons-y toute notre attention.

S'approprier les événements de sa vie

Vous devez vous approprier les événements de votre vie
pour vous appartenir.
Quand vous prenez vraiment possession
de tout ce que vous avez été et fait, ce qui peut prendre du temps,
vous êtes implacable avec la réalité.

FLORIDA SCOTT-MAXWELL

Florida Scott-Maxwell savait de quoi elle parlait, car elle s'est elle-même approprié les événements de sa vie et s'est réinventée plusieurs fois. À l'âge de seize ans, elle monta sur les planches ; à vingt ans, elle entreprit une carrière comme nouvelliste. Après son mariage, elle alla vivre en Écosse avec son mari originaire de ce pays, où elle milita en faveur du droit de vote pour les femmes, écrivit des pièces de théâtre et éleva ses enfants. À cinquante ans, elle se lança avec enthousiasme dans la psychologie analytique, qu'elle étudia auprès de Carl Jung, et exerça ce nouveau métier dans des cliniques d'Écosse et d'Angleterre. Elle avait 84 ans quand elle écrivit *La Plénitude de l'âge*, un journal et une méditation sur la vieillesse.

J'aime son expression « implacable avec la réalité ». Selon moi, elle nous invite à dire : « D'accord, réalité. Tu m'as pris [mon mari, ma mère, mon emploi, ma jeunesse, ma santé...], mais c'est tout. »

Tu ne m'as pas enlevé mon esprit, mon Essence. Je peux enlever plusieurs couches, comme tout bon archéologue, et faire ressortir ce que j'ai d'unique et de solide. Je peux me réapproprier toutes ces qualités. Implacablement. »

Inspirons-nous de Florida Scott-Maxwell en ressortant les neuf enveloppes que nous avons préparées et en y insérant des pensées, des notes, des photos, des souvenirs, des dessins.

SUR LE TERRAIN

Découverte et explication

Découverte

*Découvrir, c'est voir ce que tout le monde a vu
et penser ce que personne n'a pensé.*

ALBERT SZENT-GYORGYI NAGYRAPOLT

À la lumière d'une bonne lampe, ouvrez votre coffre à souvenirs. Qu'y a-t-il dans cette petite boîte, dans le coin ? Vos premières bottines ? Votre robe de baptême ? Votre album de bébé ? Votre mère y a-t-elle noté que vous avez commencé à marcher à douze mois ? Notez-le dans votre album de trouvailles et réfléchissez à votre audace et à votre courage, à votre équilibre, à votre goût de l'aventure, à votre soif d'absolu, déjà à cette époque. Lequel de ces objets vous révèle particulièrement la personne que vous étiez dès votre tendre enfance ? Décrivez-les ou dessinez-les dans votre album.

Parcourez le vieil album de photos tout poussiéreux. Est-ce vous, cette fillette aux longues tresses assise sur la branche d'un chêne avec une amie ? Célébrez votre agilité et votre amour de la nature, le sentiment de paix que vous procurait cet arbre, la complicité entre vous et certaines personnes. Qu'est devenue cette amie ? Pouvez-vous l'appeler ? Pourquoi ne pas proposer à une amie ou à un membre de votre famille de faire une excursion, une randonnée pédestre, d'aller vous asseoir dans un arbre ?

Remémorez-vous ces moments intemporels passés avec des amies, ou dans la nature, au cours de votre enfance. Où étiez-vous ? En montagne ? Sur le bord de la mer ? Dans votre arrière-cour ?

Selon Carol Gilligan, psychologue, professeure à Harvard et auteure de *In A Different Voice*, bon nombre de femmes perdent à l'adolescence le goût de l'aventure et la confiance dont elles faisaient preuve dans l'enfance. En vous revoyant assise sur cette branche, concentrez-vous sur la reprise de possession de votre pouvoir.

Explication

L'explication la plus simple est toujours la plus plausible.

Agatha Christie

Si vos parents sont toujours là, montrez-leur cette petite robe ou votre album de bébé et demandez-leur comment vous étiez quand vous étiez petite. Prêtez attention à ce qu'ils vous diront ; vous pouvez même enregistrer leurs propos, qui vous feront voir le passé sous un autre angle. S'ils ont quitté ce monde, ou si leur mémoire flanche, entretenez-vous avec d'autres membres de la famille : tantes, oncles, cousins. Pourquoi ne pas inviter vos enfants à vous accompagner dans ce voyage dans le temps ? Nous avons tendance à nous arrêter davantage aux détails en présence des autres, surtout s'ils font preuve de curiosité.

Qui sont ces personnes qui apparaissent dans votre album de photos ? Présentez-les à vos enfants et faites-leur part de vos souvenirs.

N'est-ce pas votre tasse de bébé qui se cache dans un coin ?

Pour la décoratrice d'intérieurs et auteure Alexandra Stoddard, il est bon de ressortir nos souvenirs d'enfance, de prendre plaisir à leur présence et de les intégrer dans notre décor quotidien. Nous pouvons le faire physiquement et psychologiquement. Vous pouvez polir votre petite tasse d'argent et la donner à votre propre enfant, ou vous en servir pour mettre vos trombones ou des fleurs, pour boire un jus, ou simplement comme objet décoratif, sur une tablette, que vous pourrez admirer chaque jour.

Une de mes amies a suspendu au-dessus de son ordinateur le petit collier de perles qu'elle portait à l'hôpital quand elle est née. Ce souvenir lui permet de suivre son évolution entre sa naissance et maintenant, et de se rendre compte qu'elle est toujours la même personne.

Rapport de fouille

Quand vous pensez au mot *découverte*, quelle image vous vient à l'esprit ? Où êtes-vous ? Comment êtes-vous vêtue ? Y a-t-il quelqu'un avec vous ? Pouvez-vous vous représenter votre moi authentique ?

Y a-t-il des événements survenus dans votre enfance qui vous ont semblé très mystérieux lorsqu'ils se sont produits ? Pouvez-vous reconstituer la scène pour voir si vous ne pourriez pas découvrir ce qui s'est vraiment passé et trouver une *explication* ? Imaginez que vous racontez une histoire. C'est là un excellent exercice : combler les brèches du passé nous aide à comprendre ce qui se passe dans notre vie actuelle.

Y a-t-il des souvenirs qui vous semblent maintenant banals ? Vous rappelez-vous le sens que ces événements ont eu à l'époque ? Pouvez-vous retrouver le sentiment de fierté, l'émerveillement, la curiosité qu'ils ont suscités chez vous ?

Pourquoi ne pas consacrer une page de votre album de trouvailles à une courte autobiographie portant sur votre enfance ? Utilisez plusieurs techniques : coupures de magazines, dessins personnels, textes. Placez d'abord les images, puis inspirez-vous-en pour écrire vos réflexions.

SURVIVRE

Survivre, c'était naître et renaître sans cesse.

ERICA JONG

Entre la vie et la mort

Nous nous racontons des histoires pour vivre.

JOAN DIDION

Chaque jour, nous vivons des morts. Mort de rêves, d'idées fausses, d'illusions. Mort de l'ardeur et de l'enthousiasme. Mort de l'espoir. Mort du courage, de la foi, de la confiance, en soi ou en l'autre. Trop souvent, au moment où nous nous y attendons le moins, la vie nous assène de durs coups : départ subit de l'être aimé, diagnostic dévastateur, une conversation qui commence par ces mots qui vous donnent le frisson : « J'ai quelque chose à te dire... »

Nous avons alors l'impression que c'en est fait de notre vie, et nous avons raison. La vie telle que nous l'avons connue jusqu'à présent est bel et bien terminée.

À deux reprises, la vie que je tenais pour acquise a connu une fin abrupte. La première fois, c'est ma santé qui s'est vue menacée. Dans le deuxième cas, c'est mon mariage de près de deux décennies qui a pris fin. « La mort, à sa façon, surprend autant que la naissance », s'afflige l'écrivaine irlandaise Edna O'Brien, en notre nom à toutes. Dans les deux circonstances, quand j'ai repris connaissance, plusieurs mois plus tard, j'étais une autre personne. J'étais morte à moi-même pour donner naissance à une femme plus forte, plus sage et plus passionnée. Cette femme portait le même nom que moi, mais elle était complètement différente. À tel point que son ADN – que les scientifiques définissent comme une séquence de molécules, mais qui, selon moi, représente nos Aspirations, notre Destin, notre Nature – avait changé.

Paradoxalement, ces deux « morts » sont survenues alors que j'avais enfin réussi à concilier ma vie familiale et mon travail. Au milieu des années 80, faisant de la pige comme journaliste et travaillant à la radio, j'avais trouvé la façon d'exercer mon métier tout en restant à la maison avec ma fille alors âgée de deux ans. Un jour, je décidai de faire plaisir à Katie en l'amenant dîner à son restaurant préféré. J'étais en train de lui rendre son sourire barbouillé de ketchup et allais attaquer mon sandwich quand un lourd panneau du plafond m'est tombé sur la tête, me faisant percuter contre la table. Personne d'autre ne fut atteint.

Dieu merci, c'est moi qui ai écopé ; ma fille s'en est tirée indemne. La blessure à la tête qui en a résulté m'a laissée partiellement handicapée pendant un an et demi. Durant les trois premiers mois de convalescence, j'ai dû garder le lit ; mes sens étaient considérablement perturbés. Ma vision était trouble et j'étais très sensible à la lumière ; le simple fait de regarder les motifs de mon édredon dérangeait mon sens de l'équilibre à un point tel que j'ai dû le retourner pour avoir sous les yeux un tissu uni. Je ne pouvais pas écouter de musique parce que cela m'étourdissait. Je ne pouvais même pas entretenir une conversation téléphonique ; sans repères visuels, comme le mouvement des lèvres, je ne pouvais pas traiter les sons qui parvenaient à mes oreilles et leur donner un sens. Cet accident a failli me ravir mes compagnes les plus chères – la parole et l'écriture –, sans compter mon entrain. Pendant longtemps, je n'arrivais plus ni à comprendre ce que je lisais, ni à m'exprimer clairement.

Ces séquelles inquiétantes ont duré un bon moment. Ce furent des mois sombres, tant émotivement que physiquement, où je perdis la notion du temps, mon sens du rythme, mon identité (si je n'étais plus une épouse, une mère et une écrivaine, qui étais-je ?) et mon sentiment de sécurité. Je me sentais coupée du monde ; j'avais l'impression d'être prisonnière de mon propre corps, séquestrée pour une durée indéterminée, sans aucune chance d'obtenir une libération pour bonne conduite. Je n'étais pas morte. Je n'étais pas en vie. J'étais suspendue quelque part entre la vie et la mort. « Les fantasmes de la mort ne sont peut-être pas plus étranges que les fantasmes de la vie, écrit Eudora Welty. De tous ces fantasmes, la survie est peut-être le plus étrange. » Je suis aussi de cet avis.

Pour réussir à passer au travers de ce purgatoire, je m'étendais dans l'obscurité et me racontais des histoires – abracadabrantes, bien sûr – errant entre le sommeil et l'éveil. Selon Clarissa Pinkola Estes, « les histoires sont thérapeutiques ». Elles furent certes pour moi un remède homéopathique. J'avais été journaliste pendant dix ans, mais je ne m'étais jamais perçue comme une conteuse. Pourtant, des bribes d'histoires – des contes de fées qu'on m'avait racontés durant mon enfance, des aventures que j'avais vécues au début de l'âge adulte – remontaient à la surface de ma détresse et restaient en suspens jusqu'au moment où j'en récupérais une et la remaniais pour en faire une parabole personnelle. Toutes ces histoires avaient pour vedette mon héroïne romantique, une femme extraordinaire qui triomphait de ses épreuves avec grâce et courage, une personne qui n'avait aucune ressemblance avec moi. Cette femme était splendide et radieuse ; son aura était forte, saine et vigoureuse. Elle avait l'œil pétillant et riait aux éclats. Elle était mystérieuse, envoûtante, accomplie, puissante, irrésistible, confiante, intelligente, impertinente, drôle et séduisante. Elle était passionnée. Elle avait de la verve ; plus important encore, elle possédait, même dans les pires situations, la caractéristique essentielle de toute héroïne romantique : la paix de l'âme. Je ne me souvenais pas d'avoir eu d'amie imaginaire dans mon enfance, mais voilà que j'en avais une, et j'adorais sa compagnie.

J'attendais avec impatience la dose quotidienne de divagation de mon *alter ego* : elle errait, s'égarait, mais elle s'en sortait toujours grâce à son cran pour se remettre à vivre et à aimer. À cette époque, j'ignorais qu'elle était mon moi authentique, la manifestation de mon âme. Il m'a fallu beaucoup de temps et d'espace pour l'accueillir, pour m'accepter – non pour ce qui cloche, mais pour ce qui va glorieusement bien. Notre fouille intérieure est un processus qui dure toute la vie et ne saurait être forcé : elle nous demande d'enlever plusieurs couches. L'appropriation de nos trouvailles spectaculaires est encore plus longue à réaliser.

Garder la tête hors de l'eau

Il n'y a pas pire supplice que de porter en soi
une histoire inédite.

ZORA NEALE HURSTON

« L e malheur couvre de cendres la tête de l'homme, mais tombe comme une rosée sur le cœur de la femme, engendrant chez elle une force qu'elle ne se soupçonnait pas », écrivait Anna Cora Mowatt dans *Autobiography of an Actress, or Eight Years on the Stage*, publié en 1854. Anna n'avait jamais pensé devenir comédienne. Tout d'abord, au dix-neuvième siècle, c'était là un métier scandaleux pour une femme, et Anna était une dame respectable, mariée à un avocat aisé. Cependant, ce dernier tomba malade et une série de mauvais investissements les jetèrent à la rue, criblés de dettes. Du jour au lendemain, ils se retrouvèrent sans aucun moyen de subsistance. Son mari étant invalide, Anna dut trouver elle-même un moyen d'assurer leur survie. Réfléchissant à ce qu'elle pourrait faire, elle se demanda : « N'ai-je pas des dons particuliers, des talents que je pourrais mettre à profit ? La vie d'agréables fréquentations et de plaisirs poétiques que j'ai menée jusqu'à présent m'a-t-elle enlevé toute capacité de fournir un effort ? "Non !" répondit avec force une voix intérieure. » C'est ainsi qu'Anna entreprit sa nouvelle vie, sous les feux de la rampe.

Quand il est question de survie, nous pensons immédiatement à l'argent. Mais croyez-moi, vous avez beau avoir un million en banque, si vous vous demandez dès votre réveil comment vous allez faire pour passer au travers de la journée, voire même si vous en avez le goût, vous êtes bel et bien aux prises avec la survie. Nous voulons toutes désespérément croire que l'argent fait le bonheur. Mais quand nous avons le cœur brisé, peu importe que l'oreiller sur lequel nous pleurons soit de coton ou de soie damassée.

Telle une doublure qui attend l'occasion d'évoluer sur la scène de notre vie, la survie incarne divers rôles, souvent surprenants. Il y en a un pour chacune de nous, qui lui convient parfaitement. Nos scènes personnelles sont réécrites de façon à pouvoir nous faire travailler notre point le plus vulnérable, cette délicate membrane de mémoire ancienne où, émotivement, psychiquement et spirituellement, notre âme est le plus fragile. Nous devons travailler notre endurance. Nous devons nous renforcer. Nous devons cicatriser nos blessures. Seules les femmes fortes s'en sortent.

« Quand vous arrivez à peine à garder la tête hors de l'eau, nous dit Sanaya Roman, n'ayez pas le sentiment d'avoir échoué. C'est la façon que vous avez choisie d'assimiler plusieurs leçons importantes et de connaître votre essence profonde. »

Le domaine de l'indicible

[L'histoire de la plupart des femmes] se dissimule derrière le silence ou les fioritures et les ornements, ce qui revient au même.

VIRGINIA WOOLF

Sur le chemin de l'authenticité, il peut s'avérer difficile de nous identifier avec les femmes pour qui tout semble baigner dans l'huile. Quand nous avons du mal à garder la tête hors de l'eau, comment ne pas crever d'envie devant la chance d'une autre femme qui respire le bonheur, surtout quand nous la connaissons. Nous disons que nous nous en réjouissons, nous nous exclamons avec un large sourire : « N'est-ce pas merveilleux ! » Puis nous nous retirons furtivement et nous nous rongeons les sangs en nous disant qu'il ne peut plus rien nous arriver de bon. Nous souffrons, et bien que nous ne souhaitions consciemment aucun mal aux autres, nous aimerions au moins qu'ils gardent leur bonheur pour eux-mêmes. Ce n'est pas que nous ne voulions pas que nos amies aient _____ (remplir l'espace). Seulement, quand vous mourez d'inanition et essayez d'attraper quelques miettes de bonheur, alors que votre voisine semble avoir accès à un perpétuel banquet, son humeur joviale vous enlève ce qui vous reste de stoïcisme – votre fierté. Pour celles d'entre nous qui habitons actuellement le domaine de la peur et du dégoût de soi, c'est motus, bouche cousue. Et nous y avons toutes séjourné un jour ou l'autre.

« Il fut une époque où ma vie était à ce point pénible que lire au sujet d'autres femmes écrivaines était une des rares choses qui me soulageaient », confie Kennedy Fraser dans un lumineux recueil d'essais intitulé *Ornament and Silence*. « J'étais malheureuse, et honteuse de l'être ; j'étais déçue par ma vie », poursuit-elle. À ce moment-là, Kennedy Fraser était chroniqueuse de mode au *New Yorker*; chacun de ses textes reflétait son élégance, sa grâce et sa vive intelligence. J'admirais son assurance, la façon dont elle vous tournait une phrase tout en étant absolument ravissante, avec ses cheveux lisses et brillants noués à l'arrière. Cela se passait dans les années 70 ; je vivotais alors comme journaliste de mode à la pige alors que sa brillante carrière était en plein essor.

Kennedy Fraser nicha confortablement au *New Yorker* jusqu'à ce qu'il soit vendu, en 1992. Lorsque son directeur et mentor, William Shawn, quitta le journal, suivi du groupe solidaire de journalistes qui, comme elle, s'étaient étroitement associés à cette élégante élite, Kennedy dut repartir à zéro. Naturellement, ce nouveau départ était terrifiant ; il lui demandait « de prendre son courage à deux mains et d'explorer de nouvelles formes de langage ».

Comme toujours, la survie sut exactement où serrer la vis. Non seulement fut-elle transplantée professionnellement, mais au même moment, comme femme, elle vit son estime de soi mise à rude épreuve au point très vulnérable où l'âge menace notre pouvoir de séduction.

Il est difficile de ne pas aimer et admirer une femme qui parle ouvertement du moment pénible où un homme de son âge « détourna son attention de moi pour convoiter du regard une jolie femme qui était ma cadette de plusieurs années. Plus jeune, j'avais moi-même misé sur l'attention des hommes plus âgés et dépendu de leur approbation. À l'instant même où les yeux de cet homme se détournèrent, il m'apparut clairement que je venais de perdre un type de pouvoir».

Au cours des années 70, à l'époque où j'enviais Kennedy Fraser, celle-ci traversait ce qu'elle appela sa «période de fauteuil», ce temps de dormance que vit quiconque entreprend un cheminement spirituel. Nous traversons toutes ces intermèdes; nous pouvons les passer étendues sur notre lit, ou debout devant le réfrigérateur.

«Je me sentais extrêmement seule, égocentrique, repliée sur moi-même» : voilà qui décrit parfaitement l'expérience de la survie. C'est alors que Kennedy chercha refuge dans la vie intime d'autres femmes, parcourant leur journal, leurs lettres, leurs mémoires, leur autobiographie. «Leurs succès me donnaient espoir, écrit-elle, mais ce que je préférais, c'était leurs épisodes de désespoir. Je cherchais une direction, je recueillais des indices. Je leur étais surtout reconnaissante pour leurs secrets, les choses honteuses qu'elles me révélaient, leurs souffrances : les avortements, les mésalliances, les pilules qu'elles avalaient, la quantité d'alcool qu'elles consommaient.»

Les confidences de ces femmes furent «des mains tendues» qui l'aidèrent à sortir de son gouffre. Quand, à mon tour, je me suis sentie déchirée et vidée, les récits de détresse d'autres femmes, leurs *jérémiades* (mot exquis tiré du nom du prophète Jérémie, auteur du livre des Lamentations) ont été pour moi des bouées de sauvetage. Souvent, alors que je m'enfonçais pour la troisième, quatrième ou cinquième fois, ce que je percevais entre les lignes des récits d'autres femmes – leurs triomphes et leurs récits édifiants – m'aidait à refaire surface et à retrouver ma santé mentale.

Silencieuse hémorragie de l'âme

La ruine ne vient jamais de l'extérieur [chez une femme] ;
la perte définitive vient de l'intérieur.

AMELIA E. BARR

Y a-t-il une veine de souffrance, une faille qui scelle notre inca-pacité à être vraiment heureuses, quelles que soient nos réa-lisations ou nos acquisitions, quel que soit l'homme avec qui nous partageons notre vie, une faille qui s'enfonce plus profondément dans notre vie que le dégoût de soi-même ?

Cela fait vingt-cinq ans que je fuis la leçon du dégoût de soi.

À mon insu, cependant, mon moi authentique savait que le jour viendrait où, pour sauver mon âme, j'allais devoir affronter ma plus grande faiblesse et combattre ce démon par la plume. Elle se tenait donc sur le qui-vive, écrivaine spirituelle et perspicace, grif-fonnant des phrases et des pensées pénétrantes, puis les enfouis-sant entre les lignes de mes journaux intimes, de mes notes et de mes lettres d'amour. Surtout de mes lettres d'amour. Toute ma vie, mes questions épineuses se sont élucidées sur des bouts de papier, sur des serviettes de table, dans les marges de journaux, au verso de recettes, sur des feuilles de blocs-notes. Il m'est arrivé, après avoir fait un rêve, de me faire réveiller au cœur de la nuit par une voix qui m'enjoignait de le prendre en note. Je m'exécutais sans mot dire.

La merveilleuse écrivaine Katherine Paterson m'invite ce matin à écrire l'histoire en moi « qui demande à être racontée » à ce moment-ci de ma vie. Je n'en ai pas le goût, mais *il le faut*.

Si on me demandait d'associer une couleur avec le dégoût de soi, je choisirais le bleu violacé d'une vilaine ecchymose. En effet, le dégoût de soi est une meurtrissure qui apparaît à la surface de notre vie ou de notre corps, un panneau avertisseur qui nous signale qu'il se passe en nous quelque chose de grave. Le bleu indique que nous saignons intérieurement.

Cela peut être difficile à lire, mais c'est là une vérité cruciale que nous devons assimiler si nous voulons dépasser la survie pour vivre vraiment.

L'hémorragie interne, qui est une effusion de sang incontrôlable dans l'organisme, est une des façons les plus horribles de mourir. Ce qui la rend encore plus insidieuse, c'est qu'elle est le plus souvent indolore. Aucun indice extérieur ne signale l'écoulement de sang entraîné par la rupture d'un petit vaisseau sanguin tant qu'il n'a pas pris les proportions fatales d'une « marée ourlée de sang » selon la belle expression inventée par le poète irlandais W. B. Yeats pour décrire le destin.

Le dégoût de soi est une silencieuse hémorragie de l'âme. Vous ne sentez ni ne voyez s'écouler votre énergie vitale tant qu'elle n'a pas disparu ; il est alors trop tard pour réagir.

Il ne faut pas confondre dégoût et haine de soi. Il serait plus sain de se haïr car, « entre l'amour et la haine, chante Annie Lennox, la ligne est ténue ». Si seulement nous pouvions simplement claquer la porte et nous précipiter sur notre lit en criant « Je me hais ! », comme nous le faisions lorsque nous étions adolescentes. Saviez-vous que le mot *haïr* vient de *kédos*, mot grec signifiant *chagrin*? Quand nous nous haïssions, à l'adolescence, nous pleurions la perte de notre identité, l'enfance qui nous échappait, alors que l'âge adulte était encore hors de notre portée.

Le dégoût est une peine qui nous est restée sur le cœur, l'apitoiement sur soi-même généralisé. Avoir du dégoût pour quelqu'un ou quelque chose, c'est éprouver à son égard une aversion mêlée d'une répugnance et d'une intolérance qui en font une sorte de gangrène émotive. C'est cela, le dégoût de soi, bien que nous ne l'appelions jamais par son nom. Il est tellement plus facile et moins compromettant de se dire ou de dire aux autres : « Oh, je suis un peu dure avec moi-même. »

Comment s'exprime le dégoût de soi ? De mille et une façons. Indépendamment de notre apparence, de notre âge ou de notre poids. Certaines des plus belles femmes du monde ne peuvent pas se regarder dans le miroir. Le dégoût de soi est un oppresseur qui ne fait aucune discrimination.

En bref, nous abhorrons nos faiblesses et nos failles dans un monde qui exige la perfection. Nous abhorrons nos particularités, nos bizarreries et nos vilaines habitudes. Nous abhorrons notre propension à faire des comparaisons insidieuses. Nous abhorrons notre empressement à entretenir l'illusion qu'un homme pourrait nous sauver, parce que cela serait plus facile que d'essayer de nous en sortir nous-mêmes ou de croire que nous le pouvons.

Nous nous dégoûtons parce que nous passons notre temps à céder aux besoins des autres et ignorons nos propres besoins, parce que nous passons outre aux méchancetés inconsidérées de nos proches pour éviter les conflits, parce que nous essayons de satisfaire les attentes de personnes qui n'ont aucune importance pour nous, parce que nous nions le bien-fondé de nos aspirations non partagées. « L'ingéniosité de notre aveuglement est inépuisable », écrivait Hannah More dans un essai intitulé *L'Amour de soi*. C'était en 1811.

Dites-moi, le dégoût de soi est-il inné ou acquis ? Cela importe-t-il vraiment ?

Nous nous dégoûtons parce que nous ne sommes pas les déesses de l'amour que nous pensions devenir quand nous avions vingt-cinq ans, que nous ne sommes pas les mères idéales totalement consacrées que nous aurions souhaité être quand nous avons tenu un bébé dans nos bras pour la première fois. Et surtout, peut-être, éprouvons-nous du dégoût pour nous-mêmes parce que nous n'avons pas tenu les promesses de nos talents extraordinaires. En fait, nous n'avons même pas essayé de le faire, non pas parce que nous craignions d'échouer, mais parce que nous avions une peur bleue de réussir !

Nous nous dégoûtons parce que la femme en nous prompte à s'excuser et peu encline à demander n'a appris qu'à masquer la honte qu'elle éprouve à réussir des choses qu'elle ne respecte pas, à s'empêcher de défendre des choses auxquelles elle croit. Nous nous dégoûtons de faire chaque jour une foule de petits mensonges et de gestes sans importance qui nous dévalorisent et nous déshonorent.

À quand remonte la dernière conversation où vous vous êtes excusée d'une chose que vous ne regrettiez pas du tout? En ce qui me concerne, cela m'est arrivé hier.

« Elle avait développé un vif empressement à assurer le confort des autres à ses propres dépens », écrivait Phyllis Bottome, en 1934, à propos d'une femme que vous et moi connaissons intimement. « Elle réussissait à faire asseoir les autres dans des fauteuils [...] ne trouvant rien d'autre pour elle-même qu'un petit recoin inconfortable. »

Image honteuse

Nous vivons dans la honte. Nous avons honte de tout ce qui est vrai à notre sujet : nous avons honte de nous-mêmes, de nos parents, de notre revenu, de notre accent, de nos opinions, de notre expérience, tout comme nous avons honte de notre nudité.

GEORGE BERNARD SHAW

Dès notre tendre enfance, nous captons les signaux qui nous marqueront pour la vie, l'impression – positive ou négative – que les autres ont de nous. Cette perception nous est transmise par les caresses et les gazouillis, les compliments et les petites chansons que nos parents nous chantent quand ils nous lavent, nous habillent, nous mettent en valeur, ou non.

Quel beau bébé tu as dû être !
Quel enfant merveilleuse tu as dû être !
À peine venais-tu d'entrer en maternelle,
que déjà les garçons devaient être fous de toi.
Puis, quand est venu le temps de gagner des rubans,

Je parie que tu as donné l'exemple aux autres enfants.
Je vois les yeux des juges te présentant ton prix.
Je parie que tu as pris la plus jolie boucle.
Quel beau bébé tu as dû être !
On n'a qu'à regarder la femme que tu es devenue.

Oui, regardez la femme que vous êtes devenue. Êtes-vous belle, ou plutôt ordinaire ? Pour ma part, j'ai de bonnes journées et j'en ai de moins bonnes. N'est-ce pas notre lot à toutes ? Mais peu importe la réalité : si votre mère ou votre père vous trouvait quelconque, vous continuez de refléter l'image qu'ils vous ont renvoyée. C'est là l'origine du dégoût de soi, de cette « image honteuse » qui, selon la romancière et critique anglaise Virginia Woolf, constitue le mal qui nous brise le cœur.

Diverses choses nous ont marquées, comme vous le constaterez en déterrant les souvenirs reliés à l'image que vous avez de vous-même. J'ai une amie qui n'oubliera jamais le soir où sa mère, une belle femme, s'est glissée furtivement à son chevet alors qu'elle avait douze ans. La croyant endormie, celle-ci a posé un doigt fin et vernis sur le nez mal proportionné de sa fille. Dans la pénombre, elle a incliné sa tête à gauche, puis à droite, pour contempler l'effet que pourrait avoir une chirurgie plastique.

Comme on pouvait s'y attendre, la veille de ses seize ans, la mère de mon amie consulta un chirurgien esthétique pour lui demander s'il pouvait transformer sa fille en Vivien Leigh. La chose s'avéra impossible, mais le résultat de l'intervention fut néanmoins convenable. Quoi qu'il en soit, mon amie se demande aujourd'hui si sa mère se serait réjouie d'avoir une fille qui ressemble à Barbra Streisand, maintenant que cette dernière a fait la preuve que le succès, l'argent et la renommée sont d'habiles esthéticiens.

Pour ma part, c'est une photo qui a laissé chez moi une trace indélébile. Quand j'avais dix ans, il y eut une grève des éboueurs dans notre ville. Pendant des semaines, les déchets s'empilèrent devant nos proprettes maisons de banlieue. Un jour, un photographe à l'emploi d'un quotidien s'arrêta devant notre maison et demanda s'il y avait des enfants autour. Il voulait photographier des bambins à proximité d'une pile de déchets pour en faire ressortir les proportions. Comme je me tenais timidement derrière ma mère quand il se présenta chez nous, c'est moi qui fus l'heureuse élue. «Penses-y! s'exclama ma mère. Tu vas avoir ta photo dans le journal!» C'est effectivement ce qui arriva: ma photo fut même publiée en première page. À mon arrivée à l'école, le lendemain, des enfants se mirent à se moquer de moi et à me traiter de «tas d'ordures». En réaction à cette humiliation publique qui allait me marquer, je devins sourde à ma beauté pendant fort longtemps. Pendant des années, je refusai de me faire photographier: j'avais peur de ce qui allait y être reflété. Encore aujourd'hui, je n'aime toujours pas me faire photographier, et je suis toujours surprise (et tellement reconnaissante!) quand le résultat s'avère heureux. Je n'en reviens pas de pouvoir me dire: «Tu es une belle femme.» Cela tient du miracle que je ne sois plus aveugle à mon éclat; c'est le résultat d'un combat de toute une vie. Croyez-moi: si j'ai pu le faire, vous le pouvez vous aussi.

Nous aimons à penser que le mépris que nous éprouvons pour notre corps provient de la perception des autres. (Ne chuchotent-ils pas dans notre dos depuis l'école secondaire?) Oublions les autres: en réalité, c'est *nous* que notre cellulite et nos rides dérangent le plus. Nous ne pouvons pas croire qu'un homme puisse aimer une femme un peu ronde. Pourtant, c'est le cas de plein d'hommes, et parmi les plus intéressants! Nous n'avons d'yeux que pour nos «imperfections», mais les autres, eux, ont une vision plus claire. J'aime bien, dans un téléroman populaire, la relation entre une femme d'âge mûr et son amant d'une vingtaine d'années son cadet, qui adore la peau flasque qu'elle a sous le menton. C'est désopilant – et très réconfortant – de voir cet homme excité par quelque chose qui me ferait porter un sac sur la tête. J'ai un ami qui jure qu'une fois que les hommes ont dépassé leurs «années de procréation», soit après quarante-cinq ans ou à peu près, ils ne voient plus les défauts physiques d'une femme, surtout si celle-ci respecte son corps, a une bonne estime d'elle-même qui n'est pas fondée sur sa seule apparence, et aime faire l'amour. «Que peut-on demander de plus?» lance-t-il. C'est nous qui insistons pour mettre une loupe dans les mains d'un amant potentiel pour qu'il voit le poil microscopique qui nous

pousse au menton. Pourquoi ne pas couper court et lui dire:
«Trouve donc mes défauts tout de suite pour pouvoir me laisser
tomber et qu'on en finisse.»

Les femmes, de tout temps, ont tenté soit de fuir les miroirs,
soit de les tromper. Lors de fouilles en Asie Mineure, des archéologues ont découvert des tombeaux de femmes remplis de cosmétiques sophistiqués. Il semble que les femmes de l'Antiquité,
de Hatchepsout, la première reine d'Égypte à avoir exercé les pouvoirs d'un pharaon, à Hélène de Troie, se soient senties obligées
de cacher leurs véritables traits et se soient déguisées, même au
moment du trépas, insatisfaites d'elles-mêmes, dans l'au-delà
comme ici-bas.

Notre sanctuaire personnel

C'est moins simple que cela n'en a l'air.

LADY MURASAKI

«Quand nous sommes jeunes, nous pensons que notre corps
s'identifie avec nous et partage nos intérêts», se rappelait
Rebecca West vers la fin de sa vie. «Plus tard, [nous nous rendons
compte] qu'il est un compagnon sans pitié qui nous a été accidentellement assigné.» Mais si notre corps se rebelle et se com-
porte d'une manière impitoyable et inflexible quand l'âge
commence à laisser sa marque et à flétrir notre beauté, qui a été
le premier à abandonner et à trahir l'autre? Les lignes de combat
n'ont-elles pas été tracées plusieurs années auparavant, quand
nous nous sommes mises à refléter l'opinion que les autres se faisaient de nous? N'avons-nous pas empiré les choses en plaçant la
barre encore plus haut par notre autocritique? Nous avons tenu
notre corps pour acquis, nous l'avons maltraité et déshonoré en lui

rendant la vie dure, en faisant des excès, en nous montrant avares de compliments et de caresses. Comment réagiriez-vous si vous deviez supporter jour après jour Cruella de Ville qui ne cesserait de vous harceler ? S'il en a assez des mauvais traitements, ne le blâmons pas ; applaudissons à son courage. Remercions-le. Une dimension de notre être – corps, âme ou esprit – doit se porter à notre défense si nous voulons survivre. Curieusement, et malheureusement, c'est ce qui se produit quand nous tombons gravement malades. Notre corps réclame un répit pour nous permettre d'effectuer des changements qui nous sauveront la vie.

À partir d'aujourd'hui, si nous ne pouvons pas vivre avec le corps que nous aimons, eh bien, aimons le corps avec lequel nous vivons.

« Le corps est plus sage que la personne qui l'habite », rappelle Erica Jong. « Le corps est l'âme incarnée. Nous ignorons ses malaises, ses douleurs et ses éruptions parce que nous craignons la vérité. Le corps est le messager de Dieu. »

Il est temps d'accorder une trêve à nos imperfections, de déposer l'artillerie des mauvais traitements que nous nous infligeons : potions, prières, régimes punitifs, artifices cosmétiques, châtiments extrêmes. Je n'entends pas par là que dans notre quête d'authenticité, il nous faille bannir teinture à cheveux, maquillage et autres petites retouches, si cela contribue à nous éveiller à notre beauté intérieure. Ce que je veux dire, c'est que rien ne nous délivrera de la honte de soi si la transformation ne part pas de l'intérieur. Il nous faut d'abord chercher des moyens de régénération sains et sacrés qui honorent notre corps et le rétablissent dans ses fonctions d'« habit sacré » de l'âme. « Nous devons nourrir notre corps physiquement, émotivement et spirituellement », suggère Carol Hornig. « Dans notre société, nous sommes affamés spirituellement – non pas sous-alimentés, mais mal nourris. »

Un des constats que j'ai faits en m'initiant à *l'abondance dans la simplicité*, c'est que nous ne pouvons pas entreprendre la quête de l'authenticité, nous engager dans une démarche spirituelle, sans en voir le reflet à l'extérieur. « À l'extérieur comme à l'intérieur », dit un axiome gnostique. Le temps que nous consacrons à la méditation nous rend plus sereines, et cela se reflète sur notre visage.

Une demi-heure de marche tous les deux jours accroît notre vigueur, élève notre niveau énergétique et nous prémunit contre la dépression. Nous nous retrouvons soudain plus détendues et agréables à vivre. Nous nous mettons à sourire, voire même à rire. Nous sommes agréablement surprises par l'image que nous renvoie le miroir: «Qui est cette beauté?» nous demandons-nous. Comme le souligne Rosalind Russell: «Prendre plaisir à la vie est le meilleur des cosmétiques.»

Un chirurgien esthétique m'a confié qu'il n'opère pas une femme dont il sait qu'elle vit des problèmes conjugaux ou qui lui semble avoir une piètre estime d'elle-même. Il lui suggérera plutôt de recourir à une thérapie et de lui revenir six mois plus tard. Pourquoi? Parce qu'il ne peut lui promettre qu'un lissage sauvera son mariage ou qu'un implant mammaire lui attirera l'homme de sa vie.

Apprendre à nous accepter telles que nous sommes aujourd'hui nous incite à passer à la prochaine étape, qu'il s'agisse de trouver un régime alimentaire plus sain ou d'entreprendre un programme d'exercices que nous prendrons plaisir à suivre, en solo ou avec une amie. Pendant des années, je me suis astreinte à un régime draconien, me livrant à un combat désespéré pour maintenir le poids «idéal». Je ne faisais pas d'exercice, sous prétexte que je n'avais pas le temps. En fait, c'est que la seule perspective d'en faire me donnait le goût de me rendormir le matin. Puis, un jour, n'arrivant pas à me libérer de mes tensions autrement, je décidai d'aller marcher quelques fois par semaine. Curieusement, je constatai que les jours où j'allais marcher, je me sentais mieux. Qui plus est, je pouvais manger sans me sentir coupable ou bondir de mon pèse-personne. Mes balades devinrent une partie si agréable de ma routine quotidienne que ma fille et moi commençâmes à aller au gymnase deux fois par semaine. Soudain, je me suis surprise à porter des robes sans manches! À dormir au lieu de me retourner toute la nuit dans mon lit. Quand nous prenons soin de notre corps, il nous fait des cadeaux inattendus.

Comme le souligne la spécialiste de la santé Diana Roesch: «Avec une conscience plus aiguë de nous-mêmes, nous pouvons réorienter et harmoniser notre être *tout entier*: notre corps, en trouvant de nouvelles façons de bouger et de le célébrer, et en le nourrissant d'aliments sains dont il nous dicte les quantités ; notre âme – le sentiment que nous avons de notre valeur – en la reliant à la terre et aux autres. »

Aujourd'hui, quand je réfléchis à l'histoire de mon corps, il se produit quelque chose d'étonnant. À l'instar de l'archéologue qui vient de déterrer un fragment de poterie d'une valeur inestimable en provenance d'une civilisation perdue, je ne peux m'empêcher d'éprouver de la gratitude en pensant à tous les lieux où mon corps m'a conduite, à tous les souvenirs qu'il recèle, aux secrets qu'il garde ; aux enfants qu'il a portés, nourris et réconfortés, aux amants qui ont trouvé joie et réconfort dans ses vallons et ses collines, aux plaisirs qu'il m'a procurés, à la passion qu'il m'a permis d'exprimer. Le périple que j'ai entrepris pour déterrer mon moi authentique est devenu une véritable idylle, car je suis tombée amoureuse de moi-même. Je suis bénie entre toutes les femmes de vivre dans un temple aussi magnifique. Vous l'êtes vous aussi. Quand vous vous réveillez ou vous retirez quelque part, répétez-vous doucement cette phrase : *Je suis bénie entre toutes les femmes de vivre et d'aimer dans un temple aussi magnifique.*

Aujourd'hui, dans le site sacré de notre âme, réconcilions-nous avec notre image présente avant de partir à la recherche du corps et du visage que nous avions à la naissance et de nous mettre à déterrer les multiples visages extraordinaires que nous avons eus au cours de nos nombreuses vies. Nous apprendrons à les aimer tous, je vous le promets.

Accueillons les rides que nous renvoie le miroir, les parties qui s'affaissent et celles qui font saillie au mauvais endroit, les cheveux pas assez ou trop frisés. Entonnons le chant de louange du poète et maître tibétain Sahara : « Ici dans ce corps coulent les rivières sacrées ; ici se trouvent le soleil et la lune de même que tous les lieux de pèlerinage. [...] Jamais je n'ai rencontré de temple plus sublime que mon propre corps. »

Quand nous apprenons à aimer notre sanctuaire personnel, nous commençons à comprendre que c'est parce que l'Esprit aime la beauté sous une multitude de formes qu'Il a créé chacune de nous avec son éclat unique, authentique. C'est nous qui essayons d'imiter les autres et de devenir leurs clones, pour nous conformer. Mais pour nous conformer à quoi, au juste ?

Nous ne sommes pas nées pour nous conformer. Nous sommes nées pour nous distinguer. Comme l'affirme Marianne Williamson, « Vous vous demandez "qui suis-je pour me trouver brillante, magnifique, talentueuse, fabuleuse ?" [Mais] en fait, qui êtes-vous pour NE PAS le faire ? Vous êtes une enfant de Dieu. Vous rabaisser ne sert pas le monde. Vous rapetisser pour éviter aux autres de se sentir menacés n'est pas un signe d'évolution. [Vous] êtes née pour manifester la gloire de Dieu qui est en [vous]. »

L'Esprit est le tombeur suprême ; il prend plaisir à l'éclat de notre beauté unique et de notre incomparable perfection, quel que soit l'emballage extérieur sous lequel nous nous présentons au monde. La beauté est dans l'œil de celui qui regarde. Dans notre quête d'autre chose, nous savons que nous allons dans la bonne direction quand, comme le dit le Talmud, nous commençons à voir les choses non pas comme elles sont, mais comme *nous* sommes.

Notre processus de sélection naturelle

Elle endurait. Elle survivait. Précairement peut-être, mais il ne nous est pas demandé d'avoir une belle vie.

ANNE CAMERON

Il existe plusieurs façons de survivre. Cependant, le processus de sélection naturelle, auquel les biologistes ont donné le nom de « lutte pour la vie », est caché et inconscient. Il y a la survie par la feinte, la subsistance, le sacrifice, la substitution, le subterfuge, l'équivoque, la sédition ou la capitulation. De même que nous nous faufilons à travers les sept vies de l'authenticité, ainsi passons-nous, à différents moments, d'une forme de survie à l'autre, jusqu'au jour où nous devons cesser de nous raconter des histoires. Quand nous acceptons enfin d'arrêter de vivre pour les autres et reconnaissons que nous méritons de choisir notre vie, nous sommes prêtes à aller de l'avant et à renaître à nous-mêmes.

Survivre par la feinte

Jusqu'à quel point une âme humaine peut-elle se laisser comprimer?

OLIVE SCHREINER

En 1862, Sophie Behrs, une jeune femme de dix-huit ans, épousa le séduisant et romantique comte Léon Tolstoï, qui était alors âgé de trente-quatre ans et considéré comme l'un des plus beaux partis de l'époque. L'année suivante, elle donnait naissance au premier de leurs seize enfants (dont treize survécurent). Au moment du mariage, Sophie débordait d'espoir, d'enthousiasme et de passion. Ils ne seraient pas uniquement mari et femme; ils allaient être des partenaires. Sophie se mit avec ardeur à assister son mari dans sa carrière d'écrivain, cumulant les rôles difficiles de copiste, de réviseure et de critique, en plus d'assumer les responsabilités de la maternité.

Dans l'esprit du noble idéal d'égalité qu'ils s'étaient fixé, Tolstoï fit une proposition à Sophie: pourquoi ne liraient-ils pas régulièrement leur journal intime respectif, ce qui leur permettrait de mieux connaître leurs pensées les plus secrètes.

Toujours empressée de plaire, Sophie accepta. *Mauvaise idée.* Notre journal intime est souvent notre dernier moyen de défense dans notre combat pour la survie, un messager qui nous livre les dépêches en provenance du champ de bataille de notre vie. Il n'est pas censé être divulgué à qui que ce soit : les sentiments, les peurs et les fantasmes les plus intimes que nous y exprimons sont nos lettres d'amour à l'Esprit.

Voyant que les grossesses à répétition grugeaient les réserves physiques et psychiques de sa femme, Tolstoï décida d'engager une autre assistante sans la consulter. Cette décision mina sérieusement la confiance de Sophie et la blessa profondément. Elle se voyait régresser du rôle de partenaire à celui d'épouse ; ses ressources intellectuelles inutilisées allaient vite trouver leur expression dans des querelles pénibles et des épisodes d'apitoiement sur soi. En toute honnêteté, elle exprimait dans son journal intime ses divers états d'âme : son vif chagrin de voir se détériorer une relation qui avait suscité tant d'espoir chez elle, son sentiment d'avoir été piégée par les responsabilités d'une famille aussi nombreuse, puis des réflexions plus fantaisistes sur la vie merveilleuse qu'elle menait (écrites habituellement après le moindre signe d'approbation de la part de son mari). Les extraits qui suivent révèlent comment, à force de devoir trouver son réconfort dans des demi-vérités, à défaut d'être véritablement nourrie sur le plan émotif, Sophie se mit à péricliter. Entre les lignes de son journal, elle en dit long sur la façon dont les femmes apprennent à se contenter de miettes d'affection lancées au hasard et à se convaincre que malgré tout, tout va pour le mieux. Nous sommes heureuses, non ? Ne nous devons-nous pas de l'être ?

Lisez lentement ces réflexions de Sophie Behrs et méditez-les.

Je n'arrive pas à me trouver une occupation à moi. Il est chanceux d'être aussi intelligent et talentueux. Je ne suis ni l'un, ni l'autre.[...] On ne peut vivre uniquement d'amour.

❖ ❖ ❖

J'ai senti soudain que nous nous éloignerions peu à peu l'un de l'autre et que chacun vivrait sa vie.[...] Cela commence à me faire mal de voir que mon amour, mon premier et mon dernier amour, ne lui suffit pas.

D'ici quelques années, je me serai créé un univers de femme, que j'aimerai encore plus car il englobera mon mari et mes enfants, que nous aimons plus encore que nos parents et nos frères. Mais je ne suis pas encore parvenue à cette étape. J'oscille encore entre le passé et le futur. Mon époux m'aime trop pour [me laisser écrire mes propres choses], pour l'instant; de toute façon, c'est difficile et il faudra que j'y travaille.[...] Avec un peu d'effort, je pourrai redevenir celle que j'étais auparavant; je ne serai cependant plus une jeune fille, mais une femme. Quand cela se produira, nous en serons heureux tous les deux.

Je dois lui donner du plaisir et nourrir son enfant; je suis comme un meuble dans cette maison, je suis une femme.

J'ai repris ma forme et ne suis pas enceinte; cela me terrifie de penser au nombre de fois que je me suis retrouvée dans cet état. [...Quand j'étais jeune, je croyais] pouvoir et vouloir tout faire. Mais au bout d'un certain temps, j'ai commencé à me rendre compte qu'il n'y a rien à désirer et que je ne peux rien faire à part manger, boire, dormir, nourrir les enfants, m'occuper d'eux et de mon mari. Après tout, c'est cela, le bonheur. Alors, pourquoi m'arrive-t-il d'être triste et de pleurer, comme je l'ai fait hier?

Cela me fait rire de parcourir ce journal. Il est tellement rempli de contradictions, et pourrait laisser croire que j'ai été une femme malheureuse. Pourtant, y a-t-il femme plus heureuse que moi? Il serait difficile de trouver une union plus heureuse et amicale que la nôtre. Parfois, quand je suis seule dans ma chambre, il m'arrive de rire de bonheur et de me dire en me

signant: «Que Dieu m'accorde de vivre cette vie encore plusieurs, plusieurs années.»

La force de ma souffrance et de mon amour pour lui a réussi à elle seule à briser la glace qui nous séparait récemment. Rien ne peut résister au pouvoir de ce lien; nous sommes unis par notre longue vie commune et par l'amour que nous nous portons. Je suis allée le voir au moment où il allait se mettre au lit et lui ai dit: «Promets-moi de ne jamais me quitter en douce, sans m'avertir.» «Jamais je ne ferais cela, m'a-t-il répondu avec un tremblement dans la voix. Je te promets que je ne te quitterai jamais. Je t'aime.» J'ai éclaté en sanglots et l'ai embrassé en lui disant à quel point j'avais peur de le perdre, que je l'aimais tellement et que malgré quelques folles et innocentes passions passées, mon amour pour lui ne s'était jamais démenti un seul instant et qu'en vieillissant, je l'aimais encore plus que tout au monde. [Il m'a répondu] qu'il en était exactement de même pour lui, que je n'avais rien à craindre, que le lien qui nous unissait était tellement fort que personne ne pourrait le détruire. J'ai réalisé que c'était vrai et cela m'a rendue heureuse.

Je suis tellement lasse des problèmes, des intrigues, des secrets, de la cruauté – et de l'«indifférence croissante» avouée de mon mari à mon égard. Pourquoi devrais-je être plongée dans une fièvre perpétuelle, l'aimer à la folie? Mon cœur aussi peut changer et se refroidir envers un homme qui fait tout ce qu'il peut pour me faire sentir son indifférence. Pour continuer à vivre et ne pas mettre fin à ses jours, il faut trouver un peu de réconfort et de bonheur dans cette vie. Je ne peux pas continuer à vivre ainsi. Je vais lui dire: «Tu me donnes la froideur de ton cœur et [aux autres] ta passion.»

❖ ❖ ❖

Je suis tellement épuisée physiquement et émotivement que j'ai l'esprit vide et n'ai pas le goût d'écrire. J'aimerais tellement savoir ce que mon mari écrit présentement dans son journal. Son journal est une œuvre littéraire dont les lecteurs extrairont les idées pour ensuite tirer leurs conclusions. Le mien est un cri du cœur, une description authentique de tout ce qui nous arrive.

Ces confidences éveillent-elles en vous des résonances ? Pourquoi ?

Survivre par l'abandon

*Elle sut alors que tout le pouvoir qu'elle avait pu avoir
[...] s'était perdu, avait disparu.*

REBECCA HARDING DAVIS

Abasourdis, les distingués lecteurs du numéro d'avril 1861 du *Atlantic Monthly* – dont des hommes célèbres tels que Ralph Waldo Emerson et Nathaniel Hawthorne – durent se laver les mains pour en éliminer la « suie » après la lecture d'un roman anonyme intitulé *Life in the Iron Mills*, qui décrivait, avec un réalisme décapant, « la vie gâchée, contrecarrée [...] les faims énormes [...] et les pouvoirs encore endormis » des esclaves blancs qui peinaient dans les sombres et infernales usines sidérurgiques de l'Amérique industrielle du dix-neuvième siècle. Qui avait bien pu écrire cette dénonciation sociale et spirituelle ? Lorsqu'on découvrit que son auteur était une *femme* inconnue de Wheeling, en Virginie, le milieu littéraire fut secoué, puis déroula le tapis rouge. Du jour au lendemain, Rebecca Harding était devenue une auteure à succès.

Life in the Iron Mills était le premier ouvrage de Rebecca Harding à être publié; il est difficile d'imaginer un début plus prometteur pour une carrière qui s'annonçait brillante. Des hommes de lettres célèbres lui rendirent hommage. Elle fut invitée à collaborer aux publications les plus prestigieuses du pays et était grassement rétribuée pour ses écrits. Cependant, lors de son décès, en 1910, bien qu'elle eût écrit plus de 275 nouvelles, une douzaine de romans, 125 contes pour enfants et plus de 200 essais sur une période de 40 ans, Rebecca Harding mourut sans laisser de traces.

Comment expliquer ce phénomène? Eh bien, mes amies, c'est qu'elle était tombée amoureuse!

Il n'y avait pas plus fervent admirateur de Rebecca qu'un jeune avocat de Philadelphie du nom de L. Clarke Davis, qui avait été séduit par l'authenticité de Miss Harding. Selon Tillie Olsen, qui a tenté d'en savoir davantage sur la vie de Rebecca après la lecture d'une lettre d'Emily Dickinson qui en faisait mention, Clarke « fut attiré par ce qui aurait fait fuir la plupart des hommes: son succès, son sérieux, sa puissance; son franc-parler et son œil dénonciateur, la présence évidente d'une riche vie intime ». Au bout d'un an d'échange épistolaire, le jeune homme invita Rebecca à lui rendre visite. Elle accepta; moins d'une semaine plus tard, elle consentait à l'épouser.

Clarke était un homme charmant et agréable, mais paresseux. Pas tant fainéant qu'égoïste. Il était bien intentionné. Assez vite, le couple réalisa que le revenu que Clarke tirait de divers boulots à temps partiel ne suffirait pas à leur donner le niveau de vie auquel il aspirait. Parmi ses occupations, il y avait la direction littéraire du *Peterson's*, un magazine féminin populaire. Si Rebecca pouvait mettre de côté ses ouvrages sérieux pour un moment et « écrire pour son mec », il y avait là une petite mine d'or. Or, ce que le mec voulait, c'était des histoires de femmes émouvantes, qui étaient pas mal plus payantes que la « littérature » sérieuse. Rebecca accepta de s'y essayer. Par *The Wife's Story*, écrit au cours des derniers mois de sa première grossesse, Rebecca toucha la corde sensible des Américaines, mais modifia le cours de son destin. Comme le confiait l'héroïne de cette histoire: « J'avais une telle soif d'affection ce soir-là! Je me serais accrochée à un chien qui se serait montré gentil avec moi [...] tellement j'avais besoin d'un mot de réconfort, de quelques caresses. » Plus Rebecca écrivait pour Clarke plutôt que pour elle-même, plus elle obtenait de caresses.

Un an après la naissance de leur deuxième enfant, Rebecca voulut délaisser les romans populaires pour entreprendre la rédaction de son prochain livre, où elle entendait dénoncer l'esclavage. Clarke se montra sceptique ; c'est qu'il voulait se lancer en politique, ce qui nécessiterait des ressources financières considérables. Valait-il la peine de consacrer, à l'art plutôt qu'au commerce, le temps dérobé à la vie familiale ? Rebecca promit de tout mener de front : s'occuper des enfants, écrire des textes lucratifs *et* rédiger le livre dont elle rêvait.

Ne reconnaissons-nous pas toutes la tâche impossible que Rebecca s'imposait ? À l'époque où elle avait écrit *Life in the Iron Mills*, elle était célibataire : elle avait tout son temps, toute sa présence d'esprit. Mais maintenant, avec deux jeunes enfants et un mari égocentrique et exigeant, qui demandait à sa femme non seulement de cuire le pain, mais de le gagner, le seul temps que Rebecca pouvait accorder à « son livre », c'étaient les minutes volées où elle se retrouvait épuisée, le soir, après avoir péniblement écrit les histoires qui leur permettaient de payer le loyer. La jeune femme brûlait désespérément la chandelle par les deux bouts. Dans *Silences*, Tillie Olsen nous dit qu'en dépit de son amour et de l'admiration qu'il avait eue dès le début pour l'immense talent de Rebecca (son principal attrait à ses yeux), Clarke s'installa facilement dans une vie que son épouse accepta elle aussi aveuglément : « une vie à deux où primaient ses ambitions, ses activités, ses aises et ses besoins à lui ».

Un jour, Rebecca se vit offrir la possibilité de publier son roman par épisodes mensuels dans un nouveau magazine dont la direction espérait tirer profit de son nom et de sa popularité. Elle était assez intelligente pour se rendre compte qu'on voulait profiter d'elle, mais il était difficile de laisser passer une offre aussi alléchante.

Il en résulta une version méconnaissable de l'ouvrage, que ses éditeurs remanièrent complètement pour en faire un roman à l'eau de rose. Une œuvre « mutilée », déplorera-t-elle.

Waiting for the Verdict ne sera pas accueilli très favorablement par la critique. Malgré sa réelle intention d'écrire une œuvre profonde, Rebecca avait été incapable de nager à contre-courant. Elle n'avait pas réussi à écrire son grand roman et le savait pertinemment. « Un grand espoir venait de s'évanouir, sans bruit ; la ruine était intérieure » : voilà le seul commentaire que fit Rebecca Harding Davis à propos de son échec, mais il en dit long. Le dégoût de soi s'était installé.

C'est ainsi que cette femme renia son moi authentique et s'en remit à son mari pour son choix de vie, lequel choix la contraignit à abandonner son rêve de « changer le monde » et permit à Clarke de réaliser les siens. Rebecca retourna aux romans populaires, sacrifiant sa nature profonde pour écrire des épisodes hebdomadaires ou mensuels.

Cela fend le cœur d'imaginer les soupirs qu'elle devait pousser quand son mari lui demandait, chaque soir, comment allait son écriture.

Car, comme ses lectrices, même dans ses pires moments de désespoir, c'est seulement dans ses livres que Rebecca Harding Davis mit fin à son mariage, ou projeta de le faire. Comme le raconte Tillie Olsen, elle finit par « ne plus croire à la possibilité de se réaliser, ni à y travailler. C'était le prix à payer pour avoir des enfants, un foyer, un amour. [...] Mais n'y avait-il pas un autre prix à payer, celui de n'avoir personne à qui parler » de l'immensité de sa souffrance et de son deuil ? Elle ne pouvait certes pas se confier à son mari, qui était maintenant assez en vue pour faire partie des compagnons de pêche du président Grover Cleveland. Ni à ses enfants, ni à elle-même.

Néanmoins, Rebecca aida ses lectrices à comprendre qu'elles n'étaient pas seules à se débattre pour leur survie. Dans un autre de ses textes, Anne, une femme dans la soixantaine, essaie de s'enfuir de chez elle, pour y être ramenée après que le train sur lequel elle s'était embarquée eut été démoli par un accident. Elle se fait pardonner son petit accès de folie et se résigne à terminer ses jours dans un silence inconsolable :

Parfois, cependant, au milieu de tout ce confort et ce soleil, une note de musique, ou le bruit du vent, fait naître dans ses yeux une expression que ses enfants n'arrivent pas à saisir, comme s'ils avaient une étrangère devant eux. [...] En ces moments-là, [elle se] dit « Pauvre Anne », comme si elle parlait d'une vieille connaissance qui est morte.

Est-elle morte ?

Vers la fin de sa vie, dans une note qui accompagnait un de ses derniers romans, Rebecca pria une amie de la juger, « non pas à ce que j'ai fait, mais à ce que j'ai espéré faire ».

Rebecca Harding Davis avait rêvé de changer le monde. Il est navrant qu'elle ne se soit pas rendu compte qu'elle l'a fait, non pas comme la réformatrice de la société qu'elle avait espéré être, mais comme une source de réconfort, de compassion et d'amitié pour des milliers de femmes anonymes qui ont trouvé leur propre voix en lisant ses paroles. Peut-être ont-elles réussi à survivre parce qu'elle semblait si bien le faire.

Néanmoins, ne trouvez-vous pas que les histoires les plus tristes sont celles où l'héroïne n'arrive pas à se sauver elle-même ?

Survivre par procuration

*Nous aussi, nous devons être effrayées, étonnées et effarées de constater
que nous ne pouvons pas vivre éternellement
et que notre relève est empressée de prendre le relais,
indifférente à nos désirs, prête à nous laisser derrière.*

ANNE ROIPHE

Depuis toujours, les femmes qui mettent des filles au monde essaient de vivre à travers elles. La célèbre anthropologue Ruth Benedict décrit ainsi cet instinct de survie par procuration :

«C'est très simple: c'est la vie de ma fille qui remplacera la mienne. C'est la vie amoureuse de ma fille qui sera parfaite. Ce sont les talents de ma fille qui trouveront leur expression. C'est la vision de ma fille qui s'avérera vraie et valable. Elle se doit de dire franchement ce qu'elle pense. Elle, elle ne passera pas à côté des choses importantes de la vie.»

N'est-il pas fascinant qu'une anthropologue ait fait cette astucieuse observation? L'anthropologie est l'étude du comportement humain. Peut-être est-ce Ève qui a parti le bal en se disant: «C'est ma fille qui trouvera la façon de nous ramener au paradis. Elle fera un bon mariage.» Vous connaissez le dicton: «La pomme ne tombe jamais loin du pommier.»

Y a-t-il une façon plus cruelle de survivre que de nous en remettre à nos enfants?

Mon amie Lily avait à peine vingt ans quand sa mère la poussa à faire un mariage qui lui assurerait les privilèges, le confort et l'opulence qu'elle-même s'était acquis en se mariant. La veille des noces, Lily éclata en sanglots et supplia sa mère de lui permettre d'annuler la cérémonie. Elle n'aimait pas l'homme qu'elle était sur le point d'épouser. «On ne se marie pas par amour, lui rétorqua sa mère. On se marie pour survivre, en première classe, bien sûr.»

Christopher était un homme agréable, sympathique, et tout ce qu'il y a de plus ennuyeux. Quatre petites années plus tard, le couple avait deux enfants, un appartement luxueux sur Park Avenue, un voilier amarré à leur résidence d'été, à Martha's Vineyard, et une vie conjugale qui ne semblait s'animer que lorsqu'ils faisaient équipe pour disputer leur match de tennis dominical. C'est à Martha's Vineyard, par une chaude soirée d'été, qu'après avoir ingurgité un peu trop de vodka tonics, Chris et Lily décidèrent de faire un échange de partenaires avec leurs invités, Sam et Kelly, pour rompre l'ennui propre à ceux qui peuvent tout acheter, sauf le bonheur. Pour Chris et Kelly, cette soirée ne fut qu'une nouvelle expérience, rien de plus. Pour Lily et Sam, il en fut tout autrement: ce fut le début d'une passion que Lily, si jeune et inexpérimentée au moment de son mariage, n'avait jamais vécue. À peine quelques mois plus tard, ils avaient tous deux quitté leur conjoint et projetaient de s'épouser. Le scandale auquel donna lieu cet événement alimenta le carnet mondain : les deux hommes étaient collègues au sein de la même maison de courtage et les mères des femmes étaient des cousines éloignées. Quand la mère de Lily lui demanda comment elle pouvait faire une chose pareille à son mari, à ses enfants et surtout à elle-même (la menaçant du même souffle de la déshériter si elle mettait son projet de divorce à exécution), celle-ci répondit simplement : « Ainsi, ma vie va enfin m'appartenir ! »

L'idylle avec Sam ne dura toutefois même pas un an. Lily se rendit compte qu'elle s'était lancée dans cette nouvelle relation pour échapper à la vie que sa mère avait choisie pour elle. Passer d'un mariage à un autre n'était pas la solution : cette fois, c'est envers elle-même qu'elle voulait s'engager.

Ces dernières années n'ont pas été faciles pour Lily. Dans sa hâte d'en finir avec son premier mariage, elle a renoncé à la garde de ses enfants et décidé de ne pas contester le partage des biens inéquitable que proposèrent les avocats de Christopher. Sa mésentente avec sa mère n'est pas encore cicatrisée. En outre, même si plusieurs de ses amis lui ont assuré leur appui, d'autres ont choisi de se ranger du côté de Chris, ou de Kelly, qui a fini par se réconcilier avec Sam. Lily a dû se battre pour refaire sa vie : il lui a fallu vivre frugalement, d'une façon consciente et réfléchie. Il n'y a personne dans sa vie actuellement : pas de parents, pas d'homme sur qui compter, seulement le pâle souvenir d'un choix que tout son entourage juge encore égoïste et stupide. En dépit de tout, Lily a une autre vision des choses ; ce défi est sa raison d'être. Elle s'éteignait à petit feu dans un mariage qui ne faisait que reproduire le mariage sans amour de sa mère. Malgré le caractère agréable de son mari, malgré tout le confort et l'aisance qu'elle avait connus avec lui, elle s'était sentie terriblement seule. Comme sa mère, avant elle. Elle m'a confié qu'elle a encore le frisson quand elle se rappelle les innombrables occasions où sa fille en bas âge l'a trouvée en train de pleurer sans raison apparente et a tenté de la consoler. Aujourd'hui, au moins, quand sa fille lui rend visite, elle trouve une mère souriante.

« Parfois, nous ignorons que la maison que nous habitons est en verre, jusqu'à ce que la pierre que nous lançons nous revienne comme un boomerang », dit Jessamyn West. « C'est peut-être pour cela que nous l'avons lancée. Quelque chose en nous hurlait : "Je veux sortir d'ici." C'est notre vie que nous avons sauvée, notre verre que nous avons fracassé. »

Évidemment, ce ne sont pas toutes les mères qui poussent leur fille à se marier sans amour. Mais combien y a-t-il de femmes qui continuent de croupir dans un tel mariage pour l'amour de leur fille ?

« Ne craignez pas de voir votre vie prendre fin, nous prévient Grace Hansen. Craignez plutôt qu'elle ne commence jamais. »

Quand la survie porte le nom de succès

Les biographies de femmes nous présentent habituellement des évadées, des femmes qui ont beaucoup à raconter. [...]
Des femmes qui refusent la captivité, qui se lèvent et s'en vont, à la recherche de mondes meilleurs.

PHYLLIS ROSE

La fin de semaine avant la naissance de son premier enfant, Hélène, une brillante directrice de collection au service d'une importante maison d'édition, arriva à la maison chargée de manuscrits ; elle avait dû laisser au bureau les cadeaux de bébé – dont certains n'avaient même pas été déballés – qu'elle avait reçus plus tôt, lors d'une petite fête organisée pour souligner l'heureux événement. Une femme n'a que deux bras.

Que cela nous plaise ou non, plusieurs parmi nous, comme Hélène, avons trop tendance à nous valoriser par notre travail. Notre vie professionnelle devient notre échelle Richter person-

nelle mesurant nos bons et nos mauvais coups. Nous avons fina-
lisé une vente, réussi à respecter notre échéancier, perdu un
procès ? La terre tremble chaque jour sous nos pieds.

Cette dernière fin de semaine de la grossesse d'Hélène fut un
point tournant dans sa vie. Elle savait qu'elle avait trouvé un best-
seller potentiel dans la pile de manuscrits qu'elle avait parcourus
au cours de la fin de semaine. Dès son arrivée au bureau, le lundi
matin, elle plaida sa cause pour pouvoir faire une offre à l'auteure.
Elle attendait avec anxiété la réponse du comité éditorial quand
les premières contractions se firent sentir. Son fils naquit six
semaines plus tôt que prévu : heureusement, il était en bonne
santé, mais dut passer son premier mois à l'hôpital. Une semaine
après l'accouchement, Hélène était retournée au travail et prenait
rendez-vous avec l'auteure du fameux livre et son agente. Ses seins
coulaient ; elle était épuisée et encore affectée par la perte de
mémoire consécutive à l'accouchement, dont personne ne fait
mention. Peu importait : elle était dans le feu de l'action et, bien
que l'offre de sa maison ne réussît pas à convaincre l'auteure d'y
publier son livre, tout le monde admira son ardeur au travail, à part
quelques collègues qui passèrent des remarques désobligeantes
sur le fait qu'elle semblait préférer le bureau à la pouponnière.
(Ironie du sort, le manuscrit en question allait devenir un guide
classique à l'intention des nouvelles mamans.)

Pendant les années qui suivirent, la vie d'Hélène devint un
exercice périlleux, un véritable tour d'adresse. (Si c'est mercredi,
où dois-je aller chercher le bébé après 19 h ?) Au début de sa carrière, elle avait observé ses modèles dans le milieu de l'édition –
des femmes dynamiques et déterminées qui semblaient pouvoir
concilier parfaitement vie familiale et vie professionnelle –, à l'affût de trucs qui lui permettraient de s'en sortir à son tour.

Mais l'une après l'autre, ces femmes avaient vu leur vie
s'écrouler, malgré le salaire qui atteignait les six chiffres, le titre
ronflant et le chauffeur privé : divorces soudains et acrimonieux,
dépression et révolte des enfants ballottés entre les thérapeutes et
la cour, amours clandestines qui tournaient mal. Les femmes
qu'elle avait admirées étaient maintenant au bord de la dépression
nerveuse et, par bravade, taisaient les drames qu'elles vivaient
dans les coulisses. Hélène ne tarda pas à leur emboîter le pas et à

mener une vie qui, malgré son caractère chaotique et déséquilibré, n'était pas dépourvue de réussites et de satisfactions. Futée et hardie, elle allait de promotion en promotion, telle l'acrobate qui s'élance d'un trapèze à l'autre.

Plaçant la barre de plus en plus haut – nouveau poste, deuxième enfant, salaire plus élevé, responsabilités accrues, tensions à la limite du supportable –, Hélène ne se demandait pas chaque soir comment elle pourrait mieux profiter des quelques heures précieuses qu'elle passait avec ses enfants, mais comment elle pourrait les mettre au lit plus tôt pour pouvoir se remettre au travail.

Une anecdote typique de l'existence extrême qu'elle menait est restée gravée dans sa mémoire. Elle se rappelle, image par image, le matin où, telle une véritable rafale habillée par Calvin Klein, elle se précipita à la cuisine, ramassa ses dossiers éparpillés et hurla ses recommandations à la gardienne qui s'affairait à préparer le déjeuner des enfants. Dès son arrivée au bureau, le téléphone sonna, comme à l'habitude. C'était la gardienne.

« Avez-vous les devoirs de Tommy ? lui demanda celle-ci. Il ne les trouve pas. »

« Bien sûr que non ! Je les ai mis dans son sac d'école ce matin, répondit-elle d'un ton brusque, tout en fouillant dans son porte-documents où, au lieu du dossier auquel elle avait travaillé jusqu'après minuit en prévision d'une réunion importante prévue pour ce matin-là, elle trouva le cahier où son bambin de sept ans avait laborieusement écrit ses nouveaux mots. Elle éclata en sanglots et la crise de larmes dura trois jours.

Peu après, Hélène concluait le plus gros contrat de sa vie professionnelle. Cependant, entre les poignées de mains et les signatures apposées sur le contrat final, une prise de conscience avait commencé à se faire chez elle. Un soir, rentrée à la maison tard et exténuée, comme d'habitude, elle avait un message sur son répondeur, de la part d'un auteur hystérique réclamant son premier versement pour un manuscrit qui s'était avéré pratiquement illisible. Hélène l'avait réécrit en douce parce que la maison d'édition, sur sa recommandation, l'avait payé cher. Plutôt que de semoncer l'auteur pour avoir remis un travail inacceptable et bâclé, elle s'entendit, à sa grande horreur, *s'excuser* de ne pas lui avoir sauvé la face plus vite. Elle était en furie quand elle raccrocha, mais ravala sa colère.

Un mois après avoir sauvé ce livre et décroché le contrat du siècle, Hélène fut licenciée, à la suite du rachat inattendu de sa maison d'édition.

Vinrent d'abord les ondes de choc: la douleur, la colère, l'angoisse, puis le doute, les récriminations. C'était la première fois de sa vie qu'elle essuyait un échec. Quelle faute avait-elle commise? Pourquoi l'avait-on remerciée de ses services alors que d'autres employés, moins performants et moins anciens dans la boîte, avaient échappé au congédiement?

Puis, tout aussi soudainement, elle éprouva un immense soulagement: de quel nouvel enfer venait-elle d'être sauvée? Comment avait-elle pu être aussi déboussolée? Elle ne vivait pas; elle existait. Elle survivait à peine. Elle endurait. Difficilement. Elle n'était pas née pour vivre ainsi. Il devait bien y avoir autre chose, et elle saurait trouver. Les paroles d'Alice James lui remontèrent à la mémoire: « Le succès ou l'échec d'une vie [...] semble lié à la chance plus ou moins grande que nous avons de saisir l'occasion de nous échapper. »

Toutes les mères qui assument des responsabilités à l'extérieur de la maison – Hélène, vous et moi – vivent quotidiennement ce terrible tiraillement entre leur vie professionnelle et leurs enfants. Selon le poète allemand Rainer Maria Rilke, il nous faut travailler à comprendre le défi auquel nous faisons face: « Quelque part, dit-il, il existe une vieille hostilité entre notre vie quotidienne et le travail. » L'admettre ouvertement est le premier pas à franchir pour faire des choix courageux. C'est pourquoi il importe de nous rappeler, quand nous nous choisissons des modèles pour notre vie et notre travail, que nous sommes toutes humaines, même les femmes qui *ont l'air* de réussir à tout concilier. En fait, nous savons toutes que *personne* ne peut tout faire en même temps. Alors, ces femmes qui semblent avoir réussi à trouver un équilibre entre toutes leurs obligations, pourquoi ne pas les considérer comme des modèles issus de la réalité et toujours garder à l'esprit que, même elles, ne s'en tirent pas à la perfection chaque jour. Seulement, lorsqu'elles tombent, elles se relèvent et recommencent.

SUR LE TERRAIN

Le succès authentique

Le vrai moment du succès n'est pas celui qui apparaît à la foule.

GEORGE BERNARD SHAW

À la petite école, nous recevions un bulletin qui permettait aux enseignants d'informer nos parents sur nos résultats scolaires et notre conduite. Il est difficile de passer du jugement extérieur à l'acceptation intérieure, mais c'est là une démarche que nous devons toutes entreprendre pour atteindre notre moi essentiel à l'âge adulte.

Le succès authentique est intérieur. Souvent, les autres tardent même à s'apercevoir que nous y sommes parvenues. Le moment du succès, c'est l'instant où nous prenons conscience que nous pouvons faire quelque chose, ou que nous l'avons réussi. Il est réconfortant de constater que cela ne peut nous être ravi par un événement extérieur, ni par un conjoint qui nous quitte ou un patron qui nous congédie.

Quand nous avons atteint le véritable succès, nous sommes beaucoup moins portées à nous comparer aux autres. Cette force sordide qu'est l'envie s'estompe. Nous nous mettons à souhaiter aux autres d'avoir la même chance que nous, de faire ce qu'ils ont vraiment le goût de faire. Nous devenons généreuses.

« Le talent est comme l'électricité, affirme Maya Angelou. Nous ne comprenons pas l'électricité ; nous l'utilisons. Grâce à elle, nous pouvons allumer une lampe, faire fonctionner une pompe cardiaque, illuminer une cathédrale ou électrocuter quelqu'un. L'électricité sert à tout cela. Elle ne juge pas. Selon moi, il en est de même pour le talent. » Maya Angelou croit que nous avons toutes des talents innés. Elle a raison.

Rapport de fouille

Quels sont *vos* talents, vos dons véritables ? Est-ce que vous les mettez à profit dans votre travail, votre vie, en ce moment même ?

Si dix autres choix de carrière s'offraient à vous, quels seraient-ils, qui deviendriez-vous ?

Pouvez-vous vous rappeler une de vos véritables réussites ? Que s'est-il produit *avant* la prise de cette photo où vous apparaissez avec votre trophée ?

Joseph Campbell nous dit de « suivre notre bonheur ». Qu'est-ce qui fait *votre* bonheur ? Quelle activité vous passionne, qu'est-ce qui vous fait perdre la notion du temps ?

SUR LE TERRAIN

Le style authentique

En grec, vérité se dit aletheia, *qui signifie « non caché ».*

CATHERINE KOBER

Tout en poursuivant votre fouille et en retirant les couches psychologiques et émotives qui vous recouvrent, prenez un moment pour regarder quelques vieilles photos. En voici une. Comment êtes-vous vêtue ? Qu'est-ce que cela vous indique à propos de la fillette que vous étiez alors ? Que faisiez-vous ? Cette robe vous rappelle-t-elle des souvenirs ? Une photo de moi à l'âge de six ans me rappelle un jeu auquel j'aimais m'adonner quand ma mère vidait le panier à linge pour faire la lessive. Je me couvrais d'un drap et devenais la princesse Suzette. Quand ma mère m'enlevait le drap pour le laver, Suzette se transformait en une petite fille ordinaire qui pouvait se mêler à la foule sans être reconnue. Les villageois ne se rendaient pas compte que j'étais une princesse, mais moi, je le savais, et cela transformait ma vie quotidienne en une aventure excitante et exotique. Vous êtes-vous livrée à des jeux semblables ? Qu'est-il advenu de votre sens de la majesté et de la grandeur, de votre goût du spectacle ? Pourquoi ne pas essayer de le retrouver ? Que diriez-vous d'aller fouiner dans une friperie pour y trouver un vêtement différent, original ou spectaculaire à porter lors de votre prochaine fête ? (Habituez-vous au costume en le portant chez vous d'abord !)

J'ai une amie très grande qui essayait toujours de cacher sa taille. Elle aurait tant voulu être petite (alors que moi, j'aurais donné je ne sais quoi pour être grande !) Elle courbait les épaules, portait des robes à fanfreluches. Un jour, une amie lui offrit une longue tunique vert forêt qui convenait parfaitement à la femme imposante qu'elle était. Ce vêtement lui allait à ravir. Elle prit alors la décision de modifier sa garde-robe: elle se mit à porter de longues vestes, des tricots et des jupes longues, d'imposantes épinglettes. Elle en vint à accepter sa grandeur. Elle changea sa démarche: elle cessa de faire des petits pas et se mit à « s'approprier l'espace autour d'elle », comme lui recommandait sa professeure de danse. Elle ouvrit les yeux et découvrit sa véritable nature, son style authentique. Elle se mit à aller dans le sens de sa nature plutôt qu'à contre-courant.

Une autre de mes amies, qui est programmeuse, trouva sa façon à elle de parler en public au moment où elle dut faire sa première conférence de promotion. Elle débuta son exposé par une blague, pensant que c'était *la* façon de briser la glace. Mais sa plaisanterie tomba à plat, et il lui fut très difficile de s'en remettre pour le reste de la conférence. Cette expérience lui apprit que le style comique n'est pas sa tasse de thé, qu'elle devrait s'en tenir à présenter les faits simplement, sans détour. Si l'humour s'exprime spontanément entre les lignes, c'est bien, mais elle sait maintenant qu'elle est plus éloquente quand elle n'essaie pas de jouer un jeu, qu'il vaut mieux demeurer elle-même.

Rapport de fouille

Avez-vous trouvé votre style personnel? Quelqu'un vous a-t-il aidée dans votre recherche? Quelle fut la première occasion où vous avez éprouvé de la satisfaction en vous regardant dans le miroir?

Quelles couleurs vous font sourire? Faites-en une liste, utilisez-les dans votre album. Il m'a fallu des années pour me rendre compte que l'or me va bien. J'avais ignoré le fait que chaque fois que je porte cette couleur, je rayonne. Et vous, quelles couleurs aimez-vous?

Dressez la liste des activités physiques qui vous procurent du plaisir.

Quelles photos de votre album de famille représentent votre essence? Faites-en des photocopies et collez-les dans votre album de trouvailles.

S'INSTALLER

S'installant furtivement et perpétuellement,
mentant vaguement ...

ROBERT BRIDGES

Pionnières

Le monde est rempli d'histoires partielles qui se déroulent parallèlement,
commençant et se terminant à de drôles de moments.
Elles s'entrecroisent et empiètent parfois les unes sur les autres,
mais nous ne pouvons pas les unifier complètement dans notre esprit.

WILLIAM JAMES

La première image qu'évoque habituellement le mot anglais *settler* est celle du pionnier – cet individu courageux, aventureux et intrépide qui sort de sa zone de sécurité afin de trouver une vie meilleure pour lui et ses proches. « Le pionnier est peut-être un personnage pittoresque, mais il est souvent très seul », note Nancy Astor en parlant de sa propre expérience de pionnière en Afrique.

Par contre, le verbe *to settle*, qui désigne généralement l'acte de *s'installer* ou de se fixer à un endroit, renvoie à une notion opposée.

Je suis fascinée par la façon dont la conception chinoise du yin et du yang – les énergies masculine et féminine, à la fois opposées et complémentaires – sous-tend tous les aspects de notre vie : carrière et foyer, obscurité et lumière, chaleur et froid, peine et joie, intimité et solitude, agressivité et passivité, Ciel et Terre. Partir à l'aventure ou rester à la maison.

Notre vie est remplie d'histoires, d'installations et d'aventures qui se déroulent parallèlement. Dans notre périple intérieur vers la conquête de l'authenticité, nous devons toutes devenir des pionnières et nous réconcilier avec cette réalité aux multiples formes pour pouvoir aller de l'avant. « Les femmes doivent être des pionnières dans ce mouvement vers l'intérieur pour y trouver leur force, affirme Anne Morrow Lindbergh. En un sens, elles l'ont toujours été. »

S'installer

Tous mes camarades de classe ont grandi et se sont rangés.
Puis, ils ont hypothéqué leur vie [...]
Ils se sont mariés, car il n'y a rien d'autre à faire.

MICK JAGGER ET KEITH RICHARDS

C'est au cours du dix-septième siècle qu'on se mit à associer l'expression *settling down* avec le mariage. Depuis toujours, les femmes aiment se créer un environnement stable, ordonné, serein, confortable et sûr pour élever leurs enfants, et, depuis le paradis terrestre, elles préfèrent ne pas le faire seules. Nous aimons bien nous faire un peu aider par le père de nos rejetons. « De la nécessité naît l'invention », dit-on. Un jour, une femme a eu la brillante idée de rembourrer ses matelas de paille avec du duvet de canard et d'oie. « Ne restez pas à dormir à la belle étoile », dit-elle gentiment à l'homme. « Vous pourriez prendre froid. Rentrez et installez-vous chez moi ; c'est chaud et confortable. » Ce fut là un tournant décisif dans l'histoire du couple. Les lits de plume et les oreillers rebondis ne tardèrent pas à faire partie des précieux articles de la dot des jeunes femmes ; désireux de jouir des multiples récompenses associées à cette douillette literie, les hommes convolèrent en justes noces.

S'exprimer tout de suite
ou se taire pour toujours

D'une façon ou d'une autre, les femmes se disent entre elles :
« Si tu veux te marier, ne pose pas de questions. »

MARY KAY BLAKELY

N ous croyons qu'il n'y a que deux sortes de mariages : les bons et les mauvais. En réalité, il y en a trois : les bons, les mauvais et les indifférents – ces derniers étant les pires. Malheureusement, bon nombre de femmes qui sont gênées de l'admettre ouvertement vous confieront dans l'intimité que leur beau rêve de bonheur conjugal s'est dégonflé pour céder la place à une lutte pour la survie : réussir à passer au travers de la journée, de la semaine, de l'année, de la vie. En général, cependant, une femme ne parlera pas de cela à son mari parce qu'elle n'arrive pas à mettre le doigt sur ce qui lui manque. Souvent, sa complainte se réduira à un faible reproche du genre : « Tu ne m'offres plus de fleurs. » Mais même ce cri sourd demeurera sans réponse ; son mari est beaucoup trop occupé à écouter les nouvelles du sport pour lui prêter attention.

C'est ainsi que le non-dit s'enfonce de plus en plus profondément dans l'âme de la femme, comme une écharde : il s'enflamme et devient douloureux, perpétuant le cycle sournois du dégoût de soi qui infecte ses relations. Plus nous nous dégoûtons de ne pas clarifier les choses, de ne pas exprimer nos besoins, de dire «Ça va» alors que ça ne va pas du tout, de ne pas enlever la fameuse écharde, plus nous nous mettons à éprouver du ressentiment à l'égard de notre conjoint, qui devient le reflet involontaire, impitoyable et impardonnable de notre résignation tacite.

Inévitablement, nous nous mettrons à faire des compromis, à accepter ce que nous avions tous les deux juré de ne jamais faire :

perpétuer le modèle de nos parents. « Le mot *mariage* évoque pour plusieurs la vie que notre mère a vécue, de sorte que nombreux sont les couples qui finissent par accepter un arrangement qui ne plaît ni à l'un, ni à l'autre », observe Merle Shain dans un lumineux recueil de méditations sur l'amour intitulé *Some Men Are More Perfect Than Others*. « Il est impossible d'être le type d'épouse que notre mère a été, car le monde a changé, et nos besoins aussi, poursuit-elle. La plupart d'entre nous sommes plus instruites que nos mères ; nos aptitudes inutilisées veulent être mises à profit et nous restent sur le cœur quand elles ne le sont pas. »

« Il n'y a pas de recette magique qui convienne à tous les couples », poursuit Merle Shain. « En outre, essayer de nous conformer aux normes de nos parents ou de nos voisins dans la conduite de notre vie conjugale est voué à l'échec. Il doit y avoir autant de diversité dans les unions qu'il y en a chez les êtres. Les personnes qui ne veulent pas "aimer, honorer et obéir" devraient pouvoir se faire d'autres types de promesses, sans avoir à demander aux autres ce qu'ils en pensent, ni à elles-mêmes. »

Le désert du cœur

*Je ne crois pas qu'un mariage prenne fin
à cause de ce que vous vous faites mutuellement.
Il prend fin à cause de ce que vous devez devenir pour y demeurer.*

CAROL MATTHAU

« Qui sont les gens qui mangent ensemble au restaurant sans même essayer d'engager la conversation ? » demande Albert Finney à Audrey Hepburn dans le film *Two for the Road* (*Voyage à deux*).

« Les gens mariés » répond-elle spontanément. Cette scène se passe au début de leur relation, alors que leur amour n'a pas encore été terni par des années de négligence, de suppositions, d'attentes, de déceptions, par le sentiment d'isolement que vous éprouvez quand votre conjoint ne s'intéresse pas plus à ce que vous faites que vous ne vous intéressez à ce qu'il fait, par l'habitude qui s'installe et vous donne l'impression de ne plus connaître la personne avec qui vous vivez. À deux pas, la visibilité est nulle. Après douze ans de mariage, Finney et Hepburn finiront par ne plus s'adresser la parole au restaurant. Ils se seront enlisés dans « l'intimité qui finit par éloigner deux êtres qui n'ont plus rien en commun, à part leur incompatibilité »; c'est ainsi que Nadine Gordimer décrit le désert du cœur, où une négligence bénigne fait sombrer un mariage heureux dans l'indifférence.

Heureux en ménage?

Nous nous marions pour toutes sortes de mauvaises raisons,
en plus, souvent, d'épouser la mauvaise personne. [...]
Nous nous marions pour devenir adultes,
pour échapper à nos parents et pour hériter
notre part du monde, ne sachant ni qui nous sommes,
ni qui nous deviendrons.

MERLE SHAIN

Une amie poète croit que tout mariage repose sur un degré quelconque de dépendance. Pour ma part, je parle plutôt d'habitude et de besoin. Cependant, les liens qui unissent deux personnes peuvent être en soie élastique ou en fer forgé.

Un jour, j'ai demandé à un homme marié depuis plus de vingt-cinq ans, dont je venais de faire la connaissance, s'il était heureux en ménage. Il m'a regardée d'un air surpris.

« Je suppose que oui, m'a-t-il répondu, comme si ma question l'avait jeté dans l'embarras. Aussi heureux qu'on puisse l'être en ménage. Ma femme est une bonne personne et nous avons une vie – tu sais, des amis, les étés au lac, des vacances en famille. Nous nous entendons parfaitement sur la manière d'élever les enfants », poursuivit-il d'une voix de plus en plus sourde. Comme il haussait les épaules d'un air penaud et esquissait un sourire timide, j'ai voulu aller plus loin et prendre son pouls. « Cela fait longtemps que tu te sens comme ça ? » lui ai-je demandé, avec la curiosité morbide que seule peut avoir une femme qui vient de divorcer après plusieurs années de mariage.

« Je ne sais pas ; si longtemps que je ne m'en rappelle pas. Je me suis peut-être toujours senti comme cela », répondit mon interlocuteur en se mettant à rire jaune. « Mais comprends-moi bien ... »

Je l'avais bien compris. Je saisissais exactement ce qu'il disait à cause de tout ce qu'il ne disait pas, ne pouvait ou ne voulait pas dire. J'étais désolée pour lui, mais encore davantage pour sa femme. Pendant de nombreuses années, j'avais été pionnière, puis survivante, dans une espèce de *no man's land* – ce genre d'accommodement domestique de longue date –, un lieu désertique où j'avais le sentiment que sa femme se retrouvait elle aussi. Comme le souligne Dorothy Gilman, pour une femme, « l'un des types de solitude les plus dévastateurs, [c'est] de vivre aux côtés de quelqu'un pour qui elle n'est pas une personne et qui, par conséquent, fait d'elle un être invisible et sans importance ».

Un an après le début de notre amitié, Jack m'appela pour m'inviter à aller prendre un verre avec lui. « Je suis tombé amoureux et je ne sais pas quoi faire », m'avoua-t-il, comme s'il m'annonçait qu'il souffrait d'une maladie incurable. « Je ne peux pas quitter ma femme et je ne peux pas rester. Chaque fois que je m'apprête à lui en parler, je fais le tour de la maison, je regarde les photos de famille, mes livres. Je l'entends s'affairer dans la cuisine comme je l'ai fait pendant la moitié de ma vie et je me dis : "Qu'a-t-elle fait pour mériter que je la quitte après toutes ces années ?" Pourtant, il n'y a pas une nuit où je ne souhaiterais pas me retrouver dans les bras d'Anne plutôt qu'à ses côtés. Mais je n'arrive pas à faire le saut. Pas pour l'instant. Alors, je rabroue ma femme à propos de tout et de rien, pour l'éloigner de moi, pour qu'elle me prenne en aversion. Si elle me détestait, ce serait plus facile. »

« Ou alors je passe plusieurs jours sans donner signe de vie à Anne parce que je n'ai pas le courage de lui dire que je ne peux pas quitter ma femme, ou que tout est fini entre nous, car je sais bien que cela ne peut pas arriver tant que nous vivrons. Mais je dois faire quelque chose pour reprendre le contrôle ; alors, j'essaie de l'éloigner elle aussi. Puis, quand je la revois sourire, je me dis : "Comment puis-je tourner le dos à l'amour de ma vie ? J'ai cinquante-deux ans. Comment puis-je laisser tomber ma dernière chance de bonheur ?" Je ne le peux pas. Alors je demande à Anne de m'accorder encore un peu de temps, comme elle l'a si souvent fait. Mais elle me dit maintenant qu'elle ne peut plus attendre : elle veut poursuivre sa vie, avec ou sans moi. »

La panique et la douleur palpables de Jack m'ont prise au dépourvu. Je suis toujours étonnée de voir un homme qui a le courage de vivre pleinement ses émotions, tellement j'ai l'habitude de voir les hommes compartimenter leur vie (et la nôtre). Jack était profondément amoureux de cette femme et vivait un conflit épouvantable. J'avais devant moi un homme qui voulait faire le bon choix. Je savais que toutes les personnes en cause allaient vivre des choses difficiles, du moins pour un certain temps. « Il y a des moments où j'en viens à souhaiter qu'elles me quittent toutes les deux, me dit Jack. Je suis en train de devenir fou ! »

Je le croyais. À voir son angoisse et ses yeux rougis, je savais aussi qu'il ne s'était probablement jamais senti à la fois aussi vivant et aussi paniqué. Il me semblait évident que tôt ou tard, il allait quitter sa femme. Mieux valait tôt que tard.

« Si tu n'es pas capable de le faire pour toi, lui dis-je, fais-le pour ta femme. »

« Que veux-tu dire ? Elle va être atterrée. »

« Oui. Et elle va être furieuse contre toi. Mais il y a de fortes chances qu'en son for intérieur, elle éprouve aussi un grand soulagement de voir sa captivité prendre fin. Il n'est pas possible qu'un homme soit malheureux depuis si longtemps qu'il ne se souvient même pas du moment où l'indifférence s'est installée chez lui, sans que sa femme en soit profondément affectée elle aussi.

Il n'y a pas pire solitude que celle du partenaire laissé pour compte d'une union sans amour. Je ne serais pas étonnée de la voir dire entre deux sanglots : "Merci, mon Dieu. Le salaud !" »

« Et tu te dis mon amie ! »

« Bien sûr ! Je sais que tu aimes Anne. Tu sembles avoir trouvé l'âme sœur. Je sais aussi que tu es un homme intègre. Tes enfants sont grands maintenant et volent de leurs propres ailes. Nous forgeons notre karma par nos choix. Ne se pourrait-il pas que le bon choix, le choix moral, le choix courageux, soit de quitter ta femme ? Si nous voulons trouver le bonheur, je ne crois pas que la vie nous demande de choisir entre faire le bien ou faire le mal. Selon moi, elle nous demande plutôt de choisir entre aimer et apprendre. Le bien-être de ta femme t'importe-t-il ? »

« Bien sûr que oui », répondit Jack, offusqué de ma question.

« Alors, montre-toi généreux. Trouve le courage de la quitter, non seulement pour toi, mais pour elle. Elle mérite de vivre avec un homme qui l'aime, qui la prenne dans ses bras au milieu de la nuit. Elle mérite d'être aussi heureuse que tu aspires à l'être. Pour une raison ou pour une autre, tu l'as quittée il y a plusieurs années. Tout ce qu'il te reste à faire, c'est de fermer la porte derrière toi. » Fermer la porte au malheur est un pas crucial à franchir pour pouvoir accéder au bonheur.

Voir, c'est croire

Nous en arrivons à un point avec les êtres que nous aimons
où nous ne sommes plus séparés d'eux ;
nous devenons si intimes et solidaires
que nous vivons par eux aussi directement que par nous-mêmes. [...]
Nous repoussons nos cheveux en arrière
parce que les leurs leur obstruent la vue.

NAN FAIRBROTHER

Comme les femmes se voient à travers le prisme de leur relation amoureuse, il est essentiel que nous regardions de plus près le réflecteur qu'elles utilisent quotidiennement.

Mettez le premier épithète qui vous vient à l'esprit dans l'espace qui suit: Une liaison amoureuse _____.

Tragique? Fatale? Désastreuse?

Je n'ai entendu personne dire *heureuse*. C'est que nous ne croyons pas qu'il puisse exister une idylle heureuse. Bien sûr, il y a des moments de bonheur, des moments pour lesquels nous vivons, pour lesquels nous hypothéquerions notre âme; mais vous savez comme moi que lorsque nous nous confions à notre meilleure amie, nous lui parlons la plupart du temps de la vie dure qu'il nous fait et des raisons pour lesquelles nous supportons cet état de choses, ponctuant notre récit d'exclamations du genre: « Tu ne me croiras jamais, mais ... »

Si nous n'arrivons pas à trouver le bonheur quand nous sommes en amour, qu'attendons-nous du mariage ? Une héroïne d'un roman d'Ellen Glasgow intitulé *The Miller of Old Church*, publié en 1911, observe avec une ironie désabusée que la plupart du temps, être marié veut dire tolérer des choses, ou faire semblant. Regardons les choses en face: la plupart des femmes d'aujourd'hui – surtout celles qui se considèrent bien mariées – seraient d'accord avec elle.

Je ne veux pas vous donner l'impression que je ne crois pas au mariage. J'y crois ! Je crois aux vertus thérapeutiques du mariage comme Joyce Johnson croit aux « vertus curatives de l'amour, comme les Anglais croient à celles du thé et les catholiques, aux miracles de Lourdes ».

Aimer, honorer et chérir un autre être ? Entrelacer nos rêves ? Promettre d'être là dans tous les changements de la vie ? Quoi de mieux que de nous réveiller avec un sourire et une caresse de la personne avec qui nous voulons finir nos jours ? Connaître « la paix profonde du lit double après le tohu-bohu du canapé », comme le disait si bien Mrs Patrick Campbell, comédienne anglaise de l'époque victorienne, décrivant la félicité conjugale. Les doux moments du mariage (qui peuvent durer plusieurs années et même toujours) nous font vivre le ciel sur la terre. Les difficultés conjugales, en revanche, peuvent vous débarrasser de votre peur de la mort !

« Plusieurs d'entre nous acceptons de nous passer d'amour, même dans nos relations les plus intimes », admet, au nom de toutes les femmes, Kathleen Norris, poète et auteure d'ouvrages de spiritualité, dans son merveilleux livre intitulé *Amazing Grace : A Vocabulary of Faith*. « La plupart d'entre nous connaissons des couples qui se méprisent et continuent néanmoins de rester ensemble comme s'ils étaient plongés de force dans un conflit armé », poursuit-elle.

À la vérité, notre mariage est bien portant, béni et heureux dans la mesure où nous le sommes nous-mêmes. Nous pouvons quitter un homme, mais nous ne pouvons pas nous quitter nous-mêmes ; nos relations intimes nous apprennent à nous connaître.

« Une relation est davantage un devoir à faire qu'un choix, écrit Marianne Williamson dans *Illuminata : Thoughts, Prayers, Rites of Passage*. Un lien solide entre deux êtres est un puissant facteur psychique qui existe indépendamment de l'opinion qu'ils se font de leur relation. Nous pouvons nous soustraire à un devoir, mais nous ne pouvons pas échapper aux leçons qui l'accompagnent. »

Si nous nous soustrayons aux leçons d'une relation, elles vont resurgir dans la prochaine, tant que nous n'aurons pas reconnu ce qui se passe. Vous vous rappelez cette femme qui arrive au ciel avec le bagage dont elle devait se débarrasser au cours de sa vie ici-bas ? « Retournez et recommencez », lui a dit le portier. Nous nous marions, nous divorçons, nous nous remarions. Nous divorçons ou nous endurons en nous rangeant, en faisant des compromis, en tournant en rond. Mais tant que nous n'avons pas assimilé les leçons que la vie nous soumet – acceptation de soi, autonomie, autodiscipline, estime de soi, compassion envers soi-même, souci de son bien-être, connaissance de soi, respect de soi, autosuffisance ou sentiment de sa valeur –, elles vont continuer de se présenter à nous.

Il est intéressant de noter que la plupart de nos leçons de vie portent d'abord sur nous avant de porter sur les autres. Qu'en est-il de l'intimité, de la communication, de la compassion ? Vous ne présentez pas *Crime et Châtiment* de Dostoïevski à un enfant qui est en train d'apprendre à lire. Comment pouvons-nous exprimer aux autres nos pensées, nos perceptions et nos sentiments les plus intimes si nous n'avons pas le courage de parler à cœur ouvert avec notre moi authentique ? Mes conversations les plus difficiles et les plus déchirantes, c'est avec moi-même que je les ai eues.

Souvent, notre relation amoureuse est le prisme à travers lequel nous nous voyons chaque jour. « Je me demande pourquoi on associe si souvent l'amour à la joie alors qu'il est aussi bien d'autres choses », écrivait Florida Scott-Maxwell vers la fin de sa vie. « Il est dévastation, baume, obsession ; il nous amène à nous accorder mutuellement une valeur excessive, puis à la perdre. L'amour est souvent la reconnaissance de ce que nous ne sommes pas mais pourrions être. Il flétrit et guérit. Il est au-dessus de la pitié et de la loi. Il peut passer pour la vérité. »

Quand l'amour ou l'absence d'amour de l'autre devient notre vérité, nous nous voyons à travers les yeux de cette personne et la relation que nous entretenons avec elle. Comme nos relations amoureuses sont souvent imparfaites, manipulatrices, décevantes, voire malhonnêtes, et comme nous nous voyons à travers elles, nous nous percevons souvent comme des marchandises endommagées.

Si une relation est insatisfaisante, c'est sans doute parce que nous avons fait ou dit quelque chose de mal. Si cela fait des mois qu'il est distant, c'est sans doute en raison de notre apparence. Vous avez beau essayer d'entrer en contact avec lui, il vous ferme la porte. Vous vous tenez près du téléphone et attendez un appel qui ne vient jamais. Vous l'appelez et si vous percevez de l'irritation ou de l'hésitation dans sa voix, vous vous dites qu'il vous manque quelque chose. Vous vous endormez en pleurant ou réintégrez votre côté du lit en serrant votre oreiller; vous faites semblant que tout va bien, que vous avez du plaisir. Vous vous fermez, vous vous reniez, vous vous diminuez au point de disparaître. « Que de fois je cache et étouffe une partie de moi, reniant la plénitude de mon être, pour pouvoir me recommander à lui », confiait Sylvia Ashton-Warner en 1943. « Que de fois me suis-je mise en sourdine, me suis-je faite discrète pour avoir son approbation. »

C'est pourquoi chacune d'entre nous doit, à un moment donné, prendre son courage à deux mains et cesser de se regarder à travers le prisme de sa relation amoureuse. « Il y a des siècles que les femmes se servent de miroirs dotés du merveilleux pouvoir de refléter leur homme deux fois plus grand que nature », notait Virginia Woolf. Il est temps que nous trouvions un miroir qui nous magnifie à notre tour. Que nous soyons mariées ou célibataires, nous devons nous libérer de cette dépendance. Affranchissons-nous de la perception qu'*il* a de nous et engageons-nous dans une relation exclusive et inconditionnelle avec notre moi authentique. Le processus de réincarnation amène à faire ce choix vital qui transformera notre vie et nous sauvera. Aujourd'hui, regardez-vous dans un miroir jusqu'à ce que vous y voyiez le reflet de l'Esprit. Vous êtes une femme de noble prestance et de grande valeur. Le saviez-vous? Si vous n'avez pas encore vu la beauté, l'intelligence, la vision, la chaleur, le pouvoir, l'ascendant, la force, l'esprit, la générosité, la compassion et la passion qui vous caractérisent, c'est que vous avez cherché votre valeur au mauvais endroit, n'en déplaise à la personne avec qui vous partagez votre vie.

Un crime contre la personne

Le contraire de l'amour n'est pas la haine; c'est l'indifférence. [...]
Le contraire de la vie n'est pas la mort; c'est l'indifférence.

ELIE WIESEL

U ne de mes amies, qui était si organisée qu'on aurait pu croire qu'elle avait été dotée à la naissance d'un système électronique pour classer les chaussettes et les serviettes, se mit soudain à avoir du mal à garder sa maison en ordre. Du jour au lendemain, le tout s'écroula d'une façon aussi spectaculaire que l'Empire romain. Un jour, elle avait le parfait contrôle; le lendemain matin, elle sombrait dans le désordre. Elle avait beau ranger tous les tiroirs, les armoires et les tablettes, le chaos revenait de plus belle. «Je n'ai jamais vu chose pareille, me confia-t-elle. C'est comme si des lutins s'affairaient à défaire la nuit ce que je fais le jour.»

«Tu as peut-être besoin d'un exorcisme», lui lançai-je à la blague.

«Tu sais, tu as peut-être raison, me dit-elle. Je suis tellement découragée que je suis prête à essayer n'importe quoi.» C'est ainsi qu'elle fit venir chez elle une médium qui pouvait percevoir les blocages énergétiques qui se manifestent dans les maisons. Rappelez-vous l'axiome gnostique qui dit: «À l'extérieur comme à l'intérieur.»

À notre grand étonnement, la médium demanda si cette maison avait été le théâtre d'actes de violence; les messages qui lui étaient transmis étaient «très sombres». S'y était-il produit des meurtres, des viols, des agressions? La maison pleurait, ajouta-t-elle; elle était traumatisée comme une femme qui vient de se faire violer. C'est pourquoi elle bloquait son énergie et ne coopérait plus avec mon amie. Le désordre qui régnait dans la maison n'était que le reflet extérieur des agressions dont elle avait été victime. L'esprit de la maison se cachait de son «agresseur» en y faisant régner le chaos et le désordre.

Abasourdies par cette analyse, mon amie et moi nous montrâmes sceptiques. Tout d'abord, mon amie était seulement la troisième propriétaire de la maison ; elle y vivait depuis dix ans et, à sa connaissance, il ne s'y était jamais produit de scènes de violence. La médium rétorqua qu'elle ne faisait que transmettre les messages qu'elle recevait et proposa à mon amie de faire un rituel de guérison pour la maison.

Mon amie et moi avons beau avoir l'esprit ouvert, nous trouvions l'explication de cette médium un peu tirée par les cheveux. Je suggérai à mon amie de s'en remettre plutôt à la grâce de Dieu. Mais elle en décida autrement : « Puisque vous y êtes, dit-elle à la médium, allez-y. Qui sait ? Ça ne peut pas nuire. »

Un mois plus tard, mon amie découvrit que son mari entretenait une liaison amoureuse. Elle apprit également qu'il invitait sa maîtresse chez eux quand elle partait en voyage d'affaires, de façon à pouvoir répondre au téléphone si elle appelait. C'était donc mon amie elle-même qui avait été agressée sur le plan éthérique.

La nature humaine comprend le crime passionnel – cet accès de sainte colère de la personne qui surprend l'être aimé en flagrant délit d'infidélité. Dans certains codes juridiques – en France et au Texas notamment –, la passion amoureuse apparaît comme un motif raisonnable permettant de réduire l'accusation de meurtre à celle d'homicide sans préméditation.

Chaque jour, cependant, l'indifférence tue impunément, détruisant un nombre incalculable de vies sur tous les plans – physique, intellectuel, émotif et spirituel. Depuis de nombreuses années, mon amie ignorait ses « problèmes » conjugaux – sa détresse et le silence d'un mari qui voulait à tout prix éviter les conflits. Ils vivaient dans des camps adverses, sauf en société, où ils arrivaient à avoir des rapports agréables pendant quelques heures (une excellente raison d'entretenir une vie sociale active). Mais peu à peu, le silence qu'ils gardaient dans l'intimité édifia un mur d'indifférence entre eux, à tel point que cet homme ne considérait plus sa femme comme une personne. L'idée qu'il « violait » sa femme en invitant sa maîtresse dans son lit ne l'avait jamais effleuré. C'était un homme pratique. L'indifférence engendre l'hostilité.

S'il est vrai que nous nous marions parfois pour les mauvaises raisons, les raisons pour lesquelles nous nous convainquons de rester sont encore pires. Nous restons par gentillesse, pour les enfants, parce que nous pensons ne pas avoir les moyens de nous séparer, et ne voulons pas évaluer les coûts psychiques du *statu quo*. Nous restons parce que nous tenons davantage à rester fidèles aux autres qu'à nous-mêmes.

Nous restons parce que nous sommes foncièrement de bonnes et braves personnes. Une bonne femme ne laisse pas tomber un mari avec qui il est possible de passer au travers d'une réception, d'une réunion de parents, des difficultés d'apprentissage d'un enfant, de l'infarctus d'un parent, des fêtes de famille, des vacances d'hiver avec des amis, des fins de semaine à la plage et des rapports sexuels commodes.

Nous restons parce que nous avons peur de croire au grand amour. Parce que nous sommes convaincues que nous ne trouverons jamais l'amour de notre vie. Et vous savez quoi ? Tout cela est vrai si nous persistons à demeurer au mauvais endroit et à le nier sur tous les plans – spirituel, intellectuel, émotif, sexuel, créatif. Un an avant notre séparation, j'ai demandé un soir à mon mari s'il croyait à l'existence des âmes sœurs. « Non, m'a-t-il répondu. Je crois à l'accommodation. » Il m'avait fallu dix-sept ans pour trouver le courage de lui poser cette question. Il m'a fallu une autre année pour croire à sa réponse.

Je connais une femme courageuse qui, après avoir subi une mastectomie, a mis fin à un mariage de trente ans tout à fait convenable. Son mari, ses enfants et ses amis ont été atterrés par sa décision. Son groupe d'entraide, lui, a compris. Le temps n'était plus infini. La vie ne pouvait plus être tenue pour acquise. Cette femme refusait de s'immoler pour préserver l'image que les autres se faisaient d'elle, de poursuivre une union qui ne la comblait pas. Cinq ans plus tard, elle avait guéri son cancer, avait trouvé l'âme sœur, s'était remariée et était devenue paysagiste spécialisée dans l'aménagement de sanctuaires personnels.

L'indifférence qui s'installe dans un couple – qui fait que des conjoints ne s'associent plus que pour faire leur déclaration d'impôts, signer les cartes de souhaits et participer aux réunions mondaines tout en allant chercher ailleurs le véritable soutien affectif, la stimulation intellectuelle et l'épanouissement sexuel – sape dangereusement leur sentiment d'intégrité, met leur honneur en gage, siphonne leur énergie créatrice et les plonge tous les deux dans un gouffre de ressentiment. Ce n'est pas tant l'infidélité qui est odieuse que le fait que vos besoins véritables soient à ce point bafoués par vous deux que votre âme se voit forcée de rechercher secrètement une autre nourriture. C'est cela, la honte.

Vous avez vu *Lovers and Other Strangers*? C'est un film désopilant des années 70 qui nous propose une réflexion sur le mariage, à travers le regard d'un jeune couple et des quatre beaux-parents. Ma scène préférée, c'est lorsque le fils tente d'expliquer à son paternel italien vieux jeu pourquoi sa femme et lui divorcent après seulement quelques années de mariage. «Il faut que tu comprennes, lui dit-il, nous avons le sentiment qu'il y a autre chose à vivre.» Et le père de rétorquer: «Nous avons tous le sentiment qu'il existe autre chose.»

«Mais alors, pourquoi ne quittes-tu pas maman et ne pars-tu pas à sa recherche?»

«Parce qu'il n'existe pas autre chose!» lui hurle son père.

Je sais ce que le père et le fils essaient de dire parce que j'ai joué ces deux rôles. Cependant, dans mon propre voyage vers l'authenticité, je jure qu'il y a vraiment autre chose qui nous attend. Seulement, cette chose se cache dans toutes nos relations – les bonnes, les mauvaises et les carrément affreuses. Ce n'est pas parce que vous avez échoué dans une relation que vous devez la considérer comme un échec. Cette expérience n'est pas un échec si vous y avez appris des choses sur vous-même – et vous l'avez fait, notamment si vous connaissez mieux maintenant votre seuil de tolérance à la douleur ou les limites de votre patience. Cette expérience n'est pas un échec si, même dans vos moments d'angoisse et d'acceptation, elle vous a permis d'entrevoir votre moi authentique, de découvrir vos véritables besoins et aspirations.

Selon Jane Austen, le bonheur conjugal n'est qu'une question de chance. Peut-être. Mais je sais qu'il implique toujours un choix. De petits choix et d'énormes mensonges. Chaque jour, nous sommes ensemble ou séparés. «L'amour ne peut survivre si vous ne lui accordez que des restes de vous-même, de votre temps, de vos pensées», nous rappelle Mary O'Hara.

Et vous ne pouvez pas y arriver toute seule. Cela prend deux personnes pour maintenir l'amour bien en vie, pour le laisser se flétrir, ou pour inviter la résignation à s'installer. Ce n'est que lorsque les deux ont laissé le vide se créer qu'une tierce personne peut s'introduire dans le décor.

Ce mariage peut-il être sauvé?

Ce qu'il lui manque est probablement nécessaire à ce qu'il vous manque.
N'admettons aucun obstacle au mariage des cœurs sincères.

JEAN KERR

«Imaginez que Dieu vous a choisie pour être le réceptacle de sa grâce. Imaginez qu'Il vous a soufflé à l'oreille [...] des mystères, non pas en mots, mais sous forme d'éclairs éblouissants. Imaginez que pendant que Dieu était avec vous, un courant merveilleux vous a parcourue, s'est emparé de votre cœur et a inondé votre âme de vagues d'amour. Imaginez que Dieu vous a dit: "Je suis à toi et Je t'aime."» Dans ce passage de *Judaic Mysticism*, Avram Davis et Manuela Dunn Mascetti tentent d'évoquer l'histoire d'amour la plus intime, mystérieuse, glorieuse et inconditionnelle qui soit: l'amour entre Dieu et nous.

Imaginez que vous viviez cet amour avec votre conjoint, avec vous-même. C'est à cela que vous êtes destinée.

Si cela vous semble impossible, demandez-vous pourquoi.

«Quand nous enterrons nos sentiments, nous nous enterrons nous-mêmes», affirme Nathaniel Branden dans *The Psychology of Self-Esteem*. «Cela signifie que nous vivons dans un état d'aliénation.

Nous en sommes rarement conscients, mais nous sommes étrangers à nous-mêmes. »

Vous savez bien que je ne parle pas ici des périodes difficiles, d'une ou deux années éprouvantes. Ce dont je parle, c'est d'avoir confié à quelqu'un d'autre la garde de notre bonheur, il y a plusieurs années, sans même avoir réclamé de droit de visite.

«Comme la vie peut devenir compliquée quand morale, sexualité, réputation, engagement, plaisir et peine, bien et mal sont inexorablement mélangés», rappelle Alexandra Stoddard dans un livre stimulant intitulé *Making Choices : The Joy of a Courageous Life.*

«Les conseillers matrimoniaux encouragent les gens à travailler à améliorer leur relation», poursuit Alexandra Stoddard. «Les sexologues proposent divers trucs et stratégies. De leur côté, les avocats sont tenus par leur profession d'essayer d'amener les couples à se réconcilier. Il existe sûrement de nombreux cas où la relation peut changer de cap grâce à une aide professionnelle. Mais quand quelqu'un ne vous convient pas, que ce soit pour des raisons élémentaires ou pour des motifs infiniment complexes et mystérieux, vous ne pouvez pas forcer une réconciliation. Il se peut qu'une union se soit à ce point détériorée que la séparation s'avère la seule solution. Si deux personnes décident de rester ensemble pour payer l'hypothèque, l'épicerie ou l'automobile, libre à elles, mais un mariage d'accommodation ne procurera jamais le bonheur. Ce couple s'enlisera dans une vie morne et un désespoir pas si paisible. Quand vous considérez que vous n'avez pas grand temps pour vivre le bonheur que peuvent partager deux personnes qui s'aiment et se respectent profondément, vous devez faire un choix judicieux, même si cela implique la décision de divorcer. »

Il m'est affreusement difficile d'écrire cela, mais je crois du plus profond de mon cœur que l'indifférence conjugale est si insidieuse et destructrice, tant pour nous-mêmes que pour nos partenaires, nos enfants et la Vie elle-même, qu'elle m'apparaît comme un crime contre l'amour, car elle malmène et violente nos nobles sentiments. Elle est un cri de désespoir étouffé qui réclame la libération, le pardon, la réparation et l'absolution – non pas du confessionnal, mais de l'âme. La vérité est le seul pont possible entre un cœur brisé et la plénitude. Si le désespoir qui prend d'abord la forme d'une agitation silencieuse quotidienne dans le couple est ignoré dans l'intimité, il va s'intensifier au point de devenir un cri de rage qui ne sera pas nié tant que la douleur revêtira une forme extérieure tangible : alcoolisme, accident, infidélité ou infarctus. Mais quand le silence devient assourdissant et qu'il ne reste plus que ce cri déchirant, alors mieux vaut en finir.

Demandez à l'Esprit de vous donner grâce, conseils, clarté et paix. Si vous l'avez fait et n'en pouvez plus, demandez-lui de vous aider à tenir bon ou à lâcher prise. Demandez-lui de vous donner du courage. Demandez-lui si votre mariage peut être sauvé. Sondez votre cœur pour savoir si vous devez rester ou partir. Demandez-lui de vous indiquer la façon d'agir avec honneur, intégrité et amour. Si vous devez partir, on vous indiquera le chemin. Si vous devez rester, vous ne voudrez pas faire fausse route. « L'abandon ne peut-il pas être un geste de courage, une bonne décision ? » demande Susan Glaspell dans *The Visioning*, un roman écrit en 1911. « Abandonner une chose que nous avons dépassée – avoir le courage de quitter une chose morte pour passer à une chose vivante. »

Comme la première fois

Certaines femmes attendent que les choses changent et comme rien ne change, elles décident de changer elles-mêmes.

AUDRE LORDE

Pendant des années, Judy et Dan étaient la parfaite illustration du vieil adage voulant que les contraires s'attirent. Ils n'auraient pas pu être plus différents. Judy, avec sa chevelure flamboyante et ses fossettes, était une femme dynamique et aventureuse, qui aimait s'amuser. Débordante d'énergie, elle était généreuse et enthousiaste. C'est elle qui planifiait l'itinéraire du voyage familial annuel et faisait les réservations un an d'avance pour les vacances d'été. C'est elle qui organisait les ventes de charité et réunissait régulièrement les amis pour une sortie au théâtre et un souper au restaurant. Dan, lui, était un homme solide, stable, fiable, travaillant, imperturbable. En fait, le seul accroc à son profil rectiligne était sa chevelure noire bouclée. Judy était yin ; Dan était yang. Pendant plusieurs années, leur mariage fonctionna bien, précisément parce que Dan assurait la base solide sur laquelle Judy pouvait s'appuyer pour s'adonner allègrement à son large éventail d'activités.

Leurs enfants, à qui elle avait dû consacrer pendant longtemps le plus clair de son temps, de son énergie créatrice et de son affection, finirent par pouvoir voler de leurs propres ailes. Judy y vit l'occasion de répondre à sa voix intérieure l'incitant à combler ses autres aspirations. Pendant ce temps, cependant, Dan, qui ne rajeunissait pas, rentrait du boulot de plus en plus fatigué, le soir, et les nombreux projets de Judy commençaient à l'irriter sérieusement. Il était évident que ces deux-là n'étaient plus sur la même longueur d'onde. Les moments d'intimité se firent de plus en plus rares ; leurs rapports sexuels, auxquels ils prenaient auparavant grand plaisir, s'espacèrent peu à peu pour devenir pratiquement inexistants. Quant à leurs conversations, elles portaient rarement sur un autre sujet que les enfants ou les finances. Ils se demandaient encore quelle sorte de journée ils avaient passée, mais c'était pour la forme.

Dan demanda à Judy de ne plus faire de projets pour les soirs de semaine et d'espacer les activités prévues pour les fins de semaine, qu'il aimait bien passer tranquille à la maison. Il oubliait que Judy, elle, passait toute la semaine à la maison ! Les vacances changèrent elles aussi ; alors qu'auparavant, ils aimaient bien s'adonner ensemble à des activités physiques, comme les longues randonnées à vélo, Dan préférait maintenant s'installer confortablement dans une chaise longue avec un bon roman policier. Insatisfaite, Judy commença peu à peu à se détacher, attitude qui se reflétait dans le comportement de Dan. Le plaisir de l'un devenait une source de conflit pour l'autre. Pour canaliser son énergie dans une activité constructive, Judy s'inscrivit à des cours pour adultes. C'est ainsi qu'elle apprit à recouvrir ses meubles, à cultiver des orchidées et à tresser des paniers. Puis, elle se tourna vers la cuisine thaïlandaise.

C'est à ces cours de cuisine qu'elle revit Steve, l'ancien entraîneur de soccer de son fils. Elle ne le connaissait que vaguement, mais elle avait entendu dire qu'il avait perdu son épouse, emportée par un cancer du sein. En se rendant à leur voiture, après le premier cours, ils engagèrent la conversation : Steve lui expliqua que lorsqu'il s'était mis à cuisiner pour sa famille, il y avait trouvé un bon moyen de se détendre et d'échapper aux lourdes responsabilités qui lui incombaient. Comme il ne lui restait qu'un enfant à la maison, il prenait plaisir à élargir ses horizons en prenant un ou deux cours. Il aimait s'occuper, ajouta-t-il, et trouvait stimulant de s'ouvrir à de nouvelles idées et perspectives. Judy et Steve étaient des âmes sœurs.

Ils ne tardèrent pas à échanger sur une foule de sujets, en prenant un café, après le cours. Outre la cuisine, ils se découvrirent plusieurs goûts communs : le bridge, les vieux livres, le ski de fond, l'observation d'oiseaux. Sans se consulter, ils s'étaient tous deux engagés dans un comité chargé d'organiser un référendum à l'école du quartier. Et lorsque Dan était trop fatigué ou n'avait tout simplement pas le goût d'aller faire du vélo le dimanche matin, Judy appelait son nouvel ami ; de son côté, Steve ne manquait pas de l'inviter quand il manquait un joueur pour sa partie de bridge hebdomadaire. Dan ne faisait pas d'histoires ; en fait, il ne semblait même pas voir ce qui se passait. D'abord simples amis, Steve et Judy devinrent vite plus intimes : comment pouvait-il en être autrement pour ces deux êtres qui s'entendaient si bien et éprouvaient le même immense besoin de compagnie ?

Toutefois, ils eurent assez de jugement pour mettre rapidement fin à leur liaison avant qu'elle ne leur fasse perdre irrémédiablement leur bon sens et leur circonspection. Steve était encore en deuil d'une femme qu'il avait aimée profondément ; il ne se sentait pas encore disposé à vivre un autre amour. Quant à Judy, elle n'était pas prête à faire une croix sur son mariage.

Même si elle appréciait les moments qu'elle passait avec Steve, Judy aimait toujours son mari ; leur longue vie commune et l'amour qu'ils éprouvaient pour leurs enfants lui tenaient à cœur.

Jamais elle n'aurait imaginé se retrouver dans les bras d'un autre homme. «Si seulement Dan pouvait faire son bout de chemin, nous pourrions repartir à neuf», se disait-elle dans ses moments de réflexion et de prière. Un jour, elle se rendit compte qu'elle avait reporté sur un autre homme le besoin qu'elle éprouvait d'aller plus loin dans son mariage. Elle prit conscience que pour poursuivre sa route avec Dan, il lui fallait partager cette quête avec lui, non seulement avec l'Esprit et son nouveau copain.

Comme le fait observer Nadine Gordimer: «Ce ne sont pas les changements effectués consciemment par un homme et une femme – un nouvel emploi, un déménagement dans une autre ville, un divorce – qui les façonnent vraiment, comme les titres de chapitres d'une biographie, mais une longue et lente mutation affective, à la fois voilée et omniprésente: quelque chose qui prend tellement de place que les changements extérieurs [...] passent pratiquement inaperçus. [...] Cela imprime une mouvance à tout l'horizon de la vie: il se peut que le cœur n'entérine jamais les décisions prises avec la raison et la parole.»

Judy se sentait toujours liée à Dan. Elle ne voulait pas mettre fin à cette union; elle voulait qu'elle se transforme, évolue et *dure*.

Un soir, alors qu'ils s'apprêtaient à se mettre au lit, Judy dit calmement à Dan: «Nous ne pouvons pas continuer à vivre en solitaires. Je ne suis plus capable de vivre ainsi.» Elle lui expliqua ce qu'elle vivait – pas *tout*, mais suffisamment pour lui faire comprendre qu'elle se trouvait à un point tournant de sa vie et que leur mariage était à une croisée des chemins. «Je ne peux pas sauver notre mariage toute seule, poursuivit-elle; nous devons nous y mettre tous les deux.»

Ces aveux de Judy surprirent Dan; la fatigue engendrée par des années de travail stressant l'avait empêché de voir à quel point il avait négligé leur relation. Pour garder sa femme et sauver son mariage, il allait devoir se remettre à faire des choses avec elle, à commencer par des visites chez un conseiller matrimonial. Ce dernier leur suggéra de refaire d'abord connaissance l'un avec l'autre, de se voir non pas comme ils avaient été, mais comme ils étaient devenus. «Les gens changent et oublient de s'en faire part», note Lillian Hellman. Judy voulait que Dan connaisse la nouvelle femme qu'elle était devenue, qu'il tombe amoureux de son moi authentique.

Parlant de la relation qu'il entretenait depuis trente ans avec son épouse, Mercedes, l'écrivain colombien Gabriel Garcia Marquez avouait un jour qu'à un moment donné, il s'était rendu compte qu'il la connaissait si bien qu'il ne la connaissait plus. C'est ce qui arrive à la plupart des maris. Cependant, la fascination de Garcia Marquez et son appréciation du mystère que recélait la femme de sa vie représentent l'autre face de cette réalité. C'est ce qui lie un couple: le mystère dans l'ordinaire. Seulement, il nous faut nous y arrêter et apprendre à nos hommes à le faire.

Pour réapprendre à se connaître, Judy et Dan se sont mis à « sortir ensemble » une fois par semaine. Lors de ces tête-à-tête hebdomadaires, ils faisaient semblant de se rencontrer pour la première fois. Assis l'un en face de l'autre, dans un restaurant ou un autre endroit où ni l'un ni l'autre n'avait jamais mis les pieds, ils se parlaient. Lors de ces rencontres, ils n'avaient pas le droit de parler de leurs enfants, de leurs parents, de leur travail ou de leurs finances. Ils se parlaient de leurs rêves, de leurs blessures, de leurs espoirs et de leurs aspirations – de la façon dont ils voulaient continuer à vivre *ensemble*. Ils apprirent beaucoup de choses lors de ces échanges et y prirent grand plaisir. Plus important encore, ils découvrirent que le sujet abordé – eux-mêmes – leur tenait à cœur. Lentement mais sûrement, ils sauvèrent leur mariage et renforcèrent leurs liens. Ayant retrouvé le chemin l'un vers l'autre et vers un avenir commun, ils retombèrent amoureux.

« C'est long avant d'être vraiment marié », disait la comédienne Ruby Dee. « On se marie plusieurs fois, sur différents plans, avec la même personne. Si vous vous mariez plus souvent que vous divorcez, vous avez de la chance et vous tenez le coup. »

Mes parents, qui ont filé leur amour pendant quarante-cinq ans, avaient trouvé une façon bien à eux d'entretenir la flamme conjugale. À chaque anniversaire de mariage, chacun déclarait qu'il « prenait une option sur l'autre » pour une année encore. « Je crois que je vais choisir ton père encore cette année », m'annonçait ma mère. Elle ajoutait parfois: « La prochaine année devrait être meilleure » ou « Ce fut une bonne année ».

Mon père, lui, faisait aussi son bilan janvier/juillet : « Si nous pouvons nous rendre au mois de janvier, lançait-il à ma mère, nous pourrons nous rendre jusqu'en juillet. » Quand j'étais petite, je n'avais pas la moindre idée de ce dont ils parlaient. Mais ce que tous les enfants de notre famille savaient pertinemment, c'est que lorsque mon père rentrait à la maison après le travail, la première heure était « leur » moment pour s'asseoir ensemble, échanger et se retrouver en prenant un verre. À moins d'une urgence, il ne fallait pas violer ce tête-à-tête quotidien, qui leur a peut-être permis de rester ensemble toutes ces années.

Dans *To My Daughters, With Love*, Pearl Buck écrit : « Il n'y a rien d'aussi bon que le mariage de deux esprits authentiques entre un homme et une femme. D'aussi bon ? C'est la vie même. » Même si ses parents sont divorcés, je dirai la même chose à ma fille.

Il n'y a que deux histoires qui vaillent la peine d'être racontées

Qu'est-ce que la passion ? C'est sûrement le devenir d'une personne.

JOHN BOORMAN

Je n'ai encore jamais rencontré personne qui ne se soit pas senti trahi.

CAROLYN MYSS

Selon la romancière américaine Willa Cather, les humains n'ont que deux histoires à raconter, et « ils continuent de les répéter avec autant d'ardeur que si elles se déroulaient pour la première fois ». Elle a raison. C'est pourquoi, depuis le tout premier feu de camp, tous les conteurs ne cessent de les évoquer. De la

Genèse à *Fiction pulpeuse*, les deux histoires qui captivent toujours notre âme sont la passion et la trahison.

« Dans tout triangle amoureux, qui est le traître, qui est le rival invisible et qui est l'amant humilié ? » demande Erica Jong. « Soi-même, soi-même, nul autre que soi-même. »

Je ne peux pas parler de la passion sans témoigner du rôle important que joue la trahison dans notre quête d'authenticité. Le soin des blessures que m'a causées la trahison m'a appris autant, sinon plus, sur le devoir inviolé de mon âme de chercher et de saisir toutes les occasions de bonheur, que la paix profonde que la passion m'a fait vivre.

La passion est la prière incarnée.

La trahison est le désespoir incarné.

La passion est sacrée – un mystère profond qui transforme par l'éveil et l'extase.

La trahison est humaine – une énigme profane qui transforme par la colère et la rage.

La passion et la trahison sont l'illumination et les ténèbres.

La passion est mue par le désir – le désir que notre quête d'autre chose soit guidée par l'Esprit.

La trahison est mue par la peur – la peur que le vide qui engouffre le monde soit tout ce qui existe, tout ce que nous méritons.

La passion et la trahison sont le yin et le yang du désir. Elles sont inséparables, indéniables. Le divin paradoxe de leur présence invisible s'immisce dans tous les aspects de notre vie quotidienne, colore chacun de nos choix, imprègne chacun de nos défis.

La passion est ce qui pourrait être. La trahison, ce qui aurait pu être.

La passion est le paradis trouvé. La trahison, l'expulsion du paradis.

Nous ne pouvons vivre sans la première. Nous ne pouvons aimer sans la deuxième.

La passion évoque généralement l'énergie sexuelle qui propulse deux personnes l'une vers l'autre. Inflammable.

Incandescente. Explosive. Une envie à laquelle on ne peut résister, qu'on ne peut contrôler ni confiner aux limites des conventions (c'est-à-dire à l'opinion des autres sur notre vie). Passion est synonyme de péché, de clandestinité, d'interdit.

Pourtant, la passion n'est pas un péché mais une grâce salvatrice. Selon Dorothy L. Sayers, une écrivaine anglaise d'une grande profondeur d'âme : « Le seul péché que la passion puisse commettre, c'est d'être triste. »

Lesquelles d'entre nous sont enfin résolues à ne plus pécher ? Le ciel m'est témoin : je le suis.

Qu'est-ce donc que la passion ? C'est le feu mis à l'amadou de notre cœur pour brûler les broussailles de la honte de soi, le bois mort de ce qui est appelé à devenir notre passé immédiat quand vient le temps pour nous de poursuivre notre quête d'autre chose.

Caroline Myss, une pionnière de l'étude de la médecine énergétique et de la conscience humaine, nous rappelle que lorsque nous savons qu'il est temps de mettre fin à une situation qui retarde notre croissance spirituelle, et refusons sciemment de le faire par crainte de faire un choix et de changer, l'horloge céleste se met en branle. « Si vous entendez une voix qui vous dit "Avance, laisse tomber cette chose", faites-le. Ayez le courage de le faire. C'est ainsi. Quand vous entendez une voix qui vous incite à laisser tomber quelque chose, c'est comme si on vous avertissait que vous avez dix jours pour vous exécuter, après quoi votre ange prendra les choses en main. Vous savez bien que votre désir de maintenir le *statu quo* ne va pas empêcher le changement de se produire. »

Je n'oublierai jamais le moment où j'ai entendu ces paroles de Caroline Myss en écoutant sa cassette intitulée *Spiritual Madness : The Necessity of Meeting God in Darkness*.

Je me suis alors demandé si elle avait raison. Dix jours plus tard, ma vie avait volé en éclats et je secouais la tête, abasourdie, terrifiée, incrédule devant la passion et la trahison. Quand vous entendez, voyez, lisez ou percevez intuitivement votre vérité profonde, prêtez attention. Vous pouvez courir, mais vous ne pouvez pas vous cacher.

Un amant à la fois
ancien et nouveau

*L'expérience prend mille ans à nous apprendre
ce que la passion nous enseigne en une heure.*

RALPH IRON

Demain matin, accordez-moi une heure et je vous promets que vous n'aurez plus jamais peur de votre passion. Mettez-vous au lit de bonne heure et programmez votre subconscient pour qu'il vous réveille à quatre heures du matin, l'heure de l'âme. Préparez-vous du café ou une tisane que vous apporterez dans un endroit où vous pouvez vous asseoir tranquille, dehors si possible, même si vous devez vous emmitoufler jusqu'aux oreilles.

Assoyez-vous en silence dans la pénombre, au moment où la Terre, tombant sous le charme d'un amant à la fois ancien et nouveau qui la tire doucement de son sommeil, revient à la vie. Succombez sans risques à l'étreinte de la passion.

Regardez le soleil se lever.

« La passion est ce que le soleil éprouve pour la terre », affirme Ella Wheeler Wilcox, poète du dix-neuvième siècle. « Quand les moissons mûrissent pour enfanter dans la lumière dorée. » La passion est ce que l'Esprit ressent pour vous.

Cela n'est sans doute pas la première image qu'évoque pour vous la passion. Pourtant, elle est beaucoup plus proche de l'essence de la passion que n'importe quel cliché de déshabillé de soie. Nous devons refondre notre image de la passion pour qu'elle reflète notre moi authentique et non le manque d'imagination du monde.

Le devoir de l'âme

C'est le devoir de l'âme d'être fidèle à ses propres désirs.
Elle doit s'abandonner à sa passion maîtresse.

REBECCA WEST

La plupart d'entre nous désirons ardemment mener une vie passionnante, être transportées – mais pas trop loin et à petites doses. Voilà pourquoi nous sommes attirées par les romans truculents, les films émouvants, les feuilletons à l'eau de rose, les idylles des célébrités et les journaux à sensation qui glorifient la vie des gens qui sortent de l'ordinaire. Vivre avec passion, n'est-ce pas mettre notre raison de côté et nous lancer dans la poursuite insouciante du plaisir, nous envoler avec un séduisant joueur de polo argentin plutôt qu'aller chercher les enfants à l'école ?

La passion est sauvage, chaotique et imprévisible. Permissive, excessive, obsessive. Les femmes passionnées sont transportées malgré elles par leurs émotions et leurs désirs ; elles courent toutes nues avec les loups, font l'amour dans l'entrepôt, hurlent à la lune, vivent leurs fantasmes les plus obscènes, brandissent un couteau, font bouillir le lapin apprivoisé pour se venger. Les femmes passionnées meurent sur le bûcher, non ?

De quoi nous flanquer la trouille...

Pourtant, la passion se manifeste le plus souvent dans le geste profond, subtil, paisible, dévoué : nourrir un bébé, cultiver un jardin de roses, préparer un repas spécial, prendre soin d'un parent malade, souligner l'anniversaire d'un ami, entretenir un rêve. Elle est la muse de l'authenticité. Elle est le souffle primordial, l'énergie vitale qui anime toute forme de vie, la présence sacrée qui se manifeste à chaque battement de notre cœur.

S'il y a quelque chose qui caractérise nos moments de passion authentique, c'est leur caractère inoubliable. L'image, le geste, l'étreinte, l'échange, le risque, l'atteinte, le sourire, le baiser, le pouvoir, le cadeau, la prévenance : tout élan de passion nous habite et résonne en nous pour toujours.

Prenons un moment pour revivre des scènes de films romantiques et passionnées. Voici mes préférées : dans *Somewhere in Time* (*Quelque part dans le temps*), cette vieille femme qui va faire ses adieux à Christopher Reeve, sa jeune âme sœur ; Kristin Scott-Thomas, dans *The English Patient* (*Le Patient anglais*), qui réprimande Ralph Fiennes pour s'être mal conduit parce qu'il en est amoureux malgré lui ; Daniel Day-Lewis, dans *The Age of Innocence* (*Le Temps de l'innocence*), qui se blottit sur les genoux de Michelle Pfeiffer et lui caresse la jambe à travers sa robe de soie ; Kate Winslett, dans *Le Titanic*, qui saute de sa chaloupe de sauvetage pour retrouver Leonardo DiCaprio, et couler ou survivre avec lui. Bergman et Bogart dans *Casablanca*. Et vous ? Quels sont les instants de passion qui vous ont paru si grisants et émouvants que vous auriez aimé vous retrouver dans la peau de l'héroïne ?

J'espère que vous ne pensez pas à Meryl Streep, dans *The Bridges of Madison County* (*Sur la route de Madison*). L'abnégation n'est ni belle, ni noble. Rappelons-nous qu'elle fait partie des sept péchés capitaux de la femme (avec l'autodestruction, le dégoût de soi, l'aveuglement, l'apitoiement sur soi, la complaisance et le sacrifice de soi).

En 1911, Ellen Glasgow donnait une explication : « Elle avait continué à sacrifier ses désirs, de telle sorte qu'elle avait rendu la vie insupportable à ses proches. Ses parents y avaient succombé, son mari de même ; ses enfants s'y étaient résignés ou s'étaient révoltés contre cette attitude, selon leur nature. Elle avait travaillé toute sa vie à rendre les gens heureux ; le résultat de cette détermination exaltée était une famille terrorisée et imbue de ressentiment. »

Le sacrifice de soi-même

Les moments brûlants de passion
sont des moments de plénitude.

Anaïs Nin

Peu d'histoires contemporaines ont brisé le cœur des femmes comme l'a fait il y a quelques années *The Bridges of Madison County* (*Sur la route de Madison*), film inspiré d'un roman de Robert James Waller. Pourquoi? Parce que nous nous sommes identifiées à Francesca, cette femme d'un fermier de l'Iowa dont le destin a été marqué par une collision frontale entre le désir et le devoir.

L'histoire de la liaison malheureuse qu'ont vécue Francesca Johnson et Robert Kincaid est un bel exemple, non d'une passion, mais de notre tendance à trahir notre moi authentique qui nous isole, nous rend vulnérables et nous fait souhaiter ardemment qu'il se passe quelque chose pour nous libérer de la prison à laquelle nous nous sommes nous-mêmes condamnées, ne fût-ce que le passage d'un étranger au volant de son camion.

Après le décès de leur mère, les enfants de Richard et Francesca Johnson retournent à la ferme familiale de Madison County, dans l'Iowa. Ils prennent connaissance de ses dernières volontés, ainsi que de lettres et d'un journal intime dans lesquels elle parle d'une aventure amoureuse qu'elle a eue, à l'insu de son mari et de ses enfants. En mettant de l'ordre dans les souvenirs du grand amour que leur mère a vécu avec Robert Kincaid, un homme venu dans la région vingt-cinq ans plus tôt pour en photographier les magnifiques ponts couverts pour le *National Geographic*, Michael et Carolyn découvrent une femme qu'ils n'ont pas connue. Il y a là des photos de leur mère, resplendissante, prises près d'un pont, des appareils photo et autres accessoires de photographe, une lettre où elle demande qu'on lance ses cendres du haut du fameux pont Roseman – celui-là même que Robert cherchait quand il s'était arrêté à leur maison, par un après-midi torride, et qui avait bouleversé la vie de leur mère.

Combien parmi nous connaissons ou avons vraiment connu notre mère ? Nos enfants connaissent-ils vraiment leur mère ? Vont-ils un jour, comme l'ont fait les enfants de Francesca, trouver des vestiges de nos amours déçues ? Ne leur donnerions-nous pas une meilleure preuve d'amour si nous leur laissions des souvenirs de notre passion pour la vie, que nous aurons vécue pleinement, au vu et au su de tous ?

Dans *The Bridges of Madison County*, Francesca, une femme d'origine italienne ayant épousé pendant la guerre Richard, un « bon » gars, honnête et sérieux, se voit offrir ce dont rêve toute femme qui a des enfants : quatre jours de solitude, pendant que son mari et ses enfants participent à une foire agricole. Durant leur absence, la visite fortuite du séduisant Robert réveille chez Francesca des désirs mis en veilleuse depuis des lunes, et elle en devient amoureuse. À mon avis, cependant, ce n'est pas uniquement de Robert Kincaid qu'elle tombe amoureuse. « Je me conduisais comme si j'avais été une autre femme ; pourtant, j'étais moi-même comme je ne l'avais jamais été », expliquera-t-elle à ses enfants dans son journal. En fait, Francesca Johnson tombe amoureuse de son moi authentique.

Robert et Francesca passent quatre journées idylliques et se découvrent des âmes sœurs. Il l'invite à partir avec lui. Elle en a envie et commence même à faire ses bagages. Mais elle a un devoir, des obligations envers son mari et ses enfants : elle ne peut pas les quitter.

Plus important encore, dira-t-elle à son amant : « Dès l'instant où nous partirions, tout changerait. [...] Nous sommes ce que nous avons choisi. [...] Quand une femme décide de se marier et d'avoir des enfants, d'une façon, sa vie commence, et d'une autre, elle se termine. [...] Tu t'arrêtes et tu maintiens le cap pour que tes enfants puissent évoluer. Même une fois qu'ils ont grandi et quitté la maison, emportant avec eux ta vie tissée de menus détails. »

Affichant ce stoïcisme aigre-doux, Francesca laisse tomber Robert et passe le restant de sa vie à pleurer l'âme sœur et son moi perdu. À mes yeux, une des scènes les plus émouvantes du film est celle où, après avoir fait ses adieux à Robert, elle rentre chez elle les bras chargés de sacs d'épicerie et se précipite à son petit comptoir de cuisine, où elle éclate en sanglots. Pleure-t-elle parce qu'elle vient de tourner carrément le dos au bonheur, parce qu'elle sait qu'après avoir vécu pleinement pendant quatre jours, elle va se remettre à vivoter ? Pleure-t-elle de rage parce qu'elle renie sa nature véritable ? Selon moi, c'est pour toutes ces raisons qu'elle fond en larmes et que nous nous mettons toutes à pleurer nous aussi en la voyant. Nous la regardons avec horreur se trahir elle-même ; nous en sommes affligées parce que nous savons bien que nous ferions la même chose, que nous l'avons déjà fait. Dans ses dernières volontés, Francesca invite ses enfants à faire ce qu'elle-même n'a pas réussi à faire : trouver le courage de « faire ce qu'il faut pour être heureux en cette vie ».

La majorité des femmes que je connais craignent en leur for intérieur d'avoir le même conseil à donner à leurs enfants avant de mourir. Non pas parce qu'elles l'auront suivi elles-mêmes mais parce que si la réincarnation existe, elles savent qu'elles devront revenir ici-bas pour assimiler cette leçon. Retourner et recommencer.

La passion fait partie du bagage de la vraie vie : nous avons été créées par l'Amour et pour l'Amour. Si nous doutons de nos passions, nous devons poursuivre notre fouille jusqu'à ce que nous les découvrions. Car si nous n'exprimons pas nos passions dans les mille et un détails de la vie quotidienne, notre âme ne tardera pas à s'éteindre.

Il est difficile de garder cela à l'esprit quand nous sommes prises dans ce que Francesca appelle « une vie de menus détails » : un enfant à moucher, le chien à promener, le courrier à expédier, les collations à préparer, les réunions à ne pas manquer, le rendez-vous avec l'orthodontiste à fixer, le formulaire d'inscription à la colonie de vacances à remplir, le train à prendre, les factures à payer, le souper à servir. Où la passion peut-elle s'immiscer ? Regardez de plus près : partout.

Si nous voulons mener une vie profonde, riche et satisfaisante, qui soit axée sur ce qui est important, précieux et vrai, pour que notre âme puisse s'épanouir, nous devons nous laisser inspirer par la passion. Croyez-le ou non, nous sommes censées nous réveiller chaque matin enthousiastes et le sourire aux lèvres. Nous sommes censées nous mettre au lit chaque soir en disant : « Merci pour cette journée merveilleuse ! » Que nous ayons quelqu'un à nos côtés ou non.

Je viens tout juste de réaliser que la seule chose qu'il vaille la peine de demander dans mes prières, c'est de pouvoir m'en remettre à ma passion. Cela est si important pour moi que je me suis concocté une pensée pour me rappeler quotidiennement ma quête d'autre chose. J'ai écrit en lettres d'or sur le mur de ma chambre à coucher ma définition de la passion : *La vraie passion est grisante et régénératrice, apaisante et sensuelle, magique et mystique. J'ai pensé que tu devrais savoir ce qui t'attend.*

[J'aimerais bien vous dire que c'est moi qui ai inventé cette merveilleuse définition, mais en fait, je l'ai découverte à l'endos d'un sachet de thé Tazo et adaptée à mes besoins. Une autre preuve que l'inspiration est partout, pourvu que nous sachions garder l'œil ouvert !]

Que cela nous plaise ou non, nous avons été conçues dans la passion, nous sommes nées dans la passion et nous mourrons dans la passion. Notre quête d'autre chose n'est qu'une excuse que se donne notre âme pour vivre passionnément. « Reliez-vous, tout simplement », nous exhorte E. M. Forster. « Reliez simplement la prose et la passion, et les deux seront exaltées, et l'amour humain sera à son apogée. Cessez de vivre par bribes. »

Faire halte

Quand l'action s'avère peu profitable, recueillez de l'information ;
quand l'information s'avère peu profitable, allez vous coucher.

URSULA K. LE GUIN

L es écrivains aiment à croire qu'Ernest Hemingway nous a conseillé d'écrire « les phrases les plus vraies que nous puissions écrire », ce qui est déjà assez difficile à réaliser, les mots étant des bêtes sauvages difficiles à dompter. Mais ce n'est pas ce qu'il a dit. Ce qu'il a dit, c'est ceci : Si vous voulez vous donner le mal d'écrire, alors « écrivez les phrases les plus vraies que vous connaissez ». Il y a une différence importante entre écrire ce que nous *pouvons* et écrire ce que nous *savons*. Tout comme il existe une grande différence entre faire ce que nous pouvons pour passer au travers de la journée et faire ce que nous *savons* qu'il faut faire pour nous sentir mieux demain matin.

Cela s'appelle le sommeil. Avant d'aller plus loin, nous devons faire halte, nous accorder un petit répit régénérateur pour faire notre bilan. Je suis sérieuse. Toutes les femmes que je connais, sans exception, sont tellement épuisées qu'elles ont atteint le point de non-retour et auraient le goût de prendre congé du mari, du travail, des enfants. Nous sommes tellement exténuées que nous ne savons plus où nous en sommes. Nous titubons, cognons des clous, avons du mal à conduire notre voiture, à envoyer un courriel ou à répondre au téléphone. À n'en pas douter, c'est le manque de sommeil qui est la cause numéro un des querelles de ménage et de l'engouement pour le cybersexe. Je suis convaincue que c'est souvent la fatigue chronique qui nous fait abandonner de bonnes relations et en entreprendre de mauvaises. Nous ne devrions jamais prendre une décision importante sans avoir fait une petite sieste.

Quand j'ai effectué une fouille pour trouver mon mode de prise de décision, j'ai été étonnée de découvrir une constante :

toutes mes mauvaises décisions se prenaient à des moments où j'étais tellement fatiguée – physiquement et émotivement – que je n'arrivais plus à avoir des idées claires ; tous mes choix judicieux se faisaient à des moments où j'étais éveillée et en pleine possession de mes moyens. Et c'est la torpeur causée par les crises, les chocs, la confusion et le chaos qui me faisaient prendre les pires décisions.

Comment vous sentez-vous en ce moment ? Fatiguée ? Dépassée par les événements ? Alors, refermez ce livre et fermez-vous les yeux. Faites halte, ne fût-ce que quinze minutes. Pourquoi ne pas vous reposer la tête sur votre bureau, comme vous le faisiez à la petite école ? Essayez de vous mettre au lit tôt ce soir. Faites une bonne sieste dimanche après-midi. Ne vous inquiétez pas. Je vais vous attendre. Tout le reste aussi. Repos !

Réviser ses rêves à la baisse

Il y a quelque chose de drôle dans la vie ; si vous n'acceptez rien d'autre que le meilleur, vous l'obtenez très souvent.

W. Somerset Maugham

Nous ne nous perdons pas d'un seul coup, nous rappelle la romancière Amy Tan. Nous nous perdons un peu tous les jours, effaçant notre douleur « comme l'eau finit par user les motifs gravés dans la pierre », jusqu'au jour où, à force de nous installer furtivement et de mentir vaguement, nous nous résignons et laissons tomber notre aspiration à vivre autre chose. Nous acceptons un mariage sans amour, un travail sans débouchés, un diagnostic pessimiste ou encore l'opinion que se font les autres sur nos talents, nos rêves et ce qui peut nous rendre heureuses. Nous décidons de vivre passivement plutôt que passionnément.

S'il est une femme que personne ne saurait qualifier de passive, c'est bien Gloria Steinem, qui a écrit un livre à la fois émouvant et subversif sur la quête d'autre chose et la façon de sauver sa peau, intitulé *Revolution from Within : A Book of Self-Esteem*. Comme ses parents avaient divorcé lorsqu'elle avait dix ans et que sa mère avait sombré dans la dépression, la légendaire directrice du magazine *Ms* dut très tôt s'occuper des siens. Plusieurs décennies plus tard, à la tête du mouvement féministe, elle s'occupait d'organisation, voyageait, faisait des conférences et des campagnes, recueillait des fonds pour diverses causes ; mais elle ne savait pas s'occuper d'elle-même – émotivement, psychologiquement et physiquement –, même si elle avait passé sa vie à s'occuper des autres. Une femme n'a pas besoin d'être mariée ou mère de famille pour se sacrifier.

Il y a une foule de façons insidieuses de se trahir. Le sacrifice de soi-même est très répandu chez les femmes, parce qu'il est valorisé socialement. *«Comme tu es bonne de te sacrifier ainsi»*, nous dira-t-on. Allons-nous obtenir des points supplémentaires si nous souffrons gratuitement, ou si nous le faisons en gardant le sourire ? Je ne crois pas. Saviez-vous que le Coran, le livre sacré des musulmans, et le Talmud, le livre fondamental du judaïsme, enseignent tous deux que nous devrons rendre compte de chaque refus de profiter d'un plaisir légitime que la vie nous aura proposé pendant notre séjour ici-bas ? J'en ai le frisson rien qu'à y penser. Et vous ?

Une autre pensée qui a de quoi nous donner la trouille : que se passerait-il si, chaque fois que nous déclinons un plaisir, nous devions vivre un moment difficile ? (Et en cette vie même, mes amies.) De quoi y penser deux fois avant de dire non !

« Le dévouement aux autres sert-il à masquer ses propres besoins et aspirations ? » se demande Anaïs Nin. « J'avais toujours honte de prendre. Alors, je donnais. Ce n'était pas une vertu ; c'était un masque. »

Le récit édifiant de Gloria Steinem est l'archétype du subterfuge de la femme rusée, de sa tentative désespérée de se cacher de la honte de soi en se remodelant. Comme plusieurs d'entre nous, la petite Gloria attendait du mariage qu'il fasse d'elle « une personne complète ». Steinem décrit un de ses fantasmes romantiques : elle s'imaginait dans une sorte de cabine d'essayage où elle essayait « le nom et la vie de tous les hommes qu'elle pourrait épouser ». Je sais ce dont elle parle ; j'ai moi-même commencé à m'appeler Madame dès l'âge de dix ans. Elle nous rappelle que dans notre société, « le magasinage et l'amour romantique sont deux des rares voies qui confèrent aux femmes un sentiment de pouvoir et de bien-être » et que lorsqu'un candidat potentiel nous demande notre numéro de téléphone, nous allons instinctivement puiser dans notre bagage maternel de ruses, d'attitudes et de trucs « pour qu'il tombe amoureux de nous ». Parmi les moyens utilisés, il y a l'art du caméléon, c'est-à-dire la tendance à devenir ce que l'homme attend de nous.

Il est fascinant de voir comment, malgré de nombreuses années de réflexion sur le sens, le rôle et les implications du mariage dans notre société, malgré des années de militantisme féministe et toute la vigueur avec laquelle elle a contribué à façonner, orienter et élever les attentes de millions de femmes pour qu'elles aient une vie plus heureuse et épanouie, Gloria Steinem ait pu avoir le sentiment que sa propre vie était incomplète.

Il y a là une chose très importante à saisir : la quête d'autre chose ne s'intéresse pas à ce que nous avons ou n'avons pas. Elle nous demande si nous avons le sentiment qu'il nous manque quelque chose. L'argent, le statut matrimonial, la renommée, l'admiration d'autrui et la réalisation personnelle n'ont aucun sens si l'âme est en train de mourir de faim.

Ce qui intensifiait encore le sentiment de manque de Steinem, c'est qu'elle était épuisée. Physiquement, psychiquement et émotivement. Une femme exténuée est une cible facile. Alors, quand elle rencontra un homme qui possédait des atouts qu'elle trouvait « magnétiques », tels que le fait d'accepter de bon gré ses voyages fréquents et son horaire dément (parce que le sien l'était aussi), de se comporter comme un adulte (ce qui est très attirant pour une femme qui a passé le cap de la quarantaine) et de pouvoir organiser des sorties (par l'entremise de son personnel), elle fut conquise. « Tout ce que j'avais à faire, écrit-elle, c'était d'être là, d'être présentable, de l'écouter, d'être détendue aux dîners [et] de rire des histoires qu'il racontait merveilleusement. [...] Comme mon habitude de m'occuper des autres, que je traînais depuis mon enfance, s'était avérée une impasse, il semblait la solution idéale : une personne dont *je ne pouvais pas* prendre soin. »

Rétrospectivement, ce dont Gloria avait besoin, en tant que femme de carrière, c'était d'une assistante et de repos régulier.

Steinem réussit à séduire l'objet de son désir. « Le seul problème, se rappela-t-elle, c'est qu'en le faisant tomber amoureux d'un faux moi, je dus continuer à éviter d'être moi-même. »

Son dégoût d'elle-même s'intensifia, mais comme toute femme qui s'engage tête première dans une relation romantique ni saine, ni sage, elle se sentait « obligée de justifier ce qu'elle avait fait », c'est-à-dire de réussir cette relation. Pour y parvenir, elle dut fermer les yeux sur des choses évidentes : son compagnon se montrait indifférent ou insensible à des idées et à des causes qui lui tenaient à cœur; ses amis intimes ne se sentaient pas à l'aise en sa compagnie, tandis que lui ne faisait rien pour se rapprocher d'eux, même s'il devait bien se rendre compte que cela lui ferait plaisir. Malgré tout, elle continuait d'espérer – comme nous le faisons toutes – qu'il changerait. Après tout, n'avait-elle pas elle-même changé ?

Bien sûr, *il* n'allait pas changer. Plus important encore, Dieu merci, elle n'allait pas complètement changer *elle non plus*. Steinem put masquer temporairement son moi authentique ainsi que le dégoût de soi qui résultait de cette négation de son identité, mais elle ne put jouer ce jeu éternellement. Elle finit par se rendre compte qu'elle s'était trahie en « aimant quelqu'un pour combler son besoin plutôt que pour ce qu'il était », et le charme se rompit.

Elle repartit à zéro et reprit possession de son véritable et inaltérable moi en se mettant à prendre soin d'elle-même. Pendant toute sa vie d'adulte, son logement n'avait été « guère plus qu'un placard où je changeais de vêtements et entassais mes papiers dans des boîtes de carton ». Elle prit conscience peu à peu que le chezsoi est « un symbole du moi »; elle était dans la cinquantaine quand elle se mit à aménager son premier vrai foyer et à prendre plaisir à y vivre, seule ou pas.

Quand nous révisons nos rêves à la baisse, nous commençons à nous trahir, instant après instant, jour après jour. Quand nous nous renions et nous sous-estimons, les autres font de même, y compris l'homme avec qui nous voulons partager notre vie. « L'estime de soi n'est pas tout, dit Gloria Steinem, mais nous ne pouvons rien sans elle. »

Se nourrir d'illusions

Mes illusions comptent parmi mes meilleures amies.
Cela fait des années qu'elles m'aident à vivre.

SHEILA BALLANTYNE

C omme la plupart d'entre nous consommons quotidiennement de copieuses portions d'illusions, nous devrions toutes être maigres comme des clous. Peut-être les illusions contiennent-elles des calories cachées, comme une salade du chef arrosée de vinaigrette au fromage bleu.

Une des plus grandes illusions que nous avalons chaque jour, c'est que notre travail *est* fantastique parce qu'il *a l'air* fantastique. Cependant, ce n'est pas parce que notre voisine aimerait avoir notre emploi que nous devons faire semblant de l'aimer, si ce n'est pas le cas.

Je connais une femme qui est directrice artistique au sein d'une grosse maison de couture. Du moins, c'est là son titre officiel. En fait, son travail consiste à faire de l'espionnage industriel. Elle fait les collections de Paris deux fois par année, puis celles de Rome, Milan et Londres, à l'affût de ce qui passe bien la rampe. Elle rapporte à la maison sa récolte de modèles et de photos prises à la dérobée, ainsi que quelques échantillons que ses couturières s'empressent de « chiper ». (Ne vous demandez plus pourquoi la mode se ressemble étrangement d'une ville à l'autre.)

Pendant ses voyages, elle mange dans les grands restaurants, voyage en classe affaires et accumule les *Air Miles* qui permettent à ses enfants d'aller faire du ski dans des stations prestigieuses. Mais le cœur n'y est plus; si elle pouvait trouver une autre occupation, elle s'y adonnerait volontiers. Elle déteste voyager, ses enfants lui manquent terriblement quand elle s'absente et son travail ne l'enthousiasme plus du tout.

Si vous lui demandez pourquoi elle persiste, elle répondra qu'elle est trop crevée pour penser à faire autre chose. Elle est trop épuisée physiquement pour se mettre à chercher un autre emploi, ce qui lui demanderait d'entreprendre des démarches qui l'astreindraient à encore plus de repas au restaurant et de relations publiques, dont la seule perspective lui donne la nausée.

Cette femme est aussi trop fatiguée mentalement même pour imaginer ce qu'elle pourrait faire d'autre. Et même si elle pensait à un autre champ d'action, elle craint qu'à son âge – quarante-sept ans –, enracinée comme elle l'est dans l'univers de la mode, il serait long et ardu de redémarrer une autre carrière. De plus, il lui serait probablement difficile de gagner le salaire confortable auquel elle s'est habituée et qui leur permet, à elle et à son mari, de payer une lourde hypothèque sur la maison, d'envoyer les enfants à l'école privée et de vivre comme des gens « qui ont réussi ». Que diraient les autres? Comment pourrait-elle leur faire comprendre sa décision? Coincée et apeurée, elle se déteste d'ignorer ainsi ses aspirations les plus profondes.

« Seul celui qui a entretenu des illusions s'expose à la désillusion », nous rappelle Dorothy Thompson dans *The Courage to Be Happy*, paru en 1957. Quand on n'a jamais mis ses espoirs en quelque chose – ou en soi – on ne peut pas être désillusionné.

La peur de passer à l'action

Que c'est triste de découvrir que ce n'est ni le hasard
ni le temps ni la malchance
qui vous ont empêché de réussir quelque chose, mais vous-même.

LILLIAN HELLMAN

Extérieurement, Maggie est une femme entreprenante : elle est présidente du comité de citoyens de son quartier, entraîneuse de soccer, le genre de femme qui, dès l'éclatement d'un scandale politique, vous enverra la meilleure blague par Internet. (Il va sans dire que dans notre groupe d'amis, elle a été la première à naviguer sur Internet, avant même que nous en ayons entendu parler.)

Maggie est aussi un remarquable cordon-bleu, une jardinière hors pair et un membre enthousiaste et éloquente d'un cercle de lecture. Mais ce qui la met sans doute à l'abri des envieuses, c'est que derrière son perpétuel sourire, elle est manifestement insatisfaite et malheureuse, même si elle est entourée d'un mari merveilleux et de deux enfants en bonne santé. Depuis que nous avons fait connaissance, elle a élaboré plus de projets de carrière que n'aurait pu le faire une conseillère en orientation ; mais, pour une raison ou pour une autre, elle ne leur a jamais donné suite. Elle a d'abord voulu retourner à ses anciennes amours et se relancer dans la décoration intérieure, qu'elle avait pratiquée avant d'avoir ses enfants ; puis, elle a pensé ouvrir un bar à café (avant la mode des *Starbucks*). Elle a ensuite projeté (avant la mode des tables champêtres) d'acheter une vieille maison à la campagne pour en faire un restaurant. Puis pour y vivre, la rénover et la revendre.

Ce dernier projet l'a tenue en haleine – pendant deux semaines. Mais elle a vite abandonné l'idée de quitter la ville pour penser plutôt à y améliorer son sort : elle vendrait sa maison pour en acheter une plus vieille, mais plus grande, qu'elle pourrait réparer, puis revendre, pour pouvoir se payer une maison au bord de l'eau.

Mais ce projet-là aussi tomba à l'eau ...

Bien que Maggie soit l'incarnation même de la femme qui a désespérément besoin de vivre autre chose, il y a quelque chose qui la retient. «Un jour, peut-être» soupire-t-elle, chaque fois qu'un de ses rêves s'évanouit.

J'ai toujours pensé que Maggie courait tout simplement le mauvais lièvre et décidait sagement d'en poursuivre un autre. Mais comme le scénario se répète depuis des années, j'en suis venue à penser qu'en fait, elle a peur de réaliser ses rêves. Elle a peur d'investir en elle-même plus qu'en son imagination. Elle a peur d'échouer. Nous ne pouvons pas échouer quand nous nous contentons de rêver à un travail ou à une relation. C'est une chose que d'agrémenter une conversation lors d'un souper chez des amis, en disant: «Je pense ouvrir un petit bar à café. Qu'en dis-tu?» C'en est une autre de passer à l'action.

Se dire «Un jour, peut-être» peut aider à apaiser nos désirs – partir en vacances, rénover la cuisine, gagner à la loto. Mais quand cela sert à masquer nos véritables besoins, ce «jour» nous hante et nous tiraille. Comme l'exprimait Helen Waddell, en 1933, «[Y a-t-il quelqu'un] de plus de trente-cinq ans qui n'ait pas de peine ou de peur secrète? [...] Pendant la moitié de sa vie, on avance avec insouciance, convaincu qu'un jour, son rêve va se réaliser. [Puis], pendant l'autre moitié, ou bien on est vide, ou bien on se promène avec une tasse pleine, craignant chaque pas.»

«Je me rends compte que si j'attends de ne plus avoir peur pour agir, écrire, parler ou être, je vais envoyer des messages de l'au-delà, des plaintes sibyllines d'outre-tombe», nous confie la poète Audre Lorde. Maggie a la parole facile; pour faire rire, elle n'a pas son pareil. Mais je me demande si son moi authentique et sa thérapeute la trouvent aussi drôle.

Le syndrome du «Si seulement..., je...» n'épargne aucune d'entre nous. Cependant, plus les risques semblent grands, particulièrement quand une femme semble tout avoir, plus il devient angoissant.

Joanne réussissait bien dans son travail d'infirmière spécialisée en pédiatrie lorsqu'elle épousa Stan, son petit ami de l'école secondaire, dès que celui-ci eut terminé ses études. Comme son père l'avait fait avant lui, Stan considérait son rôle de pourvoyeur comme sa priorité numéro un. Après la naissance du premier de leurs cinq enfants, Stan s'enorgueillit de pouvoir offrir à Joanne une chance dont jouissent peu de femmes : la possibilité de rester à la maison et de se consacrer à temps plein à son rôle de mère et de ménagère. Et Joanne n'était pas dépourvue de talents : de la fabrication des costumes d'Halloween à celle de la marmelade maison, elle a élevé la poursuite du bonheur domestique au rang d'un art extraordinaire. D'une certaine façon, cependant, la réussite de son mari est devenue pour elle une entrave plutôt qu'une bénédiction. Maintenant que son cadet est parti pour l'école, elle rêve de faire quelque chose de plus stimulant que d'essayer la dernière recette de risotto minceur ; elle voudrait retourner à son métier d'infirmière. Mais Stan ne veut même pas en entendre parler. Il lui dit que si elle veut prendre soin des enfants, elle devrait se concentrer sur les siens. Depuis vingt ans, ils s'entendent à merveille, sauf sur cette question.

Depuis quelque temps, Joanne a commencé à se demander si l'insistance de Stan pour qu'elle reste à la maison ne serait pas attribuable à une volonté de contrôle plutôt qu'à un désir de préserver une vie familiale heureuse. Stan est généreux, mais Joanne dépend de lui pour combler tous ses besoins financiers. Elle déplore de ne pas avoir d'argent personnel et de ne pas s'accomplir à l'extérieur du foyer, d'autant plus que ses enfants ont grandi et sont devenus plus autonomes. Par ailleurs, elle sait bien qu'en réintégrant le marché du travail après tant d'années, elle se retrouverait parmi les dernières arrivées, ce qui réduirait ses chances d'avoir un horaire de travail décent. Elle en est venue à penser que la véritable raison de la réticence de Stan à la voir retourner au travail, ce sont les effets négatifs imprévisibles que cela aurait sur leur vie quotidienne, de l'heure du souper à sa soirée de chorale, le jeudi, ou aux parties de golf avec ses copains, le samedi. Nous pouvons nous retrouver dans une situation très délicate quand nos rêves contrecarrent les projets et les habitudes de nos proches. Joanne adore son mari ; aussi craint-elle que les changements qu'entraînerait son retour au travail ne vaillent pas les risques qu'ils représenteraient pour son mariage. Elle ne se rend pas compte que ce qui la menace le plus, c'est de ne jamais prendre aucun risque. Alors, quand le besoin de relever d'autres défis – de satisfaire son aspiration à autre chose – remonte à la surface, elle s'en tient à organiser un autre voyage ou une autre fête, ou à élaborer un autre projet. « On dirait que plus on est intelligent, plus il y a de choses qui nous font peur, note Katherine Paterson. [Mais] avoir une peur est une chose ; se laisser malmener par elle en est une autre. »

Le revers de la peur

Quelle différence cela fait-il que la chose qui nous fait peur
soit réelle ou non ?

TONI MORRISON

Nos peurs sont toujours particulières, mais elles sont aussi universelles. J'en remercie le ciel car cela signifie que je ne suis pas folle, et vous non plus. N'allez pas croire que vous êtes seule à être parfois paralysée par la peur. Et de quoi avez-vous peur ? De ne pas réussir ? De ne pas réussir comme votre sœur ? De ne pas être à la hauteur des espérances des autres, de vos propres attentes ? De ne pas être assez bonne, assez belle ou assez intelligente ? Nous devons être tout cela si nous voulons que les autres nous aiment, non ?

Pas nécessairement.

Il m'a fallu des années d'effort pour me débarrasser de la plupart de mes peurs, sauf de la plus grande : la peur de ne pas être aimée. Ne pas être aimée par un homme de la façon dont j'ai besoin d'être aimée – passionnément, exclusivement, loyalement, inconditionnellement. J'ai toujours déconcerté les hommes. Avant, je croyais que c'était parce qu'il me manquait quelque chose. Je réalise maintenant que j'incarne au contraire l'abondance : trop femme, trop amoureuse, trop passionnée. Une femme pleinement épanouie est une créature merveilleuse, mais redoutable. J'ai mis beaucoup de temps à accepter ma véritable nature : je ne suis plus gênée de ce que j'ai toujours été. Je remercie maintenant de ressentir les choses si profondément, généreusement et spontanément que ceux qui me connaissent me qualifient souvent d'« excessive ». Ce qu'ils entendent gentiment par là, c'est que les tornades ont tendance à subjuguer la plupart du monde. Ne pourrais-je pas me calmer un peu ?

Croyez-moi, j'ai essayé. Peut-être l'avez-vous fait, vous aussi. Mais chaque fois que je joue un personnage, que je me retiens par crainte d'avoir l'air folle, d'être rejetée, de ne pas être aimée, un feu sacré couve en moi et je me mets à souffrir de brûlures d'estomac. Votre esprit peut faire semblant que vous êtes une autre femme, mais pas votre corps. Alors maintenant, au lieu de me montrer polie et réservée pour mettre les autres à l'aise, j'avertis les nouveaux venus de ce qui les attend. « Sois ce dont tu as l'air et aie l'air de ce que tu es », dit un axiome shaker. Nous trouvons dans ce sage conseil un indice de ce à quoi nous aspirons toutes : vivre une vie authentique. C'est à cela que nous devons travailler pour trouver le bonheur tant désiré.

Cependant, nos peurs ne cessent d'y faire obstacle. Au cours des trente dernières années, j'ai dévié de mes rêves pour mille et une raisons. Il faut bien être réaliste, me disais-je. Isadora Duncan fait observer que la plupart des femmes gaspillent de vingt-cinq à trente années de leur vie avant de démasquer les mensonges réels et conventionnels qu'elles se racontent, surtout quand il s'agit de dire ce dont elles ont besoin pour être heureuses.

Tout comme nous pouvons nous défaire de nos peurs pour accueillir le caractère sacré de nos rêves, nous pouvons reconnaître et diffuser les mensonges qui nous empêchent de vivre authentiquement. Que cela nous plaise ou non, vient un moment où nous devons le faire. Un seul choix s'offre à nous : le ferons-nous de bon gré et au moment où cela nous convient, ce qui nous donne au moins la possibilité de nous y préparer, ou nous en remettrons-nous au calendrier du destin, qui n'est jamais opportun ? Car, comme le souligne Gail Sheehy : « Au moment où on croit s'être organisé une belle vie, on découvre une pièce de soi-même qui ne trouve pas sa place. » C'est cette pièce mystérieuse et singulière de notre être que nous recherchons quand nous aspirons à autre chose, et l'Esprit est bien déterminé à ce que nous la trouvions, d'une façon ou d'une autre.

SUR LE TERRAIN

Le retour vers soi

« Vous n'êtes certainement pas vous-même aujourd'hui. »
« Je le suis rarement », répliqua Cecelia.

ELIZABETH BOWEN

Sarah n'est pas mon nom de baptême; mes parents m'ont appelée Cecelia. Mais j'étais tellement théâtrale, quand j'étais enfant, qu'on m'appelait souvent Sarah Bernhardt. «Ne fais pas ta Sarah Bernhardt!» me disait-on constamment. Et pourquoi pas? Comme c'était beaucoup plus amusant d'être Sarah Bernhardt que la douce et discrète Cecelia, j'ai décidé, vers l'âge de dix ans, de m'appeler Sarah. Tout le monde a fini par emboîter le pas, surtout lorsqu'on voulait attirer mon attention. C'est ainsi que je suis devenue Sarah. Durant mon séjour à Paris, dans la vingtaine, j'ai même écrit un spectacle solo sur Sarah Bernhardt.

Avez-vous déjà changé votre prénom? Pourquoi avoir choisi ce nouveau prénom? Quelle facette de vous reflétait-il?

Au moment où vous travaillez à retrouver votre moi authentique, ajoutez une pointe de romantisme à votre démarche. Imaginez que êtes une comédienne et faites un retour sur scène, dans la peau du personnage de votre choix. Vous pouvez prendre les traits et les qualités que vous aimez et laisser tomber les autres.

Prenons l'exemple de Madonna. Un article du *USA Today* soulignait que depuis la naissance de sa fille, Lourdes, Madonna recherche la sérénité. Elle est maintenant «plongée dans la spiritualité et la découverte de soi».

Ses anciennes vies – celle de la femme avaricieuse de *Material Girl* ou de la mariée infâme de *Like a Virgin*, par exemple –

n'étaient que « des étapes de son évolution », note l'auteur de l'article.

« Je ne suis pas en train de me réinventer, affirme Madonna. Je suis en train d'enlever les couches et de découvrir mon moi véritable. Je suis en voyage, je vis une aventure qui ne cesse de changer de forme. »

Selon moi, Madonna a entrepris une fouille intérieure pour déterrer son moi authentique.

« J'essayais de me gaver des mauvaises choses, poursuit Madonna. Pendant des années, j'ai incité les autres à s'exprimer librement et à ne pas avoir honte de ce qu'ils sont. En fait, c'est à moi-même que je m'adressais, car j'ai été élevée dans un milieu très répressif. »

« J'étais autrefois très ambitieuse. Cette fois, je vivais le moment présent, j'appréciais le voyage et ne pensais pas à ce que cela m'apporterait. Pour la première fois de ma vie, j'étais en chute libre. »

Madonna dit qu'elle est tout simplement en train de « croître ». Quelle différence y a-t-il entre « croître » et « se réinventer »? À mes yeux, *se réinventer* évoque un processus extérieur, plus artificiel, alors que *croître* exprime un processus organique qui me fait penser au rempotage d'une plante.

Dans la section consacrée au 28 juin, dans *L'Abondance dans la simplicité*, je parle de ma plante qui était en train de flétrir. En l'observant de plus près, j'avais aperçu de petites racines blanches qui faisaient des efforts frénétiques pour trouver un peu plus d'espace pour respirer. J'avais constaté qu'elle était trop à l'étroit. J'ai alors appris que les plantes doivent être transplantées au moins tous les deux ans. Même si les racines n'ont pas besoin d'un plus grand pot, la terre doit être remplacée car la plante en a absorbé tous les éléments nutritifs.

Nous devons nous aussi penser à nous transplanter pour croître. Quand nous fanons avant même que le jour commence. Quand il nous semble impossible de visualiser ou de rêver. Quand nous n'arrivons pas à nous rappeler la dernière fois où nous avons ri. Quand rien de ce qui est prévu pour les prochaines vingt-quatre heures ne nous enthousiasme. Si cela se produit, semaine après semaine, nous devons ameublir doucement le sol qui nourrit notre âme, trouver quelque chose qui éveille notre imagination, nous emballe, nous fasse sourire.

Se transplanter ne signifie pas nécessairement divorcer ou abandonner son emploi. Il s'agit simplement d'insuffler un peu de nouveau dans sa vie.

J'ai un petit livre adorable qui s'intitule *The Wish List*, de Barbara Ann Kipfer. Il dresse la liste de quelque six mille désirs, petits et grands, qui peuvent nous rafraîchir la mémoire au sujet de choses que nous avons toujours voulu faire. En voici quelques exemples :

Écrire un roman policier.

Rédiger une chronique hebdomadaire dans le journal local.

Participer aux réunions de parents.

Faire du bénévolat pour une soupe populaire.

Suivre des cours de cuisine au Cordon bleu, à Paris.

Amener notre famille en randonnée pédestre dans les Appalaches.

Visiter les sites célèbres de la Grèce antique.

S'initier à la menuiserie.

Mettre sur pied un jardin communautaire avec des voisins.

Apprendre une autre langue.

Se joindre à un quatuor à cordes.

Faire la mise en scène d'un spectacle.

Jouer le rôle principal dans *Antigone*.

Faire du trapèze.

Courir le marathon.

Lire l'œuvre complète de Shakespeare.

Prêter main-forte à un organisme de bienfaisance du quartier.

Envoyer régulièrement des fleurs à une résidence pour personnes âgées.

Apprendre le yoga.

Retourner aux études pour enseigner aux adolescents.

Faire une homélie à l'église.

Devenir anthropologue.

Rapport de fouille

Faites une liste de vos rêves enfouis. Assurez-vous de noter des rêves que vous pourriez réaliser aujourd'hui même si vous vous y mettiez. Il n'est jamais trop tard pour mettre ses projets à exécution.

Exprimez-vous dans votre album de trouvailles. Votre journal local a décidé de publier une liste des dix femmes qui se sont distinguées au cours de l'année et vous en faites partie. Pourquoi?

Imaginez que dix ans ont passé et que vous faites toujours partie des dix personnalités de l'année. Est-ce pour les mêmes raisons?

SUR LE TERRAIN

Le mystère de la vie

Quand vous y regardez de près,
même la vie la plus ordinaire est un mystère.

KENNEDY FRASER

« L'imagination a toujours eu un pouvoir de résurrection qu'aucune science ne peut égaler », écrit Ingrid Bengis. Pourquoi ? Parce que l'imagination est une grâce. Une façon de nourrir notre imagination est de relire les contes de fées de notre enfance. Dans notre fouille, nous retrouvons une vieille copie des *Contes* d'Andersen. En relisant vos contes préférés, peut-être retrouverez-vous des parties de vous-même entre les lignes. Redécouvrez les livres que vous aimiez dans votre enfance. Vous vous rappelez *Les Nouveaux Habits de l'empereur*, *La Princesse et le Pois*, et surtout, *Le Vilain Petit Canard* ? Ce dernier livre en particulier aborde le thème de la recherche du moi authentique. Retrouvez également *Heidi*, *Le Petit Poucet*, *Les Mille et Une Nuits*, *Le Magicien d'Oz*, *Black Beauty*, *Anne et la maison aux pignons verts*. Si vous n'avez pas ces livres à la maison, pourquoi ne pas aller les chercher à la bibliothèque ? Ou encore pourriez-vous les acheter pour vos enfants ou un jeune ami. Ces livres se trouvent aussi facilement dans les magasins de livres d'occasion. Il peut s'avérer intéressant de relire l'histoire de Cendrillon avec un regard neuf et l'expérience de la vie que vous avez acquise. Réfléchissez aux diverses lectures que vous pouvez faire de cette histoire.

Selon Gloria Steinem, il n'est jamais trop tard pour avoir une enfance heureuse, et je partage son avis. Pour ma part, l'enfance que j'aurais choisie est décrite dans la merveilleuse série « Betsy-Tacy », de Maud Hart Lovelace, qui comprend dix livres couvrant la période de 1892 – alors que Betsy et Tacy ont cinq ans – jusqu'au mariage de Betsy, après la Première Guerre mondiale. Ce que j'aime le plus à propos des anciens livres pour enfants (maintenant que je suis assez vieille pour en apprécier les nuances subtiles), ce sont les détails domestiques charmants de ces univers intimes – la cuisine, la décoration, les divertissements et les passe-temps qui remplissaient la vie des gens de ces époques.

Comment expliquer l'attachement que nous avons pour certains objets ? Pourquoi avoir conservé ce vieux disque de cornemuse, ce bout de dentelle, cette photo d'un rosier ? Pourquoi soupirez-vous en regardant la photo d'un *golden retriever* ? N'essayons pas de comprendre ces comportements. Voyons-y le mystère de la vie et célébrons-le.

Rapport de fouille

« Gardez votre canal ouvert », nous exhorte la danseuse et chorégraphe Martha Graham. « Il y a une vigueur, une énergie, une pulsion qui nous parcourent et s'expriment dans nos gestes. »

Nous ne pouvons pas percer le mystère de la vie, de l'énergie. Tout ce que nous pouvons faire, c'est lui ouvrir la voie et le laisser circuler à travers nous.

Comment pourriez-vous créer un espace dans votre maison, votre cœur et votre esprit pour accueillir de nouvelles pensées, de nouvelles idées, de nouvelles personnes, un nouveau regard sur celles qui font déjà partie de votre vie ? Laissez votre moi authentique explorer les mille et une façons de le faire.

Trébucher

*On ne peut deviner ni prédire les conditions
qui nous procureront le bonheur ;
on tombe dessus par hasard, à un moment béni,
quelque part au bout du monde,
et on s'accroche aux jours, comme à la fortune ou à la renommée.*

Willa Cather

La traversée du désert

La Terre Promise est toujours au bout du désert.

Les Juifs de l'Ancien Testament ont eu de la veine. Ils n'ont erré que quarante ans dans le désert. La plupart d'entre nous devons nous frayer un chemin beaucoup plus longtemps à travers les tâtonnements, les terreurs et les triomphes de la vie, habituellement tant que nous ne sommes pas prêtes à affronter une grande vérité sur nous-mêmes : nous sommes magnifiques, extraordinaires, glorieuses, puissantes, courageuses et aimables. Vous avez bien entendu : *aimables*. Nous savons que nous sommes capables d'aimer ; c'est la raison d'être de la femme. Mais nous ne savons pas que nous méritons d'*être aimées*, tant que nous ne nous sommes pas mises en route pour la Terre Promise, que nous n'avons pas entrevu qu'il existe quelque chose de plus grand.

C'est là que le désert entre en scène. Il est une étape essentielle, un divin détour qui nous ramène chez nous après une vie d'errance.

Désert : ce mot évoque immédiatement un sentiment de désespoir, de vide, de sécheresse et, surtout, d'impuissance. Ce n'est pas pour rien que l'expression biblique « la voix de celui qui crie dans le désert » en est venue à évoquer un lâche abandon. Vous pouvez gémir et grogner tant que vous le voulez, il n'y a personne dans le désert pour entendre votre cœur se fendre – sauf Dieu, qui est probablement celui qui vous y a envoyée. Paradoxalement, selon une légende ancienne, le mot *désert* n'évoquait pas un lieu de châtiment mais plutôt un lieu d'apprentissage, de croissance spirituelle, de compréhension, de guérison et d'accomplissement. Il référait à une source d'énergie divine empruntant les traits du désespoir, de la privation et de la souffrance; votre traversée du désert avait pour but de vous préparer à accomplir votre mission, ou de vous affranchir de tout ce qui vous empêchait de le faire.

N'empêche que nous ne nous engageons pas dans une traversée du désert avec le même enthousiasme que dans une cure thermale ou un atelier de croissance personnelle. En général, nous y sommes propulsées par des circonstances difficiles qui non seulement mettent notre âme à l'épreuve, mais nous amènent à douter de l'existence de Dieu. Si Dieu existe, est-il compatissant? Pouvons-nous entretenir avec Lui une relation intime? Dans le désert, nous ne le croyons guère. Pas aujourd'hui, en tout cas.

Le désert, c'est l'amour sans complaisance, un amour si féroce qu'il nous coupera des autres, du monde et de nous-mêmes si c'est ce qu'il nous faut pour nous retrouver. Plusieurs d'entre nous souffrons d'un trouble déficitaire de l'attention à nous-mêmes. Bien qu'il ne s'inscrive pas facilement dans notre horaire, le soin de notre âme requiert plus que les trente secondes qu'il faut pour lui demander «Comment ça va?». Dans le désert, nous pouvons consacrer à notre âme tout le temps et toute l'attention dont elle a besoin.

Nous pouvons nous représenter une traversée du désert comme l'ablation des parties faibles et malignes de notre personnalité – indigence affective, arrogance, obstination, dégoût de soi – qui nous empêchent de réaliser notre plan divin. «Naître, c'est être choisi», dit le poète et érudit irlandais John O'Donohue dans un livre magnifique intitulé *Anam Cara: A Book of Celtic Wisdom*. «Personne ne vient au monde accidentellement. Chacun de nous a été envoyé ici-bas pour accomplir une mission spéciale. Pendant des millions d'années avant notre naissance, le rêve de notre individualité a été soigneusement élaboré. On nous a confié une mission qui nous permettrait d'exprimer notre talent particulier. [... [Parfois, ce don s'accompagne de souffrances que nous ne pouvons pas nous expliquer. [...] C'est dans les profondeurs de notre vie que nous découvrirons la raison cachée de notre venue ici-bas. »

Nous avons été envoyées dans le désert pour une seule et unique raison: découvrir qui nous sommes.

Du courage!

Le courage vient aussi souvent du désespoir que de l'espoir ;
dans le premier cas, nous n'avons rien à perdre ;
dans l'autre, tout à gagner.

DIANE DE POITIERS

I l était une fois une actrice d'une grande beauté – une habituée de prestigieux magazines – qui était l'amour secret d'un athlète professionnel, malheureusement marié.

Elle était l'amour de sa vie, et vice versa. Des âmes sœurs. Mais les circonstances conspiraient contre eux. Cet athlète avait un fils gravement handicapé : épreuve particulièrement pénible pour un homme dont la vie était centrée sur la performance physique. Ainsi consacrait-il la majeure partie de ses temps libres à défendre la cause des personnes handicapées et à organiser des levées de fonds pour elles. Admiré pour sa compassion et loué pour sa bonté, cet homme ne pouvait pas admettre, tant à lui-même qu'au public, qu'il était humain. « Quand on est heureux, on est toujours bon, disait Oscar Wilde ; mais quand on est bon, on n'est pas toujours heureux. »

Cet homme n'était pas heureux, sauf quand il se retrouvait avec la femme de sa vie. Bien que son mariage ne fût depuis longtemps qu'une coquille vide – une entente légale de gardiennage partagé –, il ne savait pas comment y mettre fin. De quoi aurait-il l'air s'il quittait la mère dévouée de ses enfants, particulièrement de son jeune fils invalide ? « Je ne crois pas que le monde comprendrait », disait-il. Et il en était venu à croire à cette excuse. De son côté, l'actrice comprenait la situation. Elle gardait espoir et priait le ciel qu'un jour il trouve le courage de vivre avec elle, ou qu'elle trouve le courage de le quitter. En attendant, elle comprenait.

Comme toute relation karmique, leur passion était si intense qu'ils étaient irrésistiblement attirés l'un vers l'autre. Mais dans son for intérieur, surtout quand ils ne pouvaient ni se parler ni se voir pendant un long moment – lors des vacances familiales, par exemple –, l'actrice savait bien que, même s'ils étaient des âmes sœurs, cette relation à temps partiel et clandestine n'était pas pour elle idéale. Au fil des années, elle fit de réels efforts pour le quitter, mais elle n'arrivait jamais à rompre définitivement. Il avait besoin d'elle comme jamais personne n'avait eu besoin d'elle. L'amour qu'il lui vouait la touchait profondément. Pendant six ans, ils firent de leur mieux pour se créer une vie parallèle pourvue de rythme, de résonance et de révérence. « Notre relation a un destin sacré, extérieur à ton mariage, lui disait-elle. Je suis venue au monde pour t'aimer. »

« Je n'éprouve aucun remords pour notre amour parce que nous nous soutenons mutuellement, lui confiait-il. Un jour, nous serons réunis. » Ils étaient tous deux convaincus de se dire la vérité. La moitié du temps, ils le faisaient ; mais une demi-vérité est un billet du diable.

Pendant des années, l'athlète avait joué au sein d'équipes qui, malgré leur acharnement, n'arrivaient pas à se hisser au premier rang. Un jour, pourtant, contre toute attente, son équipe finit par se qualifier pour le championnat. Tous les joueurs avaient bien travaillé, mais c'est lui qui, par la qualité et l'intensité de sa contribution, fut considéré comme le véritable héros, la clé de la victoire. Les médias et ses coéquipiers firent son éloge, mais personne ne fut plus fier de lui que l'actrice qui l'aimait.

C'est alors que cette dernière eut une idée géniale. Elle s'était associée à un organisme de bienfaisance pour enfants handicapés ; en fait, c'est lors d'une activité de cette association qu'ils avaient fait connaissance. Elle proposa à l'athlète de créer un trophée « Joueur par excellence » qui serait décerné à l'enfant handicapé s'étant montré le plus courageux face à l'adversité au cours de l'année, et de le présenter lui-même au gagnant. Il trouva que c'était là une brillante idée. L'actrice profita de ses contacts avec les médias et les célébrités pour faire de cet événement un succès et une bonne source de financement pour l'organisme.

Puis vint le test ultime, l'épreuve spirituelle, l'appel du désert. L'athlète dit à l'actrice qu'il n'était pas question qu'elle participe à cet événement parce qu'il aurait mauvaise conscience de présenter le trophée à l'enfant méritant en présence de sa maîtresse. De plus, sa femme et ses enfants allaient y être. Que le monde voit son « noble » héros aux côtés de sa maîtresse lui apparaissait comme une plaisanterie macabre. Il se sentait incapable d'une telle hypocrisie. D'ailleurs, il était atterré qu'elle ait même envisagé la possibilité de s'y présenter.

« C'est un événement important et une cause qui nous tient tous deux à cœur, plaida l'actrice. Je suis capable d'affronter la présence de ta femme. Ce ne sera pas facile, mais j'y arriverai. »

Mais *lui* ne le pouvait pas.

Les hommes vous traitent mal quand ils ne vous aiment pas, mais ils vous traitent encore plus mal quand ils vous aiment malgré eux. « Tu pourrais aller travailler quelque temps à l'extérieur », lui suggéra-t-il, ce stratagème lui apparaissant une bonne façon de se faciliter le choix entre le devoir et le désir. Par amour pour lui, elle accepta. Encore une fois. Mais l'attitude de son amant la troubla et la blessa si profondément qu'elle eut du mal à le cacher.

« Je me fais expulser parce que je t'aime ? »

« Fais preuve de courage pour nous deux », la supplia-t-il.

Comme elle devait partir sans tarder, elle accepta un rôle mineur dans le premier film que put trouver son agent : un film d'aventures tourné dans une région montagneuse d'Amérique du Sud. C'était là une très mauvaise décision sur le plan professionnel ; mais elle avait le cœur brisé et se foutait de jouer un rôle insignifiant, de faire piètre figure, de travailler pour à peu près rien. Puisque de toute façon il s'agissait d'un projet casse-cou, elle accepta de se passer de doublure pour les scènes dangereuses. Disposant d'un budget modeste, le producteur fut enchanté de sa décision.

Le soir même où son amant présentait le trophée en présence de sa famille, de ses amis et de ses coéquipiers, ainsi que d'un grand nombre de célébrités et de représentants des médias qu'elle avait convaincus de participer à l'événement, elle fut propulsée dans le désert. Lors du tournage d'une scène à la tombée du jour, elle perdit pied, trébucha et dévala la montagne, se retrouvant coincée dans une crevasse, à une centaine de mètres plus bas. Cela ralentit sa chute mais la plaça dans une position fort périlleuse, suspendue au-dessus d'un profond ravin. L'attente des secours lui sembla interminable.

Chaque fois que nous nous retrouvons dans une situation où notre vie ne tient qu'à un fil – que ce soit physiquement ou psychiquement –, nous sommes amenées à nous poser une question fort pertinente : Comment diable me suis-je foutue dans un tel pétrin ? Pendant que nous sommes suspendues entre ciel et terre, nous pouvons réfléchir, reconnaître, regretter, nous réconcilier. Ce n'est pas le film de sa vie que l'actrice revit alors ; c'est le cauchemar de sa liaison amoureuse. Elle en revécut presque toutes les scènes, à partir de la question qu'elle lui avait posée dès leur première rencontre – « Tu es marié, n'est-ce pas ? » – jusqu'à la décision qui l'avait conduite à l'expérience extrême dans laquelle elle se retrouvait plongée. À cet instant, elle sut que si elle survivait à cette épreuve, rien ne serait plus jamais pareil. Mais elle était si épuisée. Si lasse. Trop fatiguée pour changer, se disait-elle. Le courage est un réflexe de personne reposée ; le sien avait été mis de côté depuis fort longtemps. Depuis si longtemps qu'elle n'était pas sûre de pouvoir le retrouver.

Quand la nuit tomba, elle décida d'abandonner. Ainsi, c'en serait fini de ses épreuves. Personne ne la verrait détacher son harnais de sécurité, à part Dieu. Elle demanda de ne pas avoir à souffrir trop longtemps.

Soudain, une main solide se tendit vers elle : « Accroche-toi », lui dit une voix.

« Je ne suis pas capable », répondit-elle. *Elle devrait quitter l'amour de sa vie. Elle serait désormais seule au monde.*

« Accroche-toi. » *Elle ne pourrait jamais lui dire non, ni se dire oui à elle-même.*

« Je ne suis pas capable. »

« Force avec moi, ma belle. Tu n'as pas tenu le coup si longtemps pour abandonner maintenant. Il faut plus de courage pour vivre que pour mourir. Je compte jusqu'à trois. » C'est ainsi que l'Esprit la ramena à la vie, et à elle-même.

En toute sincérité, je ne sais pas exactement ce qui arriva quand l'actrice retourna à Hollywood, si ce n'est qu'elle rompit avec l'athlète. Je ne sais pas ce qu'elle lui dit quand il la supplia de lui pardonner. Ni combien de fois elle laissa le téléphone sonner jusqu'à ce qu'il cesse de l'appeler, combien de lettres elle brûla sans même les ouvrir, combien de soirs elle s'enivra ou s'endormit en pleurant.

Je ne sais pas si un jour, elle remportera un Oscar. Si un jour, l'athlète se présentera à sa porte sans son anneau de mariage. Si elle aura le courage de retomber amoureuse. Jusqu'alors, elle ne s'était pas considérée comme une femme courageuse.

Tout ce que je sais, c'est que la plupart du temps, il faut plus de courage pour vivre que pour mourir, et que, comme l'exprime Mignon McLaughlin : « Le seul courage qui importe, c'est celui qui vous permet de passer d'un moment à l'autre. »

Enfants chéries du destin

La chance n'est pas un hasard ;
c'est le résultat d'un dur labeur.
Le sourire dispendieux de la fortune
se gagne.

EMILY DICKINSON

Il nous semble parfois qu'il n'y a que deux types de femmes. Il y a les enfants chéries du destin, ces veinardes qui ont été préparées à leur séjour ici-bas, qui connaissent leur mission depuis leur naissance. Vous entendez parler de ces femmes : elles ont toujours su qu'elles sont nées pour créer, mener, réparer des vies ou des os brisés, exceller, enseigner, conduire un pur-sang à la victoire.

Et puis, il y a vous et moi, qui sommes vouées depuis notre tout premier bulletin de maternelle à accomplir notre destin en trébuchant. *Souvent distraite et agitée. A tendance à être dans la lune. Écartée et éparpillée. Entêtée. Trop sensible ; facilement blessée. S'amuse cependant bien avec les autres.*

J'ai toujours pensé que celles qui sont « nées pour » étaient des femmes privilégiées, sachant depuis leur premier souffle ce qu'elles ont à faire en cette vie, comment être heureuses. J'aime bien ce qu'a dit Warren Beatty, un célibataire endurci d'Hollywood, à propos de ce qui l'a attiré chez Annette Bening et incité à demander sa main : « Elle a une grande aptitude au bonheur. » Celles d'entre nous qui n'avons pas ce talent sommes instinctivement attirées vers les personnes radieuses et sereines. Nous nous émerveillons de la façon dont leur chemin semble tracé d'avance et éclairé, alors que nous, nous passons notre temps à nous érafler les genoux et à nous demander comment nous avons bien pu nous retrouver là où nous sommes aujourd'hui.

Une femme que je connais, lasse de tâtonner et de trébucher sur la route du bonheur, décida un beau jour d'envoyer un questionnaire à tous ses amis, leur demandant de l'aider à trouver sa voie. « Je tourne en rond et je suis à court d'idées », leur écrivit-elle. « Vous me connaissez. Devrais-je : Me lancer en affaires ? Ouvrir un restaurant ? Tout vendre et partir pour la campagne ? Retourner aux études ? Me marier ? » Elle avait joint à ce questionnaire une liste de qualités et demandait à ses correspondants de cocher celles qui s'appliquaient le plus à elle. Elle les priait de bien vouloir lui retourner le tout, ajoutant que les données obtenues seraient classifiées par un professionnel. (Elle ne spécifiait pas s'il s'agissait d'une thérapeute, d'un orienteur ou d'une maison de sondage.) Cette femme s'attendait à recevoir quelques semaines plus tard des documents qui lui permettraient d'élaborer son plan d'action.

Malheureusement, aucun document préparé par quelqu'un d'autre ne peut nous révéler nos aspirations profondes ; c'est pourquoi les amis de cette femme ont trouvé son idée insensée et n'ont pas manqué de le lui dire. Elle a donc dû, comme nous toutes, s'en remettre à elle-même pour décider de ce qu'elle ferait de sa vie.

Nous aimerions bien que notre vie se déroule sans anicroche, mais notre route vers l'authenticité est parsemée d'obstacles. Selon Franz Kafka, dont les personnages solitaires et tourmentés incarnent l'angoisse existentielle du vingtième siècle, le chemin du destin « semble davantage conçu pour nous faire trébucher que pour nous permettre d'avancer ».

La plupart des revers de destin dont j'ai entendu parler ont un caractère kafkaïen d'inévitabilité. Une marathonienne découvre que les picotements qu'elle a dans les jambes sont dus à la sclérose en plaques ; obligée d'abandonner une carrière pour laquelle elle s'est entraînée toute sa vie, elle se tourne vers l'écriture pour exprimer sa douleur et devient poète. Une danseuse de ballet s'inflige une blessure grave à une cheville, qui l'oblige à laisser tomber la danse ; comme elle a toujours fait de la photographie en amateur et a une connaissance intime de la danse, sa troupe lui demande de faire des photos pour une brochure destinée à une levée de fonds. Ses photos s'avèrent si réussies qu'elle devient photographe professionnelle spécialisée dans les arts de la scène. Voilà une femme qui est littéralement tombée sur sa véritable vocation !

Parfois, cependant, l'obstacle déclencheur est plus subtil. Le mari d'une agente de change découvre qu'il souffre d'un cancer en phase terminale et va finir ses jours dans un centre de soins palliatifs. Cette femme est si touchée par la sollicitude, la compassion et le dévouement des personnes qui ont pris soin d'elle et de son époux qu'elle décide de faire du bénévolat dans cet hospice en signe de reconnaissance. Aujourd'hui, elle dirige un centre de soins pour les femmes atteintes du sida et leurs enfants.

Rosa Parks rentrait tout bonnement à la maison après sa journée de travail quand, en refusant d'aller s'asseoir à l'arrière de l'autobus parce qu'elle était Noire, elle devint le symbole de la campagne pour les droits civils. Sentit-elle « le petit frisson qui vous parcourt [...] quand des événements laissent pressentir un destin qui s'accomplit, sous l'action de forces invisibles », comme l'auteure Dorothy Gilman décrit l'inéluctable ? Peut-être pas, mais les effets de son action, non planifiée mais surgie de l'âme, se font encore sentir chez elle et chez chacune de nous. C'est cela, l'authenticité.

Deux façons de vivre

L'impossible se produit parfois ; c'est là un truisme qui explique une bonne part de ce que nous appelons la chance, ou la malchance.

FAITH BALDWIN

Albert Einstein affirmait qu'il n'y a que deux façons de vivre sa vie : l'une, c'est de faire comme si rien n'était un miracle ; l'autre, comme si tout l'était. Je vous défie de passer une journée à tenter de prouver qu'il a tort. Pour ma part, je ne peux même pas tenir dix minutes. Souvent, cependant, surtout quand la vie nous malmène inexplicablement et nous précipite tête première dans l'inconnu, ce qu'Einstein a écrit à des amis après la mort subite de leur enfant nous réconforte davantage : « Quand le cours habituel de la vie quotidienne est interrompu, nous nous rendons compte que nous ressemblons à ces naufragés qui tentent de garder leur équilibre sur une misérable planche au milieu de l'océan, ayant oublié d'où ils viennent et ne sachant pas où ils aboutiront. »

Avec sa verve, ses yeux noirs brillants et son énorme confiance en soi, Janette avait le don de vous faire croire qu'il n'y a rien d'impossible, ni pour elle, ni pour vous. Sa chaleur, son esprit positif, son enthousiasme et son énergie débordante attiraient les gens de façon irrésistible.

Il y a cinq ans, Janette travaillait comme conseillère dans un centre de désintoxication situé près de Boston. Ayant vécu, comme plusieurs d'entre nous, quelques relations amoureuses difficiles, elle avait décidé de prendre congé des hommes pendant six mois, question de se libérer de ses attentes irréalistes. Peu après ce répit, elle rencontra Kevin, un consultant en télécommunications. Ce fut le coup de foudre. Après leur deuxième rencontre, Kevin invita Janette à l'accompagner en Utah, où des amis avaient loué un chalet en montagne pour une dernière fin de semaine de ski de printemps. Skieuse accomplie et audacieuse, Janette voulut exécuter un dernier saut au soleil couchant, moment périlleux où le relief du terrain s'estompe dans la pénombre. À cet instant même, un planchiste apparu soudain dans le décor fonça sur elle à vive allure, la faisant dévaler la pente abrupte. Quand elle atterrit, trois mètres plus bas, un bruit terrifiant se fit entendre. Ce n'était pas le tonnerre : c'était son dos.

Janette s'en sortit avec de multiples fractures aux deux jambes et à la colonne vertébrale, chanceuse d'avoir la vie sauve. Elle dut subir plusieurs interventions chirurgicales majeures (dont des greffes osseuses) et un long séjour à l'hôpital, suivi de trois mois dans un centre de réhabilitation où elle dut réapprendre à marcher. Kevin, dont elle venait tout juste de faire la connaissance au moment de l'accident, devint son fidèle compagnon, n'hésitant pas à faire régulièrement l'aller-retour entre Boston et Salt Lake City – où elle faisait sa convalescence – pour la soutenir. « Vive le portable ! » disait-il avec le sourire, brassant souvent des affaires sur son cellulaire à l'extérieur de la chambre de Janette pendant qu'elle travaillait avec ses thérapeutes. Ses sourires et ses clins d'œil, qu'elle pouvait voir à travers la cloison vitrée, lui donnaient le courage de continuer.

Ces dernières années, la traversée du désert fut pénible pour Janette : un corps meurtri et une douleur persistante. Mais cette rude épreuve leur permit, à elle et à Kevin, de se découvrir mutuellement, de connaître et d'admirer leur force et leur courage respectifs, d'approfondir leur amour. Ils se sont mariés il y a trois ans et ont eu la joie d'accueillir récemment un miracle de la vie : un magnifique garçon.

Ce plongeon à ski catapulta Janette dans une nouvelle carrière. Parfois, l'adversité aide à mieux comprendre les difficultés des autres et à compatir avec eux. Pour Janette, le processus se fit plutôt de l'extérieur vers l'intérieur. Elle avait été une merveilleuse conseillère en réadaptation grâce à ses réserves intarissables de compassion et de détermination à aider les autres. Son accident l'obligea à canaliser ses énergies vers l'intérieur ; pour recouvrer la santé et se retrouver elle-même, elle dut se concentrer sur sa guérison. Sans trop savoir pourquoi, sa tendance à accorder la priorité au bien-être des autres avait disparu. Elle constata qu'elle avait perdu sa patience et même son empathie pour ses anciens clients, dont plusieurs ne voulaient pas prendre les mesures nécessaires pour refaire leur vie et se remettre sur la bonne voie. Dorénavant, Janette allait s'occuper d'elle-même : d'abord, trouver un travail qui conviendrait à la femme *qu'elle était devenue*. Comme l'a fait observer George Eliot : « Il arrive souvent que les autres nous évaluent d'après notre moi passé alors qu'avec le recul, nous éprouvons du dégoût et de la pitié pour cet ancien moi. » Janette en vint à penser que si elle s'était à ce point préoccupée des besoins des autres, c'était peut-être parce qu'elle sous-estimait ses propres besoins.

Elle réfléchit longuement aux passions qu'elle entretenait avant l'accident et aux leçons qu'elle en avait tirées. Elle avait toujours eu un penchant marqué pour les arts ; elle avait étudié l'histoire de l'art à l'université avant de se tourner vers le travail social, y voyant un choix plus pratique pour sa vie professionnelle. De retour à Boston, elle prit grand plaisir à en visiter les magnifiques musées et galeries. Elle s'aperçut qu'après toutes les souffrances qu'elle avait endurées, elle avait maintenant le goût d'introduire le plus de beauté possible dans sa vie. Elle prit également conscience que lorsque nous faisons un choix, notre âme n'aime guère que les considérations pratiques éclipsent la passion. À trente ans passés, elle s'initia à la restauration d'œuvres d'art ; elle apprit à redonner vie à des pièces abîmées et à des trésors du passé à moitié détruits. Son travail devint une puissante métaphore de sa démarche personnelle. Elle dirige maintenant sa propre entreprise de consultation en restauration d'œuvres d'art, ce qui lui permet de concilier voyages et maternité. Elle est en train de se constituer une clientèle impressionnante de musées et de marchands d'art, sur ce continent et outre-mer. Elle adore son nouveau métier, et a chaque jour l'impression d'avoir trouvé la clé du bonheur. Elle se réjouit d'avoir enfin déterré son moi authentique : fragile, faillible, blessé, mais épanoui et merveilleux. Elle incarne merveilleusement la quête d'autre chose. Comme l'observe si justement Agnes Repplier : « Il n'est pas facile de trouver le bonheur en soi, mais il est impossible de le trouver ailleurs. » Si cela n'est pas un miracle digne de foi, je ne sais vraiment pas ce qui pourrait en être un.

La collaboration divine

L'univers travaille avec vous et pour vous. Il n'est pas votre ennemi.

DAVID SPANGLER

Marie réussissait très bien dans son travail de rédactrice publicitaire pour une entreprise de Chicago, lorsqu'elle rencontra un journaliste sur le point d'être transféré à Londres, où il allait occuper le poste de directeur adjoint du magazine d'actualités où il travaillait. Pourquoi les hommes qui savent qu'ils vont déménager dans un mois ont-ils même le droit de saluer une femme de la tête est un mystère qui n'a pas encore été élucidé. Peut-être l'Univers aime-t-il nous surprendre en nous faisant comprendre que trébucher, malgré ce qu'on croit généralement, ne signifie pas nécessairement souffrir, à moins que nous tenions absolument à nous rendre la vie misérable. C'est justement ce que Marie faillit faire.

« Mais il te demande d'aller vivre à Londres avec lui ! » s'exclama sa meilleure amie. « As-tu perdu la boule ? Réjouis-toi ! Tu chambardes ta vie pour toutes sortes de *bonnes* raisons. »

Il n'en demeure pas moins que quitter un bon emploi, ses amis et sa famille, sans compter un magnifique appartement avec vue sur le lac Michigan, était un gros risque. Et si ses amours tournaient au vinaigre ? Elle ne connaissait pas un chat à Londres. Comment pourrait-elle y trouver du travail ? S'y faire des amis ?

Après mûre réflexion, Marie décida de faire le saut. Les premiers temps, elle passait des heures à déambuler dans les rues d'une des villes les plus excitantes du monde, se demandant si tout cela n'était qu'un rêve. Un jour, en fouinant dans une boutique de curiosités, elle tomba sur un vieux livre épuisé. C'était l'autobiographie d'une femme qui avait été membre d'un cercle intime de gens de l'élite anglaise, à la fin du dix-neuvième siècle. Ce club sélect, appelé « The Souls », était une fenêtre ouverte sur la société de l'époque victorienne, notamment sur la véritable institution

qu'étaient devenues les réceptions qui se donnaient dans les rési-
dences de campagne. Marie fut tout de suite séduite par les observations habiles et charmantes de cette écrivaine méconnue à
propos de politiciens et d'artistes britanniques célèbres – et par ses
étonnantes confidences sur sa vie érotique. De plus en plus fascinée par ce livre, Marie se rendit à la *British Library*, où elle se
plongea dans tous les documents susceptibles de la renseigner sur
ce mystérieux personnage. Elle se rendit compte qu'elle venait de
découvrir un pan de l'histoire anglaise qui avait échappé aux
recherches universitaires. Peu à peu, la masse de notes qu'elle avait
prises se mit à prendre forme; elle se surprit à écrire une biographie, un travail auquel elle ne se serait jamais adonnée si elle ne
s'était pas installée à Londres. Sa carrière précédente en rédaction
publicitaire ne l'ayant pas préparée à l'écriture d'ouvrages lit-
téraires, Marie passa quelques années exténuantes, mais fort
stimulantes, à s'initier aux méthodes de recherche et à peaufiner
son style comme biographe. Avec le temps, sa nouvelle occupation
lui procura un plaisir et une satisfaction que seuls peuvent procurer
les défis authentiques. Quand son livre fut publié en Europe, il fut
louangé et admiré pour sa fraîcheur, sa perspicacité et l'élégance
de l'écriture. Vers cette époque, son amoureux, devenu son époux,
eut une nouvelle promotion et fut muté – cette fois en Extrême-
Orient. C'est ainsi que Marie fut amenée à se plonger dans un nouveau projet de biographie où elle se pencha cette fois sur la vie des
concubines à la cour du roi de Siam.

« Une biographie est considérée complète si elle tient compte
de six ou sept vies d'une personne qui peut facilement en avoir
vécu un millier », faisait observer Virginia Woolf. Ne croyez-vous
pas que sur mille vies, nous pourrions en avoir quelques-unes qui
soient mues par la joie plutôt que par l'adversité – maladie, perte
d'un emploi ou peine d'amour –, qu'évoque généralement pour
nous un changement de vie? Il s'agit là d'une pensée saugrenue,
je l'admets, mais qui mérite réflexion.

« Vous priez dans votre détresse et dans votre besoin », écrit
Khalil Gibran, « mais que ne priez-vous aussi quand vous êtes au
comble de la joie et dans vos jours d'opulence! »

Si nous le faisions, nous pourrions en faire plus souvent l'expérience.

Prendre des libertés

Il n'est jamais trop tard pour être ce que vous auriez pu être.

GEORGE ELIOT

J e me suis toujours demandé comment c'était, la vie de libertine. N'est-ce pas là un mot délicieux? Sarah Bernhardt, Isadora Duncan, Josephine Baker, George Sand, George Eliot, Victoria Woodhull et Isak Dinesen étaient toutes des libertines.

« Oui, bien sûr, c'est une femme accomplie, mais tu dois savoir que c'est une libertine. » Comme j'aimerais qu'on dise cela de moi avant ma mort!

Comment savoir si vous êtes dans la bonne voie pour devenir une libertine? Une libertine ne renonce jamais à une chambre avec vue et ne peut se rappeler la dernière fois où quelqu'un lui a donné une tape sur l'épaule en lui disant qu'elle est « adorable ». Elle se fera plutôt accuser d'être « vulgaire ». Une libertine reçoit une foule d'invitations, mais sort rarement (ce qui fait de sa présence un événement) et est une adepte des régimes alimentaires qui satisfont à la fois le corps, l'âme et l'esprit: raisins (de préférence rouges et sans pépins), truffes au chocolat et champagne. Elle donne des cadeaux somptueux, suit la boxe qu'elle perçoit comme une voie spirituelle, considère qu'elle est victime de harcèlement sexuel quand *on ne lui dit pas* qu'elle est belle et se fait du souci quand les hommes ne chuchotent pas dans son dos: « Quel pétard! »

Toutes les femmes vraiment intéressantes de l'histoire furent des libertines: des libres penseuses, des femmes qui vivaient selon leurs propres conventions, leur propre notion du bien et du mal, de ce qu'elles pouvaient accepter et de ce dont elles ne pouvaient pas se passer. Si vivre selon sa propre vision et non en fonction de l'opinion d'autrui est une façon de définir l'authenticité, alors je suis peut-être rendue à mi-chemin. Mais il me reste encore trop de la « bonne fille » pour que je puisse connaître le parfait bonheur (si vous voyez ce que je veux dire…).

Je gagerais que vous êtes une bonne fille vous aussi. Pour sa part, Kate White, qui était membre à vie du club des bonnes filles jusqu'au jour où elle s'est fait chipé le poste de rédactrice en chef d'un magazine auquel elle se préparait avec acharnement depuis des mois, croit maintenant qu'on ne naît pas bonne fille mais qu'on le devient. Dans un magnifique livre sur l'art de s'éviter des années de trébuchements intitulé *Why Good Girls Don't Get Ahead But Gutsy Girls Do*, elle écrit : « Les graines de la bonne fille sont semées très tôt, quand une fillette observe la façon dont ses proches interagissent et absorbe les messages que lui émettent ses parents. »

« La mère, même si elle travaille à l'extérieur, s'occupe de l'école, des activités des enfants, des repas, des congés, des fêtes, des rendez-vous chez le dentiste et le médecin, des vacances et des visites aux parents. C'est elle qui achète les vêtements, les sous-vêtements, les chaussures, les brosses à dents, les cadeaux d'anniversaire (pour ses enfants et les amis de ses enfants), les livres, la pâte à modeler et la boîte de peinture. Elle conduit les enfants à l'école, prépare les goûters, met les pansements, essuie les nez, nettoie les dégâts, supervise les devoirs, appelle les professeurs, fait venir les formulaires d'inscription à la colonie de vacances, écrit les cartes de remerciement. […] Cela n'arrête jamais. »

Cela vous fait-il penser à quelqu'un ? « Le message qu'une fille perçoit dans tout cela, poursuit Kate White, c'est qu'une des tâches les plus importantes de la femme, c'est de tenir compte des besoins des autres et d'y répondre, ce qui l'amène souvent à mettre ses propres besoins de côté. »

Selon moi, cela explique en grande partie l'apparition tardive de la pulsion libertine. Devenir libertine – c'est-à-dire une femme qui place ses propres besoins au premier plan – est un processus évolutif, lent et régulier, qui s'étale sur plusieurs vies. C'est pourquoi la théorie de la réincarnation nous donne-t-elle de l'espoir, sinon un plan de match. Passez au travers de vos principales leçons spirituelles et vous aurez quelques périodes libres pour vous adonner aux activités parascolaires. Gardez à l'esprit que nous ne nous souviendrons pas de grand-chose lors de notre prochaine vie ;

alors, pourquoi ne pas nous amuser un peu ? La véritable voie spirituelle n'est pas nécessairement austère. L'extase est la marque de
l'expérience mystique. La joie éveille l'âme et convainc l'esprit
qu'il existe bel et bien quelque chose de supérieur, une autre façon
de vivre.

« Tout le monde a grand besoin d'extase – non pas d'amour ou
de sexe, mais d'une intensité, d'un élan passionné qui fait qu'être
en vie est une joie et un plaisir », rappelle Diane Ackerman. « Ce
ravissement ne donne pas un sens à la vie ; sans lui, pourtant, elle
semble absurde. »

Franchir le seuil

L'âge ne nous protège pas de l'amour. Mais, dans une certaine mesure,
l'amour nous protège de l'âge.

JEANNE MOREAU

« La vie commence à quarante ans », affirme l'ardente et ori-
ginale Sophie Tucker – au risque de ne pas vous convaincre,
si vous venez d'avoir trente ans.

La quarantaine est un seuil mystique. Nous avons l'impression, en nous réveillant le matin de nos quarante ans, d'avoir atteint
la pleine maturité, de parler la langue du pays et de savoir conduire
une bicyclette – comme Annie Dillard décrit le passage à dix ans.
Aujourd'hui, à dix ans, une fille devient gâteuse ; Dieu merci, à
quarante ans, le processus est inversé.

Durant les quarante premières années de notre vie, nous
tournons en rond vers des destinées vagues ou distinctes, même
si elles ne sont pas encore clairement exprimées. Nous fran-
chissons des bornes prévisibles, rejetons les choix de notre famille
(ou du moins tentons de le faire) et nous efforçons de nous définir

aux yeux des autres. Quand nous n'arrivons pas à satisfaire les attentes du monde, particulièrement les nôtres, nous souffrons de ce que Mary Lee Settle appelle « la terrible injustice de la déception ».

La vie devient alors une suite de pertes et si vous croyez à la chance, au hasard ou à la probabilité statistique (moi, je n'y crois pas), vous êtes condamnée à perdre quelque chose de la colonne A ou B : votre beauté, votre taille, votre mari, votre emploi, votre identité. Selon moi, nous choisissons – consciemment ou non – de nous départir de ces choses.

À un moment donné, nous devons nous réconcilier avec cela si nous voulons atteindre un jour la Terre Promise. Moïse n'y est pas parvenu. C'est la génération suivante d'Israélites qui l'a fait.

Nous devons parfois endurer plus longtemps que nous le souhaiterions les conséquences des choix que nous avons faits avant de savoir ce que nous savons aujourd'hui. Mais nous pouvons apprendre à *profiter* de l'attente ou du détour plutôt que de nous laisser mourir dans le désert. Parfois, nous empruntons les traces d'autrui qui nous ramènent à notre point de départ ; parfois, nous retombons dans nos propres traces. Invariablement, cependant, si nous poursuivons notre route et nous relevons chaque fois que nous trébuchons, nous verrons notre persévérance récompensée. Avec le recul, le désert nous apparaîtra malgré tout comme une terre féconde. Pensons à toutes ces femmes qui ont attendu la quarantaine pour se mettre à *vivre* vraiment. Edith Wharton avait trente-sept ans quand elle a découvert sa « vraie personnalité » ; elle avait quarante-cinq ans quand elle a connu le grand amour pour la première fois. « J'ai dû me frayer un chemin à travers un épais brouillard d'indifférence », écrira-t-elle.

Pour sa part, la poète Elizabeth Barrett Browning a avoué que c'est l'amour de son mari, le poète Robert Browning qu'elle a épousé à quarante ans, qui lui a permis de se réaliser pleinement. Mais elle demeura néanmoins, pour le meilleur ou pour le pire, une femme de son époque : cloîtrée, réservée, plus ou moins invalide, coupée du monde. C'est un homme, et non l'expérience, qui l'a incitée à l'authenticité. Un siècle plus tard, quelle est notre excuse ? Nous *pouvons* revendiquer davantage. Le faisons-nous ?

Nous pouvons tendre fièrement à une relation plus authentique avec la Plénitude. Notre parcours a été infiniment variable, ponctué de faux départs et de demi-tours. Mais c'est *notre* propre parcours, rempli de bons coups, de mystères et de faux pas. Nous voulons parfois rentrer sous terre quand nous nous le remémorons en entier; cependant, quand nous renions notre expérience – quand nous détournons le regard de ce qui fait de nous des êtres humains, les femmes que nous sommes, des êtres authentiques –, notre estime de nous-mêmes se volatilise.

Il se peut que nous soyons déçues quand nous dressons la liste de tout ce que nous n'avons pas encore fait: apprendre une langue étrangère, composer une symphonie, écrire des poèmes ou peindre. Peut-être n'avons-nous pas couru le marathon, gagné le concours du meilleur gâteau Pillsbury ou consacré assez de temps à nos enfants, à notre homme ou à nos parents qui vieillissent. Mais notre quête d'autre chose – notre fouille intérieure et notre réincarnation – nous dit qu'*il n'est pas trop tard pour le faire*, et encore mieux, selon moi, à cause de tous les combats que nous avons livrés dans le désert.

Isak Dinesen ne s'est mise à écrire sérieusement et d'une façon soutenue qu'après avoir perdu la vie telle qu'elle l'aimait et souhaitait la vivre. Elle avait alors plus de quarante ans. Son mariage avec le baron suédois Bror Blixen s'était conclu par un divorce; son idylle avec l'aventurier Denys Finch Hatton avait pris fin après que ce dernier eut péri dans un accident d'avion. Après avoir perdu la plantation de café chère à son cœur, en Afrique, où elle avait vécu près de vingt ans, elle avait dû retourner dans son Danemark natal, qu'elle considérait peu propice à son épanouissement. La syphilis que lui avait transmise son mari avait commencé son œuvre funeste. Cependant, comme le démontre sa biographe, Judith Thurman, l'abandon de l'amour et du monde physique fut le prix que Dinesen dut payer pour donner libre cours à son talent d'écrivaine. En effet, c'est quand tout le reste l'eut abandonnée qu'elle se tourna vers l'écriture. Comme le souligne Thurman, « c'est seulement après avoir assez vécu pour pouvoir faire le bilan de ses pertes » qu'elle trouva sa voix. Parfois, il vous faut quatre décennies de trébuchements – voire une maladie fatale – pour vous débarrasser complètement de l'idée que la qualité de votre vie dépend d'un homme. Mais il existe une voie plus facile, je vous l'assure. « On peut prendre des libertés avec Dieu, qu'on ne peut pas prendre avec un homme », observait Isak à la fin de sa vie.

Comme le constate vite toute femme qui doit traverser un désert, le début de la sagesse vient avec la capacité d'allumer son propre feu. (C'est là un savoir crucial s'il vous vient l'envie de manger des guimauves rôties avant de vous mettre au lit. Essayez-les avec une mince tablette de chocolat entre deux biscuits Graham. Vous m'en donnerez des nouvelles !)

Pensez à trois libertés que vous aimeriez prendre. Maintenant, allez-y, prenez-les !

Une femme d'un certain âge

Après cinquante ans, vous êtes débarrassée d'une bonne partie de la connerie.

ISABEL ALLENDE

Le cap de la cinquantaine est une autre histoire. « À cinquante ans », écrit Erica Jong dans *Fear of Fifty*, « la folle s'échappe du grenier, dévale les escaliers et met le feu à la maison. Elle ne se laissera plus enchaîner ». À cinquante ans, une femme ne perd plus de temps à attendre une deuxième, troisième ou quatrième chance de profiter de la vie. Pourquoi ? Parce qu'elle n'a plus de temps pour la peine, l'angoisse, la colère non dirigée, la jalousie ou l'envie. « J'ai pris grand plaisir à la deuxième floraison qui se produit quand vous laissez derrière la vie gravitant autour des émotions et des relations personnelles et découvrez soudain – à cinquante ans, je dirais – qu'une toute nouvelle vie s'ouvre à vous, remplie de choses à méditer, à étudier ou à lire », confie Agatha

Christie dans son autobiographie. «C'est comme si une sève d'idées et de pensées nouvelles montait en vous.»

Cependant, vous n'aurez probablement pas cette impression avant d'atteindre cinquante et un an. Pour plusieurs femmes, le cap de la cinquantaine est un moment critique, une terre abandonnée propice au dégoût de soi. Je me risquerais à dire qu'il en est ainsi pour *toutes* les femmes, mais je sais que certaines de mes lectrices plus évoluées et éclairées m'en voudraient d'avoir osé une telle généralisation. Je vais donc me réfugier derrière une affirmation plus nuancée : à cinquante et un an, une femme sait choisir ses combats.

Le cap de la cinquantaine a été tout un traumatisme pour moi. J'ai tout simplement refusé de le passer. J'ai carrément dit au calendrier de passer outre. J'ai débranché le téléphone et me suis abstenue d'aller ouvrir, même au fleuriste. Il n'était pas question de célébrer cet anniversaire, il n'était même pas question d'en parler. (Je renonçais ainsi aux cadeaux ; c'est vous dire à quel point je prenais la chose au sérieux !) «Quel âge avez-vous ?» me demandait-on, comme si cela regardait qui que ce soit, en particulier l'Association des personnes retraitées. *Vous voyez, je ne m'en souviens pas ; j'étais très jeune quand je suis née.*

J'ai pris d'autres mesures. J'ai cessé d'engager la conversation avec des hommes de plus de trente-huit ans. J'ai jeté tous mes sous-vêtements de coton et j'ai acheté de la lingerie de soie italienne pour plusieurs vies. J'ai recommencé à porter des talons hauts et à m'épiler régulièrement. J'ai commencé à porter des bas de nylon et un porte-jarretelles, des pantalons capri, des mules et des ensembles assortis. Je me suis coupé les cheveux. J'ai commencé à m'entraîner dans un gymnase. J'ai retrouvé ma vieille passion pour le poli à ongles rouge et les grosses boucles d'oreilles, mon habitude de dormir toute nue.

Accusez-moi d'être superficielle si vous le voulez.

Cela a marché ! Vous n'avez qu'à passer de quarante-neuf à cinquante et un. Ou peut-être que votre cap fatidique est quarante-cinq ans ; le principe est le même. Sautez-le. (Pour ma part, autant qu'il m'en souvienne, mes quarante-cinq ans ont été une très bonne année.)

C'est possible ?

Bien sûr ! On peut vous attacher, mais personne ne peut vous obliger à avaler un gâteau d'anniversaire. Si c'est vous qu'on fête, vous pouvez décliner l'invitation. Ainsi, à ceux qui vous demandent cavalièrement votre âge, vous pouvez répondre : « Bien, je n'ai pas encore célébré mes ... »

D'accord. Il est vrai qu'un mois avant mes cinquante ans, mon mariage est tombé à l'eau, j'ai dû déménager et me suis retrouvée colocataire de ma merveilleuse fille de quatorze ans. J'admets que ces circonstances ont pu contribuer à mon agitation ; mais selon moi, c'est la peur de devenir une « p'tite vieille » qui m'a fait prendre une voie d'évitement.

P'tite vieille : quelle expression affreuse pour décrire un chapitre aussi créatif de la vie d'une femme ! Vous pouvez être une femme sage sans être une vieille sorcière. L'image de la p'tite vieille diminue terriblement notre sentiment de bien-être. L'expression « femme d'un certain âge » me convient davantage ; elle décrit très succinctement bon nombre d'entre nous qui devenons plus certaines de nous-mêmes à mesure qu'émerge notre moi authentique. À choisir entre le rire sexy de la chanteuse Lena Horne et le truculent gloussement de sorcière de Madame Mim, j'avoue que je suis beaucoup plus inspirée par la dame aux accents mélodiques que par la dame aux formules magiques.

La cinquantaine est pétillante. Comme l'affirme Gail Sheehy, « à ce stade de leur vie, les femmes débordent d'énergie et s'accomplissent comme jamais auparavant. [...] Les conflits qui sapaient une grande partie de leur force émotive se sont calmés ». Sheehy a passé cinq années de sa vie à observer les femmes pendant l'écriture de son livre *Les Passages de la vie*. Les résultats de sa recherche « laissent clairement entendre que le facteur qui influe le plus sur le bien-être d'une femme, ce n'est pas son revenu ni son statut matrimonial mais son âge. Elle devient plus heureuse en vieillissant ».

Ainsi que le rappelle Coco Chanel : « La nature vous donne le visage que vous avez à vingt ans. La vie façonne le visage que vous avez à trente ans. Mais il vous revient de gagner le visage que vous avez à cinquante ans. » Pourvu que le visage que vous voyez dans le miroir soit authentique, vous pouvez vous donner le qualificatif de votre choix. Pour ma part, je me vois mieux à l'arrière-scène, en compagnie de choristes enflammées, qu'au milieu d'un groupe de p'tites vieilles psalmodiant leurs incantations.

Travaux de femme

Une chose triste de ce monde, c'est que les actes qui exigent
le plus de vous sont habituellement
ceux dont les autres n'entendront jamais parler.

ANNE TYLER

Il n'est guère étonnant que bon nombre de femmes trouvent leur véritable vocation relativement tard – une fois que les enfants ont grandi. Les hommes (à quelques exceptions près) orientent rarement leur travail en fonction des besoins de leurs enfants; les femmes le font presque toujours. Quand on lui a demandé pourquoi elle écrivait des phrases plus longues dans ses derniers romans, la romancière Fay Weldon a répondu que comme ses enfants avaient grandi, elle était moins souvent interrompue.

Hier soir, ma fille m'a annoncé, en passant, que son équipe de balle-molle disputera son dernier match de championnat demain. Mais je dois remettre mon manuscrit *dans sept jours*. « Je regrette, chérie, je ne pourrai pas... »

« Je comprends... »

« Encore sept jours et c'est fini, je te le promets. »

« Comment on se sent quand on n'est pas allée à *un seul* match de sa fille de toute la saison ? »

Moche. Pas très réussi. Ça semble détraqué, complètement fou. Me revoilà au niveau de la survie. Mais mes priorités n'ont pas changé. Je suis maintenant mère de famille monoparentale et responsable du bien-être de cette enfant. C'est pourquoi je suis encore en train d'écrire à trois heures du matin. Je vais y aller, à ce match. Je vais le remettre à temps, ce manuscrit. Même mes regrets ne me sont pas d'un grand secours ce matin. J'écris ma vérité ; cela ne veut pas dire qu'elle est facile à vivre. « Au travail, vous pensez à vos enfants que vous avez laissés à la maison. À la maison, vous pensez au travail que vous n'avez pas terminé », avouait candidement Golda Meir, la seule femme premier ministre d'Israël à ce jour. « Vous vivez un conflit perpétuel. Vous êtes partagée entre les deux. »

Dans un recueil de nouvelles intitulé *The Writer on Her Work*, Anne Tyler traite de la difficulté de concilier la création et la vie de famille. Elle parle de l'écriture, mais le même principe s'applique à n'importe quelle passion. Un jour du mois de mars, alors qu'elle peignait le vestibule, un personnage a surgi dans son esprit. Elle savait que si elle « s'assoyait et structurait ce personnage sur papier, il en sortirait un roman. Mais le congé printanier des enfants allait commencer le lendemain ; [elle] devrait donc attendre ». Elle ne put s'y mettre qu'au mois de juillet. Malgré les inévitables retards que la vie quotidienne nous impose, les luttes et les embûches qui parsèment notre quête d'autre chose pendant les années où nos enfants grandissent nous apportent une foule de cadeaux insoupçonnés. « Il me semble que le fait d'avoir des enfants m'a enrichie et approfondie, confie Anne Tyler. Ils ont peut-être ralenti mon écriture pendant un certain temps, mais quand je m'assoyais pour écrire, j'avais plus de choses à dire. »

Dorothy Reed Mendelhall était une chercheuse diplômée du *Johns Hopkins Medical School*. Après son mariage, elle demeura près de dix ans à la maison pour s'occuper de ses enfants. Elle découvrit sa véritable voie en butant sur ce qui dut lui apparaître souvent comme une immense embûche au moment où elle s'efforçait de recanaliser son énergie intellectuelle. Entourée d'enfants, elle se mit à s'intéresser à la santé tant de la mère que de l'enfant. Cela l'amena à entreprendre une importante recherche dans laquelle elle dénonça (déjà en 1929 !) la tendance croissante, en Amérique, à faire intervenir la technologie dans le processus naturel de l'accouchement.

Cette femme fut cependant obsédée, affligée et révoltée par le fait que, malgré son importante contribution, ses travaux furent dépréciés par le milieu médical qui les considéra comme des « travaux de femme ». Jamais ne fut-elle plus blessée que le jour où, au cours d'un débat animé à propos de l'admission des femmes à la faculté de médecine de Harvard, on la présenta comme le parfait exemple de la femme douée qui s'était mariée, avait eu des enfants et *n'avait pas mis à profit ses coûteuses études.*

Imaginez un instant ce qu'elle dut ressentir en entendant ces commentaires. La terre dut trembler autour d'elle, mais elle dut se relever, se montrer à la hauteur de la situation et répondre à l'appel supérieur qui ressemblait sans doute à « Maman ! ».

Dorothy n'en poursuivit pas moins sa véritable mission. Ses travaux eurent plus d'impact sur notre vie que ceux de bon nombre de ses collègues masculins. Comme l'observait Frances Hodgson Burnett, avec une pointe d'ironie désabusée : « Au début, les gens refusent de croire qu'une chose nouvelle qui semble étrange puisse être accomplie ; puis, ils se mettent à espérer qu'elle puisse l'être et finissent par voir que c'est possible. Et quand cette chose est réalisée, tout le monde se demande pourquoi elle ne l'a pas été il y a des siècles. »

Allons-y ensemble!

Toutes les grandes bénédictions de ma vie
habitent mes pensées aujourd'hui.

PHOEBE CARY

C ombien de fois l'Esprit nous souffle-t-Il: « Un, deux, trois.
Allons-y ensemble! » Chaque jour, chaque heure, probablement chaque minute. Mais l'entendons-nous? L'écoutons-nous?
Parfois, ce sont les frustrations dues à nos trébuchements qui nous
fournissent le détour dont nous avons besoin pour reprendre la
route de l'authenticité. Cessons de limiter l'Esprit. Collaborons
avec l'Intelligence divine et réjouissons-nous que Dieu ait une
autre vision des choses.

Margaret Morse Nice se destinait à la recherche en biologie,
mais sa trajectoire professionnelle fut modifiée par la carrière de
son mari – qui les amena à Boston, en Oklahoma, en Ohio et enfin
à Chicago – et par l'éducation de leurs quatre filles. Elle écrit à
propos de sa vie à cette époque: « J'étais profondément frustrée.
J'avais l'affreuse impression que mon mari et mes enfants avaient
un cerveau alors que moi j'en étais privée. Il enseignait, eux étu-
diaient, et moi, je faisais du ménage. [...] Ma vie était si encombrée
de *choses* que mon esprit étouffait. Mes aspirations étaient mo-
destes [...] aller marcher de temps en temps sur le bord de la rivière. »

Un jour, Margaret réussit enfin à se rendre à la rivière et à
s'asseoir sur la rive. En levant les yeux, elle aperçut une mère
oiseau qui nourrissait ses petits dans un nid. « Je me suis dit que
mieux vaudrait être un oiseau. Les oiseaux sont très occupés pendant un certain temps à s'occuper de leurs petits, mais pour
plusieurs d'entre eux, cela ne dure que quelques semaines;
après, leurs petits peuvent voler de leurs propres ailes et s'en vont.
Mieux encore, ils quittent leur nid pour toujours et campent le
reste de l'année. Pas étonnant qu'ils soient heureux. »

À partir de cette simple observation et de ce contact personnel, Margaret se mit à s'intéresser vivement aux oiseaux; cet
intérêt se mua en une véritable passion et l'incita à entreprendre
une carrière d'ornithologue, où elle se distingua. Elle fut également une pionnière en écologie.

Quoi que vous fassiez aujourd'hui, quelles que soient vos frustrations, prenez quelques minutes pour réfléchir à votre situation.
Au cœur de votre frustration se cache un indice susceptible de
vous conduire à une autre étape. Pour l'archéologue intérieure,
chaque indice est important; dans le monde spirituel, il n'y a pas
d'exercice inutile ni d'expérience vaine. Chaque jour, un indice
nous est donné pour nous aider dans notre quête d'autre chose.

Mademoiselle Perfection

Le perfectionnisme est la voix de l'oppresseur, l'ennemi du peuple.
Il vous rendra folle toute votre vie.

ANNE LAMOTT

Irene Mayer Selznick était la fille et l'épouse de deux des
hommes les plus influents d'Hollywood: le patron de MGM,
Louis B. Mayer, et le producteur David O. Selznick. Pour le premier, elle était «la petite fille» à son papa; pour l'autre, la parfaite
épouse d'Hollywood. Elle était obéissante, soumise et d'un
empressement presque névrotique à servir, soigner et protéger l'un
et l'autre. Dans ses mémoires intitulées *A Private View*, publiées en
1983, elle écrivait à propos de son père vieux jeu qui, de peur que
le monde extérieur ne «corrompe» ses filles, leur interdisait les
garçons, les colonies de vacances, les études supérieures et la liberté de pensée: «La camaraderie n'avait pas encore été inventée, mais
rarement a-t-elle été vécue plus intensément.» Elle s'adapta du
mieux qu'elle pouvait à cette situation et devint une conciliatrice:

« Ma famille m'a tout donné à l'exception de l'intimité et de l'estime de soi. » Elle en hérita également un bégaiement dont elle n'arriva jamais à se débarrasser.

Entre en scène David O. Selznick : un prodige d'Hollywood, son premier amoureux (approuvé par papa) et le seul amour de sa vie. Avec lui, tout prenait d'énormes proportions : ses succès (*Autant en emporte le vent, Rebecca, Les Invités de huit heures*), mais aussi ses failles : pertes au jeu (un million de dollars par année), sa dépendance au Benzedrine, ses idylles avec ses protégées, ses dépressions, son rythme de travail effréné, ses rendez-vous manqués avec son psychiatre. Un jour, Irene prit sa place sur le divan. Afin de préserver ce qu'il lui restait de santé mentale et d'estime de soi, elle y demeura jusqu'à ce qu'elle rende finalement les armes après quinze ans de mariage. Elle avait alors trente-huit ans.

Ce n'est qu'après avoir quitté Selznick et Hollywood qu'Irene put enfin s'épanouir. Elle déménagea à New York et refit sa vie. Elle tourna le dos au cinéma mais mit à profit son expérience et son talent pour organiser, stimuler et soutenir en devenant productrice reconnue à Broadway.

« En fin de compte, je n'ai pas du tout fait ce à quoi moi-même et les autres nous attendions », admit Irene avec le recul. La famille harmonieuse, le mariage heureux : tout cela n'était que fantasmes de scénaristes. Ce qu'elle réussit, cependant, c'est une chose à laquelle elle n'avait jamais pensé au départ : une carrière et une satisfaction que personne n'aurait imaginé pour elle. « En fait, je me rends compte aujourd'hui que j'ai eu trois vies, ajoutait-elle : la première en tant que fille de mon père ; une autre comme épouse. La scène m'a fourni le troisième acte. »

Quand nous entreprenons nos fouilles intérieures, il est fascinant de découvrir à quel point chacune de nos vies a été enterrée dans son propre linceul. Après la publication de mon premier livre, j'ai donné pendant plusieurs années des ateliers et des conférences. Parce que j'étais l'auteure d'un ouvrage sur les traditions familiales de l'époque victorienne, les gens s'attendaient à ce que j'aie le physique de l'emploi et je ne voulais pas les décevoir. Quand je ne portais pas de véritables reproductions de robes victoriennes, je choisissais des vêtements fleuris, romantiques et surchargés, et j'avais les cheveux longs et bouclés. Une fois engagée dans la voie de *l'abondance dans la simplicité*, cependant, j'ai commencé à me préparer pour mon autre incarnation, même si cela ne se voyait pas encore extérieurement. À mesure que ma transformation intérieure s'opérait, je me sentais de plus en plus mal à l'aise dans ma peau, tel un fantôme incapable de quitter ce monde. Vous vous rappelez le divin inconfort? Avec le temps, j'ai fini par changer mon aspect extérieur également et exprimer ma nouvelle identité. Mais c'est là un processus évolutif: «On ne naît pas femme, disait Simone de Beauvoir; on le devient.» Aujourd'hui, quand je regarde mes photos de cette époque, je ne reconnais même pas cette femme. C'était dans une autre vie.

Soif de bonheur

Rechercher le bonheur en ce monde,
c'est faire preuve d'un esprit de rébellion.
De quel droit aspirons-nous au bonheur?

HENRIK IBSEN

En 1879, le dramaturge norvégien Henrik Ibsen causa tout un émoi quand il présenta *Maison de poupée*, une pièce traitant de la suffocation d'une femme dans un mariage sans amour. Ce qui contribua pour beaucoup au scandale, c'est que les personnages d'Ibsen étaient facilement reconnaissables; tout le monde dans l'auditoire connaissait le couple en question et le mariage qui y était dépeint.

Quand le rideau se lève, Noël approche et Nora Helmer s'affaire à combler les rêves de chacun. Il y a de l'espoir dans l'air: le mari de Nora, Torvald, qui est gérant de banque, entreprendra un nouvel emploi après le jour de l'An et gagnera un salaire qui leur assurera enfin confort et bonheur.

L'impassible Torvald esquisse un sourire indulgent en regardant Nora vaquer fébrilement aux préparatifs des Fêtes. À ses yeux, sa femme n'est qu'une enfant qu'il a protégée et formée, comme son père l'avait fait avant qu'il demande sa main et en fasse sa poupée. De toute évidence, il cherchait un « écureuil » enjoué qui pouvait l'amuser quand il le désirait, une « alouette » qui pouvait chasser ses humeurs mélancoliques par ses chansons, un « chat grignoteur » à qui il pouvait offrir de temps en temps une friandise en récompense. « Je veux que tu restes comme tu es, ma jolie petite alouette », dit-il à sa femme.

Nora s'en tient donc à cela, mais elle a aussi des idées de fin renard. Nous apprenons au fil de la pièce que leur vie conjugale est un fragile amalgame de déceptions, de dissentiments – et de secrets. Nora confie à une amie que plusieurs années auparavant, alors que son mari était gravement malade et que les médecins lui avaient dit qu'un séjour de quelques mois sous un climat plus clément l'aiderait à s'en sortir, elle avait fait des pieds et des mains pour trouver l'argent nécessaire à une convalescence en Italie. Ne pouvant pas s'adresser à son père, qui était à l'agonie, Nora avait posé un geste aussi naïf qu'insensé : elle avait emprunté de l'argent à un homme d'affaires peu recommandable, imitant la signature de son père pour garantir le prêt. Croyant que cet argent était un cadeau de son beau-père et qu'il faisait le voyage pour contenter Nora, Torvald n'avait rien su de l'affaire. Après qu'il fut rétabli et retourné au travail, Nora s'arrangea pour consacrer une petite partie de l'allocation qu'elle recevait de son mari pour les besoins du ménage au paiement de sa dette. La situation de Torvald s'améliorant, elle serait vite libérée de cette obligation.

Or, il se trouve que Krogstad, son douteux bienfaiteur, fait partie des nouveaux employés de son époux ; c'est un homme qui a travaillé dur pour se sortir du pétrin et d'un passé peu glorieux. Torvald se propose toutefois de le congédier. Veuf et obligé de subvenir aux besoins de ses enfants, Krogstad menace Nora de dire toute la vérité à son mari si elle n'intercède pas en sa faveur. Elle risque d'être arrêtée et jetée en prison ; qui plus est, en révélant à son mari les mensonges et les secrets qu'elle lui a cachés depuis huit ans, elle risque de tout détruire entre eux.

Réalisant peu à peu la situation périlleuse où elle se retrouve aux yeux de la loi, même si elle a agi de la sorte pour sauver son mari, Nora panique. Elle tente de persuader Torvald de garder Krogstad à son emploi, mais ni la flatterie, ni la coquetterie ne réussiront à émouvoir l'intransigeant mari; il n'est pas question de donner à ses collègues l'impression qu'il peut se laisser influencer par sa femme dans la marche de ses affaires.

L'attitude inflexible de Torvald étonne Nora et ébranle pour la première fois la perception idéalisée qu'elle a de son époux et de leur mariage. Mais le temps file: la lettre de Krogstad révélant toute la vérité est dans la boîte aux lettres. Si Torvald apprend la vérité, elle est perdue. La seule chose qui la soutient, c'est de croire que l'amour de son mari prévaudra, qu'il la verra non pas comme la femme enfant qu'elle a été, mais comme la femme qui s'est sacrifiée pour lui. Quand il comprendra la situation, croit-elle, il oubliera son orgueil.

Mais les choses ne se passent pas ainsi. Torvald réagit à cette nouvelle d'une façon totalement égoïste et égocentrique et est terrorisé à l'idée que les actions passées de Nora n'entachent *sa* réputation. Il l'accuse de l'avoir trompé, de n'être bonne à rien, de s'être rendue, par ses faiblesses, inapte à demeurer son épouse et la mère de ses enfants. Il la bannit de son cœur; toutefois, pour sauver les apparences, il ne la chasse pas de la maison. Aux yeux du monde, il n'y aura rien de changé: ils demeureront le couple idéal et une famille unie.

Cependant, *tout* a changé. Bouleversée et atterrée par la cruauté de son époux, Nora se met soudain à voir sa vie telle qu'elle est, telle qu'elle a contribué inconsciemment à la façonner. Elle se rend compte qu'en vivant par et pour une autre personne, elle s'est trahie et trompée elle-même. Elle craignait de perdre son mari en lui révélant son secret, mais jamais elle n'aurait imaginé que la réalité était encore beaucoup plus douloureuse: il y avait des lunes qu'elle s'était perdue elle-même. Entre-temps arrive une deuxième lettre de Krogstad. Il est tombé amoureux d'une amie de Nora et la confiance de cette femme lui permet d'envisager l'avenir avec plus d'optimisme. Il libère Nora de sa dette et lui renvoie le bon contrefait.

« Je suis sauvé ! » s'exclame Torvald, soulagé.

« Et moi ? » de demander tranquillement Nora.

Torvald est soudainement disposé à tout lui pardonner ; il se dit touché par les efforts qu'elle a déployés pour le sauver et se montre même sensible aux difficultés qu'elle a dû traverser. L'inexpérience et l'impuissance de sa femme la rendent encore plus chère à ses yeux ; elle n'est vraiment qu'une enfant qui a besoin d'être guidée et protégée.

Toutefois, Nora n'a que faire de ses conseils et de sa protection. Elle reprend sa vie en main en misant sur sa propre force et sa détermination. Elle annonce à Torvald qu'elle le quitte – pour trouver sa vie intérieure, son âme et sa propre voie. Un autre devoir l'attend, aussi sacré que ses devoirs de mère et d'épouse : son devoir envers elle-même.

« J'ai la force de changer », lui crie Torvald au moment où elle le quitte. Mais Nora se montre ferme. La question n'est pas de savoir s'il peut changer ou non ; ce qui importe, c'est qu'*elle* a changé. Elle a entendu l'Esprit l'appeler par son nom ; elle est maintenant prête à sortir des ténèbres du déni de soi et à s'éclairer à la lumière de son propre flambeau. Elle a pris conscience qu'il existe quelque chose de plus grand.

SUR LE TERRAIN

Notre voyage spirituel

Le voyage spirituel, c'est tomber constamment à plat ventre,
se relever, se secouer, regarder Dieu
d'un air penaud et faire un autre pas.

SRI AUROBINDO

Pourquoi faut-il que « Dieu » soit un nom ? Pourquoi pas un verbe,
le plus actif et le plus dynamique de tous ?

MARY DALY

« La foi est au cœur d'une vie reliée », nous dit Terry Tempest Williams. « Elle nous permet de vivre grâce à des fils invisibles, de croire en une sagesse supérieure. La foi devient un maître en l'absence de faits. »

Partons à la recherche de nos talismans. C'est quoi, cette belle médaille rangée dans son écrin de cuir défraîchi ? Une étoile de David ? Une médaille de saint Christophe ? Une photo de vous dans votre robe de première communion ?

Notez quelques souvenirs de votre éducation religieuse. Quelles ont été vos assises spirituelles ? Adhérez-vous encore à la religion de votre enfance ? Si vous avez été élevée dans une famille sans amarres spirituelles, cela aussi fait partie de vos assises.

Quels ont été les événements marquants de votre parcours spirituel ? Votre confirmation ? Une bar-mitzva ? Votre entrée dans une congrégation ? Qu'avez-vous aimé de votre éducation religieuse ? Comment définiriez-vous le rôle du sacré dans votre vie ?

Attardez-vous également à scruter vos peurs. Seule la peur vous empêche de découvrir la femme que vous êtes vraiment.

Croyez-moi, c'est un sentiment très puissant. Lors d'un atelier que j'ai animé, une femme a donné une description fort pertinente de sa relation avec la peur: « J'avance, puis je recule, puis j'avance de nouveau et je la contourne; nous nous faisons face, puis nous nous tournons le dos. C'est une danse perpétuelle. »

Voilà une très belle description de notre relation avec la peur. Cette femme personnifie la peur, lui donne une forme humaine. Si nous pouvons commencer à observer les sombres émotions qui nous effraient et semblent échapper à notre contrôle, comme la colère et la rage; si nous arrivons à y voir des grâces qui nous sont envoyées pour nous aider à nous tirer d'une situation indésirable, à fixer nos limites, à trouver le courage de dire « C'est assez! », alors nous verrons qu'elles sont loin d'être sombres. Bien au contraire, elles sont porteuses de lumière.

Les Grecs et les Romains se comportaient de même avec leurs dieux et leurs déesses. Non seulement les personnifiaient-ils en leur donnant une forme reconnaissable, mais ils leur prêtaient une personnalité dotée de forces et de faiblesses pour pouvoir s'identifier à eux. C'est ce que nous devrions essayer de faire nous aussi.

La perception que nous avons de l'Esprit est profondément enracinée dans notre enfance. Par exemple, on m'a inculqué très jeune la notion d'un Dieu punitif, plus enclin à voir mes fautes que mes bons coups: péchés véniels, péchés mortels, péchés de toutes sortes. J'avais toujours peur de commettre des péchés, sciemment ou non. J'étais convaincue qu'il m'arriverait des choses terribles si je péchais; pis encore, que mes péchés feraient de moi une mauvaise personne.

Plus tard, j'ai appris que *sin* – terme anglais pour *péché* – vient d'un mot grec signifiant « rater la cible ». Imaginez à quel point mon enfance aurait été différente si on m'avait dit: « Quand tu commets un péché, tu rates simplement la cible, qui consiste à être et à donner le meilleur de toi-même. » Cela change tout: l'enfant qui entend cela a une tout autre perception de son comportement et de ce qui l'entoure. Et cette perception est déterminante, car elle nous permet d'évaluer tout ce qui nous arrive ainsi que les choix que nous avons faits.

Parmi les cadeaux que j'ai retenus de mon éducation, il y a l'amour des rituels et des traditions. Les autres choses, je les ai laissées aller en disant merci. Merci pour les cadeaux que vous m'avez offerts. Puis, j'ai pris mon propre chemin, ouverte à ce que j'y trouverais.

J'ai trouvé la beauté dans diverses voies spirituelles. Aujourd'hui, je me rends compte que l'authenticité les englobe toutes. Je n'ai pas besoin d'étiquette. Vous non plus.

Je reconnais maintenant le divin en tout. Pour ma part, un des miracles de la découverte du sacré dans l'ordinaire, c'est de prendre conscience qu'il n'y a rien d'insignifiant. J'aime tout. J'aime la Bible. Je ne l'aime pas comme dogme mais comme sagesse. Je l'aime comme livre d'histoires. En tant qu'écrivaine, j'ai d'abord été séduite par son langage, puis par sa compréhension de la condition humaine. S'y trouvent toutes les situations susceptibles de nous arriver, en plus de celles que nous demandons au ciel de ne jamais avoir à vivre.

En explorant vos racines spirituelles, accueillez en elles ce qui renforce et nourrit votre âme, et laissez tomber ce qui vous éloigne de Dieu.

Pour moi, peu importe la forme que revêt notre voyage spirituel ; ce qui compte, c'est la nature de l'expérience. Quel que soit le lieu sacré où nous pénétrons – qu'il s'agisse d'une mosquée musulmane ou d'un temple hindou, d'une tente de régénération baptiste ou d'une synagogue juive, d'une cathédrale catholique ou d'une hutte de sudation amérindienne, nous entendons le même message : différentes voix qui nous rappellent que nous avons cherché l'amour aux mauvais endroits. Nous cherchons l'amour dans le monde, alors que déjà, l'Esprit qui nous a créées nous enveloppe de son amour infini.

Rapport de fouille

Comment l'Esprit se mesure-t-il ? À notre assiduité à la messe ou à d'autres formes de services religieux ? Si nous n'adhérons à aucune religion institutionnalisée, pouvons-nous affirmer quand

même avoir un cheminement spirituel ? Après avoir examiné vos
réponses à ces questions, décrivez votre parcours spirituel.

Qui étiez-vous à toutes les étapes de votre parcours spirituel ?
Quelles étaient vos croyances, quels étaient vos combats ? Quand
avez-vous découvert que vous aimez le *gospel* ? Quand vous êtes-
vous mise à le chanter ? Quand avez-vous prié du fond de votre
cœur ? En réfléchissant à ce que vous faisiez aux différents âges et
étapes de votre vie, vous trouverez les matières premières de votre
récit.

SUR LE TERRAIN

Un jour...

Il n'est jamais trop tard pour repenser nos choix,
dans la fiction comme dans la réalité.

NANCY THAYER

J'ai toujours su que j'en viendrais à prendre ce chemin, mais
hier, je ne savais pas que je le ferais aujourd'hui.

NARIHARA

Que rêvez-vous de faire un jour? Faire un voyage en Turquie
pour voir les ruines de Troie et les derviches tourneurs? Cultiver
un jardin de fines herbes? Étudier le latin? Passer plus de temps
avec vos enfants? Écrire un roman?

Votre enveloppe intitulée « Un jour... » est destinée à recueillir toutes les coupures et les publicités que vous avez mises de
côté, que ce soit concernant des voyages en Extrême-Orient, des
cours de peinture, des auberges victoriennes de la Nouvelle-
Angleterre, des cours de tennis ou de taï chi. En passant en revue
ces bouts de papier, vous serez peut-être surprise de trouver certaines constantes. Quel effet cela vous fait-il de vous rendre
compte que vous avez noté sept fois avoir entendu le premier con-
certo pour violon de Beethoven à la radio et que vous aimeriez
l'avoir en disque compact?

Ne vous gênez pas pour remplir cette enveloppe; ajoutez-y des
choses et dépouillez-la régulièrement. N'y a-t-il pas certains de ces
rêves que vous pourriez réaliser maintenant?

Dans *Late Bloomers*, Brendan Gill parle des personnes qui, « à
n'importe quel prix et quelles qu'aient été les circonstances, ont

réussi à se retrouver. [...] Se retrouver, c'est avoir trébuché dans une forêt obscure et y avoir rencontré, sans s'y attendre mais avec une grande joie, un deuxième moi capable de guider nos pas vers un plateau éclairé et sûr. [...] Nous avons nous aussi, à différentes étapes de notre voyage, nos forêts sombres à traverser et nos plateaux ensoleillés à atteindre. Si la floraison est plus tardive que nous l'aurions souhaité, gardons courage. Elle n'en sera que plus belle. »

Parmi les autres personnes qui font partie du groupe plein d'entrain dont parle Brendan Gill, il y a Harriet Doerr, dont le premier roman, qu'elle a intitulé *Stones for Ibarra* et publié à l'âge de soixante-quatorze ans, a ravi des milliers de lecteurs. « Elle écrivit ce roman pour relever un défi que lui avait lancé sa famille. Après le décès de son mari – elle avait laissé tomber ses études pour l'épouser –, ses enfants l'ont mise au défi de retourner à l'université, d'y obtenir un diplôme et d'entreprendre sa propre carrière. » Elle était née en 1910 et avait étudié au *Smith College* en 1927. Elle obtint son baccalauréat de l'Université Stanford en 1977 !

« Un des plus beaux aspects de la vieillesse, c'est qu'on peut voir l'imagination supplanter la mémoire », confie-t-elle dans une anthologie où figure son histoire intitulée *Edie : A Life*. « Une enfance qu'on avait considérée comme quelconque se révèle maintenant remplie d'incidents et de gens fascinants. »

La passion, le sens du moment opportun, le hasard et la chance permettent à plusieurs personnes qui s'épanouissent tardivement d'entreprendre un travail qu'elles aiment et d'apporter leur contribution. Cependant, nous avons toutes besoin d'un coup de pouce. Harriet Doerr a été encouragée par ses enfants. Margaret Fogarty Rudkin (1897-1967), plongée dans la misère, a reçu les encouragements de son mari, comme le raconte Brendan Gill : « Elle était dans la cinquantaine quand elle a trouvé le chemin de l'opulence à la suite de deux événements non reliés qui avaient plutôt l'air de catastrophes : la ruine de son mari due à la Crise et les problèmes de santé de son cadet qu'une allergie empêchait de manger du pain produit industriellement. »

C'est ainsi que Margaret se mit à fabriquer son pain comme elle avait vu sa grand-mère le faire, et que son fils sembla s'en porter mieux. Le mot se répandit dans le voisinage qu'il était bon pour la santé et délicieux, à tel point qu'elle dut employer des assistants et se mit à vendre son pain – appelé *Pepperidge Farm*, du nom de leur domaine.

Son mari en apporta quelques-uns à New York et réussit à convaincre les propriétaires d'une boutique d'alimentation fine de les offrir à leurs clients. Ils se vendirent... comme des petits pains chauds, et la famille fit fortune.

Nos amis et nos proches peuvent nous donner l'encouragement et l'appui dont nous avons besoin pour faire le premier pas. Nous avons beau avoir une idée merveilleuse, nous avons toutes besoin d'être soutenues pour la réaliser. Trouvez-vous ce soutien dans votre cercle d'intimes ? Y a-t-il des personnes qui croient en vous plus que vous-même ?

Rapport de fouille

Nommez cinq choses que vous aimeriez faire un jour. Quelles passions avez-vous confiées à votre journal intime il y a très longtemps ? Notez-les en indiquant l'âge qui leur correspond. Le temps ne serait-il pas venu de combler quelques-unes de ces aspirations ?

« Il n'est possible de trouver le bonheur perpétuel qu'au jour le jour », affirme Margaret Bonnano. Quelles mesures pouvez-vous prendre aujourd'hui même pour augmenter vos chances de trouver le bonheur perpétuel ? Oui, prendre du calcium, faire de l'exercice, appeler une amie, payer vos factures. Quoi d'autre ?

Vivons de façon à pouvoir dire un jour, comme le fait Mary C. Morrison dans un merveilleux livre sur le vieillissement intitulé *Let Evening Come*: « Nous avons vécu notre vie selon notre époque, et si nous la revivons bien en pensée, elle nous apportera la sagesse. Chacun de nous en viendra à voir sa vie comme un tout. Des événements qui nous ont paru fortuits s'avéreront des parties d'un ensemble cohérent. Des décisions prises plus ou moins consciemment se révéleront des choix importants; nous pourrons, honnêtement et sans émotion, regretter les mauvais et nous réjouir des bons. Nous pourrons nous rappeler des émotions qui, dans le temps, nous ont semblé dévastatrices, et les évoquer paisiblement, en pardonnant aux autres et à nous-mêmes. Quand nous arrivons à faire cela, nous avons vraiment vécu notre vie selon notre époque, et à partir de ce moment-là, elle nous appartient et nous prodigue sa sagesse et sa plénitude. »

LA TOURMENTE

C'est l'heure de plomb
dont on se rappelle, si on y a survécu,
comme la personne gelée se souvient de la neige.
D'abord le froid, puis la stupeur,
enfin l'abandon.

EMILY DICKINSON

La demeure sacrée

Les faveurs que nous recherchons ne se trouvent pas
ailleurs, ni chez les autres. Nous seuls pouvons nous les offrir.
Elles sont à l'aise dans la demeure de notre âme.

JOHN O'DONOHUE

P eu d'images exercent une plus grande emprise sur nous que nos fantasmes à propos de la maison de rêve que nous achèterons ou bâtirons un jour. « Tard dans la vie, avec un courage invincible, nous continuons à dire que nous allons faire ce que nous n'avons pas encore fait », souligne le philosophe et poète français Gaston Bachelard. « Nous allons bâtir une maison. » De l'armoire de cèdre au comptoir de cuisine encastré, du banc sous la fenêtre du corridor à l'étage à la tonnelle recouverte de roses menant au jardin, chaque détail de ce temple sacré a été minutieusement planifié. Toute femme croit secrètement qu'un jour, elle franchira le seuil de sa maison de rêve, que ce soit dans les bras du prince charmant ou toute seule.

Peu importe où vous demeurez présentement, que ce soit dans une caravane, un appartement, une maison, un motel ou un refuge qui vous permet de faire en toute sécurité la transition entre le passé et l'avenir. Peut-être même n'avez-vous pas de toit présentement, campant chez une amie ou dans une communauté, peut-être êtes-vous retenue en otage dans un palais ou avez-vous dressé votre tente sur le côté sombre de la lune. Peu importe. Si vous lisez ces lignes, c'est que vous êtes sur le chemin du retour. Les plans de votre demeure sacrée existent sur le plan énergétique, attendant que vous soyez prête pour se matérialiser et abriter votre âme. Chaque jour, nous habitons « l'univers du possible », affirmait Emily Dickinson. Rien n'est plus vrai !

Le « temple sacré » est une métaphore celtique qui désigne le corps comme demeure terrestre de l'âme ; cette expression réfère également à la paix profonde et au sentiment de sécurité, de joie et de bien-être que nous éprouvons en présence d'une âme sœur. Dans *Anam Cara*, John O'Donohue explore cette merveilleuse image : « Quand vous apprenez à aimer et à vous laisser aimer, vous rentrez au foyer de votre âme. Vous y êtes bien au chaud et à l'abri. Vous êtes en totale harmonie dans la maison de vos rêves ; vous y êtes chez vous. »

Bâtir notre demeure sacrée, c'est l'engagement de notre âme à vivre une vie de passion ; notre moi authentique en est l'architecte. « Votre vie ne peut pas bien aller si vous n'en êtes pas l'architecte », nous rappelle Terry McMillan. Nos choix constituent la charpente de notre maison sacrée ; notre courage en est la fondation ; la patience, la persévérance et la permission en sont les briques ; la foi en est le mortier. « La vie que nous voulons n'est pas seulement celle que nous avons choisie et menée », nous dit le poète Wendell Berry, « c'est celle que nous devons être en train de choisir et de mener ».

Vous est-il difficile de prendre les décisions auxquelles votre avenir vous exhorte ? Avez-vous, ce matin, un choix plus important à faire que de décider si oui ou non, vous allez encore conduire les enfants à l'école cette semaine ? Si oui, ses conséquences se feront-elles encore sentir l'an prochain ? Tenez-vous compte de la femme que vous serez dans un an ? « Vous faites ce qui vous semble un choix simple : choisir un homme, un emploi ou un quartier », médite Jessamyn West (comme nous devrions toutes le faire) ; « cependant, ce n'est ni un homme, ni un emploi, ni un quartier que vous avez choisi, mais une vie ».

Si vous embrassez sérieusement le miracle de la réincarnation et vous efforcez réellement de déterrer votre moi authentique, l'an prochain, ce sera une femme mieux informée qui assumera les choix que vous faites aujourd'hui. Commencez donc à vous considérer comme une simple locataire. Vous pourriez peut-être demander à votre moi authentique ce qu'elle en pense. Elle sait quelque chose que vous ignorez : votre destinée. Elle sait où vous vous dirigez, les arrêts à faire, le moment de votre arrivée. Si le temps est venu de vous révéler une partie de votre itinéraire, elle le fera. Sinon, elle attendra. Une chose est sûre : vous ne connaîtrez jamais les projets de voyage de votre âme si vous ne les lui demandez pas : « En passant, qu'est-ce que je dois apporter comme bagage ? »

Il m'est arrivé de tomber follement amoureuse d'un homme dont je ne savais absolument rien, sauf qu'il était d'une extrême élégance. Je suis tombée si vite, si durement et si profondément que j'ai tout de suite conclu à l'amour et complètement chamboulé ma vie pour accommoder mon nouvel amant, en dépit de quelques appréhensions. Ce n'était pas un homme ouvert ; je savais ce qui se passait à la surface de sa vie, mais il gardait son passé pour lui, même quand j'étais dans ses bras. Trois mois après le début de notre relation, alors que nous mangions ensemble au restaurant, j'ai eu une expérience étrange : c'était comme si mon esprit s'était retiré de mon corps et s'était mis à observer calmement et froidement ce qui se passait entre ces deux personnes. Soudainement, mon homme s'est mis à bavarder comme un malade qui vient de s'évader d'un asile et à éplucher son passé couche par couche. Mon chic amant traînait un lourd bagage émotif – phobies, paranoïa, ressentiment à l'égard de toutes les femmes qui lui avaient fait du mal et de ses parents –, des problèmes émotifs dont je m'étais sortie plusieurs années auparavant. C'était un homme riche, puissant et qui réussissait dans sa carrière, mais un homme de Neandertal sur le plan spirituel. Une cloche s'est mise à sonner. Je n'avais plus qu'une idée en tête : rentrer à la maison. De retour chez moi, aux prises avec une migraine carabinée, j'ai apostrophé mon moi authentique : « Tu étais au courant de tout cela depuis le début ? J'aurais bien aimé être mise au courant : je n'aurais pas pris les mêmes décisions il y a trois mois. »

« Je le savais », me répondit la farceuse, « mais tu ne me l'as pas demandé ».

Maintenant, avant de prendre des décisions importantes, je les soumets au monde spirituel : je pose ma question trois soirs de suite avant de m'endormir. D'après mon expérience, si, le quatrième matin, je n'ai pas une réponse claire à mon réveil, j'aurai au cours de cette journée une intuition ou un éclair de génie. Ou bien je découvrirai des bribes d'information pertinente qui m'aideront à combler les espaces vides. Dans le doute, remettez toujours votre décision au lendemain.

Représentez-vous le temps comme une longue autoroute à quatre voies. Jetez un coup d'œil derrière vous : le passé vous dit au revoir de la main. Regardez en avant : l'avenir vous fait signe, mais ses formes sont floues. Quelque chose vous attend, mais quoi ? Cela devrait-il vous réjouir ou vous inquiéter ? Parfois, ces deux sentiments se rejoignent. « Ce qui nous effraie tant, c'est ce que nous voyons ou entendons à moitié, comme lorsque nous marchons dans une forêt à la tombée du jour et qu'une souche devient un animal, qu'un bruit nous semble une sirène », observe l'écrivaine irlandaise Edna O'Brien. « Notre peur est en grande partie la peur de ne pas savoir, de ne pas voir distinctement. »

Nous avons aussi peur parce que nous avons souvent l'impression que nous sommes seules et le demeurerons jusqu'à la fin de nos jours.

« Vous est-il déjà arrivé de vous trouver en mer par un épais brouillard qui vous enveloppe d'un crépuscule blanchâtre, tangible, et que le grand navire vous semble pris d'inquiétude, tandis que la sonde tâtonne pour lui trouver un chemin, et que vous appréhendiez quelque chose, le cœur étreint d'angoisse ? », demande Helen Keller. Frappée dans la tendre enfance par une grave maladie qui la laissa sourde et aveugle, Helen Keller fit néanmoins des études au Radcliffe College et parcourut le monde, écrivant et donnant des conférences pour les malentendants et les malvoyants. Dans son autobiographie intitulée *Histoire de ma vie*, elle décrit le moment où elle fit la connaissance de son institutrice et âme sœur Anne Sullivan. Elle avait six ans et ne connaissait pas encore l'existence du langage.

« Tel ce vaisseau, j'avançais dans la vie avant que commençât mon éducation ; mais je n'avais ni sonde, ni boussole, ni aucun moyen de me rendre compte de la proximité du port. "De la lumière ! Donnez-moi de la lumière !" ; tel était le cri inexprimé de mon âme et, ce même jour, l'astre d'amour se leva sur moi.

« J'eus l'impression de pas se rapprochant. J'étendis la main. [...] Quelqu'un la prit et je me sentis serrée dans les bras de celle qui était venue pour me révéler toutes choses. Elle allait faire mieux : m'aimer. »

N'est-ce pas là une merveilleuse description du moi authentique ? *Celle qui est venue pour nous révéler toutes choses.* Mais nous devons lui demander conseil : « Qu'est-ce qui m'attend ? Que dois-je faire ? Apprends-moi à faire confiance. Donne-moi aujourd'hui un petit signe que je peux te faire confiance. » Elle le fera.

Il est des moments dans la vie où nous nous sentons toutes petites, seules, craintives et fragiles, tendant la main avec hésitation ou nous en servant pour nous protéger contre l'inconnu. Nous avons peut-être l'air de grandes filles avec notre rouge à lèvres et nos talons hauts, mais nous, nous savons ce qu'il en est. Il y a des jours où je me demande sérieusement s'il y a en moi cinq gamines de dix ans qui sautillent, prêtes à partir à la conquête du monde, ou bien dix fillettes de cinq ans pleurnichardes, collantes, trouillardes. S'il est vrai que nous participons du monde spirituel et avons accès au pouvoir qui a créé l'univers, il est aussi vrai que nous sommes faites de chair, et non de fer. Nous nous blessons et nous écorchons facilement, surtout celles parmi nous qui faisons mine d'avoir la vie facile. Faire semblant d'avoir la vie facile est la chose la plus difficile au monde.

Nous avons toutes nos moments de vulnérabilité, de la caissière d'épicerie qui s'efforce de tenir le coup pendant qu'elle enregistre votre commande (pas aussi vite que vous le souhaiteriez) à la vedette de la télévision qui fait un tel tabac qu'elle sert de cible aux bien-pensants, en passant par la femme de politicien humiliée par les peccadilles de son mari qui font la une des journaux ou la déesse du foyer qui se fait plaquer par son mari (parti avec son ancienne assistante) pendant qu'elle fait une tournée de promotion d'un livre sur le mariage, rien de moins. Dites-vous que cela aurait tout aussi bien pu vous arriver, et gardez toujours cela à l'esprit. Ces femmes publiques qui ont l'air de faire la belle vie comme pas une d'entre nous – que nous les aimions et les admirions, ou que nous les enviions ou les vilipendions – sont plus à plaindre qu'à condamner quand elles s'effondrent.

Alors, quand viennent ces jours fragiles où nous nous sentons abandonnées et impuissantes, rappelons-nous qu'il y a toujours une main tendue prête à nous aider ; elle n'arrangera pas tout pour nous, mais elle nous aidera à tout arranger nous-mêmes. À moins que nous y tenions, il n'est pas nécessaire de vivre en solitaires.

Habiter la maison de l'Esprit

Chaque esprit se construit une maison ; par-delà cette maison,
un univers, et par-delà son univers, un paradis.
Sachez que cet univers est à votre portée.

RALPH WALDO EMERSON

Quand la vie tournait au chaos, « c'était les petites choses, prises et savourées une par une, qui aidaient », écrivait l'auteure anglaise Rumer Godden dans *A House with Four Rooms*, fascinant compte rendu d'une vie authentique, passionnée et vécue pleinement. Des petites choses comme planter des pavots japonais, boire un bon thé dans une tasse de porcelaine chinoise, manger des gaufres fumantes avec du bon beurre, relire une lettre d'amour. Savourer les petites choses, même si nous devons faire un effort pour nous concentrer sur elles, est une façon d'être « heureux quand on est malheureux ». Sur le chemin de *l'abondance dans la simplicité*, j'ai découvert à quel point elle avait raison.

Une des choses que j'aime le plus dans l'œuvre de Rumer Godden, c'est l'habileté avec laquelle elle entrelace les fils colorés de sa vie extraordinaire – les dimensions domestique, créative et spirituelle ; l'ourlet qui assure leur cohésion bâille rarement comme le mien le fait plus souvent que je ne veux l'admettre. Au cours d'une carrière de près de soixante ans, elle a écrit cinquante-sept livres : romans pour adultes et pour enfants, essais, recueils de nouvelles et poésie. Le *New York Times* voyait en elle un écrivain appartenant « au petit club sélect de femmes – dont faisaient aussi partie Isak Dinesen et Beryl Markham – qui réussissaient très bien tout ce qu'elles entreprenaient, qu'il s'agît de chasser le tigre, de séduire les hommes, d'organiser une élégante réception ou de connaître la célébrité ». Selon moi, ce que ces femmes avaient en commun, c'est qu'elles faisaient toutes partie du club de femmes en quête d'autre chose. D'après vous, qu'est-ce qui caractérise les membres de ce club ?

De tous les livres de Rumer Godden, cependant, ce sont ses mémoires que je préfère. Je suis fascinée par la façon dont elle a vécu, pris soin de sa famille et aménagé de nombreuses maisons aux quatre coins du monde à partir de presque rien, tout en poursuivant presque sans arrêt son œuvre littéraire. C'est une conteuse extraordinaire, mais son histoire la plus captivante est celle de sa propre vie.

L'art sacré qui consiste à créer et à entretenir des havres de paix où trouver et savourer des joies simples, à l'écart du monde, est un thème qui revient régulièrement dans l'œuvre des écrivaines.

Edith Wharton était dans la cinquantaine quand elle a eu le coup de foudre pour une maison située dans le sud de la France. « Je me sens comme si j'allais me marier – avec le bon homme, enfin ! » Elle compare la femme à une maison spacieuse dotée de pièces réservées aux visiteurs et d'autres – les plus confortables – à l'usage exclusif de la famille et des amis. « Mais il y a aussi, bien après, d'autres pièces où l'on ne pénètre jamais. [...] Dans la pièce la plus secrète, le Saint des Saints, l'âme se réfugie et attend des pas qui ne viennent jamais. » De qui votre âme attend-elle les pas ? D'une autre personne, ou de vous-même ?

Pour Rumer Godden, le secret d'une vie authentique semble avoir été d'habiter la maison de l'Esprit, quel qu'ait été son lieu de résidence. « Un proverbe indien dit que chaque personne est une maison comprenant quatre pièces – le physique, le mental, l'émotionnel et le spirituel. Nous avons souvent tendance à n'habiter la plupart du temps qu'une seule de ces pièces ; mais si nous n'allons pas tous les jours dans chaque pièce, ne fût-ce que pour l'aérer, nous ne sommes pas des êtres complets. »

Où le cœur aime,
là est le foyer

Il y a des maisons que nous fuyons
et d'autres vers lesquelles nous accourons.

LAURA CUNNINGHAM

Il y a plusieurs années, après son divorce, une bonne amie à moi fut contrainte à l'impensable : vendre la magnifique maison de ferme du dix-huitième siècle où elle avait vécu une trentaine d'années, aimé et élevé ses six enfants. Ce fut déchirant de la voir empaqueter machinalement toute une vie de souvenirs pour aller vivre ailleurs.

De l'extérieur, la petite maison de banlieue où elle élut domicile était aussi modeste et ordinaire que son ancienne résidence avait été imposante et majestueuse. Je me rappelle avoir éprouvé un sentiment étrange la première fois que j'ai sonné à sa porte. En plus de vivre les affres du divorce et de la dislocation, mon amie souffrait-elle quotidiennement de la baisse de son niveau de vie ?

Quand elle m'ouvrit, son visage radieux me révéla qu'au contraire, sa vie s'était améliorée à bien des égards. Cela faisait des années que je l'avais vue aussi heureuse et sereine. Son nouveau foyer dégageait une chaleur et une hospitalité qui semblaient organiques : c'était comme si les murs, les fenêtres, les plafonds et les planchers avaient été dotés de qualités humaines. Dans chaque pièce lumineuse de cette maison qu'elle chérissait, la paix était palpable. J'avais eu une journée difficile ; en prenant une tasse de thé et en relaxant devant la fenêtre qui donnait sur un cerisier en fleurs, j'éprouvai un bien-être que je n'avais pas ressenti depuis longtemps.

En la quittant, à contrecœur, je demandai à mon amie de me faire signe si jamais elle voulait vendre sa maison. C'était là une

demande ridicule. Cette maison ne pouvait abriter confortablement que deux personnes; or, j'étais mariée et j'avais une fille adolescente et trois chats. Elle me répondit qu'elle n'avait aucune
intention de la vendre; elle s'y était bien installée et s'occupait de
sa guérison.

« En plus, il n'y a pas un homme au monde qui me ferait partir d'ici », ajouta-t-elle. Si nous n'avions pas ri aussi fort, nous aurions sûrement entendu glousser les anges.

L'an passé, en effet, j'ai regardé mon amie sortir de l'église aux
bras d'un homme merveilleux qui en était si épris qu'après que le
prêtre les eut déclarés mari et femme, il lança un signe de victoire
à l'assemblée. De mon côté, quelques semaines auparavant, après
m'être séparée de mon mari, j'avais emménagé dans son ancienne
maison et entrepris d'en faire mon sanctuaire personnel.

Aujourd'hui, quand je relis mon journal de gratitude de la
dernière année, je suis étonnée du nombre de fois où je fais allusion à « ma belle maison ». Bien que j'aie été sous le choc de devoir
repartir à zéro (devant me racheter jusqu'aux ouvre-boîtes et aux
sous-plats), je me rends maintenant compte que mon nouveau
foyer m'incite à m'exprimer comme je n'aurais pu l'imaginer.
Quand je jette un coup d'œil autour de moi, je vois diverses mani-
festations de la femme que j'ai toujours voulu être: mes citations
préférées inscrites sur les murs, des couleurs à la fois apaisantes et
surprenantes, des fleurs fraîches dans chaque pièce. Chaque jour,
de mille et une façons, je retrouve mon moi authentique ou, pour
reprendre l'expression d'Edith Wharton, je me suis peut-être enfin
mise à vivre avec ma véritable âme sœur: moi-même.

Dieu sait à quel point j'ai été heureuse de suspendre dans mon
entrée un vieux panneau de bois blanchi à la chaux sur lequel est
sculptée cette inscription: « La demeure de l'âme ». Je venais de
franchir le seuil le plus important de ma vie: celui de la maison de
mes rêves.

Je m'étais fait un nouveau nid, mais je me trompais amèrement
si je pensais être arrivée à destination.

Franchir le seuil de mes rêves ne mettait pas fin à mon cheminement vers la découverte de soi et de l'authenticité; cela ne faisait que l'approfondir et l'intensifier. Soudain, il n'y avait plus

personne qui pouvait m'empêcher d'être heureuse – à la maison, au travail, dans le monde. Plus d'excuses, plus personne à blâmer. Plus de circonstances atténuantes. Je ne pouvais plus ni plaider coupable, ni me défiler. Je ne pouvais plus déverser mes malheurs sur l'épaule de qui que ce soit. « Oh, la grâce d'être la partie lésée », admettait Maya Angelou. Amen.

La vérité pure et simple, toute nue, implacable, c'était que, si j'aspirais à tout autre chose dans la vie, il n'en tenait qu'à moi de trouver de quoi il s'agissait, et de partir à sa recherche.

Victimes des circonstances

*Les gens ne cessent de rejeter la responsabilité
de ce qu'ils sont sur les circonstances.
Je ne crois pas aux circonstances. Les gens qui réussissent dans la vie
sont ceux qui se lèvent et recherchent les circonstances qu'ils souhaitent.
Et s'ils ne les trouvent pas, ils les créent.*

GEORGE BERNARD SHAW

Quelle différence y a-t-il entre une excuse et une circonstance? Ce n'est pas une question oiseuse. Voici un indice. Une excuse, c'est ce *pourquoi* vous avez fait ou n'avez pas fait quelque chose: une raison parfaitement plausible, une explication logique (espérez-vous) que vous alléguez pour justifier une action ou une inaction. *Je n'avais pas d'argent. Je n'ai pas trouvé le temps. Je suis trop vieille. Je suis trop fatiguée. Je ne me sens pas bien. Il ne voulait pas. J'ai des enfants.*

Et une circonstance? Eh bien, c'est notre situation réelle: pas d'argent, pas de temps, pas de gardienne.

Curieusement, selon le dictionnaire, *circonstance* et *excuse* ne sont pas synonymes. Allez dire cela à cent millions de femmes.

Y a-t-il une différence entre des *excuses* qui nous empêchent de vivre de manière authentique et des *circonstances* qui semblent restreindre nos choix, réduire nos options, entraver notre aptitude au bonheur ? Selon Noah Webster, enseignant et lexicographe du dix-neuvième siècle – un homme qui vouait une grande passion à l'*épistémologie*, l'art de comprendre la réalité en la nommant –, *définir*, c'est «découvrir et donner un sens au moyen de mots descriptifs».

Parfois, cependant, aucun nom, verbe, adjectif ou adverbe ne saurait décrire ou transmettre la profondeur et l'ampleur d'une expérience, d'un sentiment, d'une intuition, d'un risque, d'un choix, d'un défi, d'un secret, d'une sensation ou d'un rôle que nous sommes appelées à jouer ou à remplir – et encore moins à lui donner un sens). Ce genre de *situations* nous plongent dans le chaos, la confusion, ou alors nous éclairent.

Selon moi, plus nous nous entêtons à vouloir imposer un sens à l'ineffable – ce qui nie et défie ce qui nous semble logique, juste et approprié, ce qui s'est passé jusqu'à présent, ce qui nous est familier, ce qui est juste –, plus notre folie augmente.

Ce qui est. Des circonstances qui échappent à notre contrôle. Ce qui est aujourd'hui, mais pas nécessairement pour toujours. Nous ne sommes pas obligées d'être, de devenir ou de demeurer *à tout jamais* victimes des circonstances, à moins que nous en décidions ainsi. Nous sommes là pour traverser les circonstances, non pas pour nous y embourber. «Le conflit entre ce que nous sommes et ce que les autres attendent de nous nous touche tous», confie Merle Shain. «Parfois, au lieu de chercher à devenir ce que nous pourrions être, nous optons pour le rôle confortable du raté, préférant être les victimes des circonstances, des êtres qui n'ont pas eu de chance dans la vie.»

Une vie à soi

Si vous ne dites pas la vérité à propos de vous-même,
vous ne pouvez pas la dire à propos des autres.

VIRGINIA WOOLF

E n 1896, alors qu'il recueillait les données qui allaient lui servir à élaborer la psychanalyse, le psychiatre autrichien Sigmund Freud fut intrigué par la récurrence de certains souvenirs chez les femmes qu'il traitait pour troubles nerveux et dépression. Il était convaincu qu'«au fond de chaque cas d'hystérie, il y a une ou plusieurs expériences sexuelles prématurées ». En écoutant ses patientes évoquer leurs souvenirs d'enfance, Freud fut de plus en plus troublé : un grand nombre de femmes lui confiaient que leur père avait été leur séducteur. Dans une lettre à un collègue, Freud écrit que l'idée que tant d'hommes respectables abusaient de leurs propres filles lui semblait « étonnante ». S'il affirmait une telle chose en public, on le traiterait de fou. « Il est difficile de croire que la perversion sexuelle à l'égard des enfants est aussi répandue », argumentait-il.

Déjà, les travaux de Freud sur les blessures psychiques occultées et le recours à l'hypnose pour aider à retracer les traumatismes de l'enfance soulevaient beaucoup de controverses ; il était facile d'imaginer l'effet qu'aurait sur sa réputation et sa carrière la dénonciation de pratiques incestueuses chez les bien nantis. Il fallait trouver une autre explication. Freud finit par se convaincre et convaincre le reste du monde que les souvenirs d'agressions sexuelles chez les femmes qu'il traitait étaient « une invention de leur imagination fondée sur leurs propres désirs sexuels », un raisonnement tordu qui a peut-être contribué à établir une nouvelle discipline médicale, mais qui a causé des torts irréparables (et impardonnables) à un nombre incalculable de femmes, auxquelles on promettait de les aider à guérir.

Au nombre de ces femmes se trouve Virginia Woolf, la célèbre romancière et critique littéraire anglaise dont l'aptitude à évoquer la vie intérieure pleinement incarnée de ses personnages a contribué à façonner le roman contemporain. Par le truchement d'images, de symboles, de sentiments, de pensées et d'impressions personnelles formant un flot continu de conscience, elle a aidé ses lecteurs à mieux saisir la nature humaine et à mieux se comprendre eux-mêmes. Malheureusement, elle n'a pas réussi à le faire pour elle-même.

Bien qu'elle fût une écrivaine accomplie, respectée et très prolifique, Virginia Woolf souffrait d'une dépression débilitante résultant d'un profond dégoût de soi. À partir de l'adolescence, les symptômes de ce que les membres de sa famille appelaient « la folie de Virginia » se multiplièrent: irritabilité, crises de rage, sautes d'humeur inexplicables, insomnie, migraines atroces et difficulté de s'alimenter convenablement. Virginia avait été une enfant maladive; elle fut une femme fragile aux prises avec des dépressions nerveuses chroniques s'accompagnant de désorientation, de trous de mémoire et d'hallucinations où elle s'imaginait en train de se noyer ou attaquée par des créatures monstrueuses. Elle avait souvent des comportements autodestructeurs et fit plusieurs tentatives de suicide. En outre, elle détestait son corps, craignait les hommes et avait le sexe en horreur.

« Virginia Woolf fut victime d'agression sexuelle dans son enfance; c'était une survivante de l'inceste », révèle Louise DeSalvo, une des grandes spécialistes de l'œuvre de Virginia Woolf, dans un livre brillant, courageux, dérangeant et solide intitulé *Virginia Woolf: The Impact of Childhood Sexual Abuse on Her Life and Work*. Après la mort de Virginia, en 1941, on découvrit qu'elle avait donné des indices de son profond traumatisme dans ses écrits tant publics que privés. Néanmoins, ses biographes n'en ont pas tenu compte et ont entretenu jusqu'en 1984 le mythe d'une enfant « ayant baigné dans l'amour protecteur ». DeSalvo n'arrivait pas à comprendre pourquoi les exégètes n'avaient jamais exploré l'influence que son expérience de l'inceste avait pu avoir sur ses portraits d'enfants et d'adolescents. Or, dès 1928, Virginia écrivait: « Chaque secret d'un écrivain, chacune de ses expériences, chaque qualité de son esprit sont écrits en grosses lettres dans ses œuvres;

cependant, il faut des critiques pour expliquer les uns et des biographes pour rendre compte des autres. »

Virginia Woolf n'avait pas besoin d'un autre biographe mais d'une âme sœur capable de faire la lumière sur son secret. Tout écrivain sait que la page blanche exprime plus de choses que les mots. Les silences – dans la vie, en amour et dans une œuvre littéraire – sont riches de sens. Ce que nous taisons ou ne faisons qu'insinuer en dit plus long que ce que nous exprimons. La vérité d'un écrivain se cache toujours entre les lignes.

Dans son autobiographie bouleversante intitulée *Vertigo*, Louise DeSalvo confie qu'elle a pu plonger dans les abysses de la vie de Virginia Woolf – non l'écrivaine, mais la femme – parce qu'elle était enfin prête à affronter sa propre vérité. La manière dont nous sommes amenées à élucider le mystère de notre destinée est exquise. DeSalvo avoue que lorsqu'elle a entrepris ses recherches sur Virginia Woolf, elle ignorait à quel point leurs histoires se rejoignaient. Elle ne pouvait pas savoir que sa sœur mettrait fin à ses jours comme Virginia ; elle n'avait pas encore pris conscience que la dépression avait été au cœur de la vie de sa propre mère, comme elle l'avait été pour Virginia et sa mère ; elle ne savait pas qu'elle allait devoir lutter elle aussi contre la dépression ; enfin, elle n'avait pas encore découvert qu'elle et Virginia Woolf avaient autre chose en commun : toutes deux avaient été agressées sexuellement. Mais surtout, Louise DeSalvo ignorait qu'en étudiant la vie et l'œuvre de Virginia Woolf, elle découvrirait le pouvoir de rédemption et de guérison de l'écriture.

Nous avons toutes nos blessures. Même si elles diffèrent d'une personne à l'autre, il y a une leçon à tirer de l'histoire de chaque femme. Comme le souligne Louise DeSalvo, notre véritable vocation, notre vraie mission ici-bas, devient alors une conséquence de notre vie. Notre œuvre peut transformer et transcender tous les traumatismes que nous avons subis et nous aider à en tirer profit pour nous-mêmes et, espérons-nous, pour les autres. « Mon travail a changé ma vie, dit-elle. Mon travail m'a sauvé la vie. Ma vie a changé mon travail. » Il peut en être ainsi pour chacune d'entre nous.

En avril 1939, à un moment où le ciel de l'Europe s'assombrissait, Virginia entreprit son autobiographie, *A Sketch of the Past*, où elle se proposait d'explorer les mystérieux événements de sa vie qui, une fois ramenés à la surface, déclenchaient chez elle de sombres et puissantes émotions. À cette époque, Sigmund Freud vivait en exil à Londres, où elle lui rendit visite. Comme l'explique DeSalvo, celui-ci l'encouragea à examiner les racines de sa dépression chronique et à en rechercher « les causes dans son histoire personnelle » et dans les « fragments de sa vie émotionnelle ». Bien que ce fût là « une entreprise dangereuse et difficile », Virginia était prête à cesser de fuir ses démons et à entreprendre ses fouilles intérieures.

Née en 1882 au sein d'une famille victorienne dysfonctionnelle où l'inceste et les agressions étaient monnaie courante, Virginia avait été exploitée, agressée, violentée sexuellement par ses deux demi-frères (comme sa sœur, Vanessa Bell) de l'âge de six ans au début de la vingtaine. En fait, toutes les femmes de cette famille, y compris ses demi-sœurs et sa mère, furent victimes d'agression – sexuelle, émotive ou physique. Bien que l'inceste fît partie des mœurs familiales, « leurs histoires furent occultées, justifiées, revues et corrigées, tant dans l'esprit des membres de la famille que dans les versions des biographies publiées après leur mort », explique DeSalvo.

Combien de vérités « occultées, justifiées, revues et corrigées » entretenons-nous, non seulement pour nos parents et amis, mais pour nous-mêmes ? « Notre force spirituelle se manifeste quand nous consentons à nous dire la vérité à nous-mêmes, à l'écouter quand elle nous est révélée et à la répandre avec le plus de bienveillance possible quand nous éprouvons le besoin de parler du fond du cœur », dit Christina Baldwin dans *Life's Companion*. Elle a raison, mais cela ne rend pas la chose facile. L'illumination et le pouvoir ne sont pas instantanés. L'éveil de l'âme, que les bouddhistes appellent *satori*, ne vient habituellement qu'après des années de bafouillage et de cafouillage, lorsque nous sommes prêtes à apaiser notre esprit assez longtemps pour voir surgir la vérité.

En effectuant ses fouilles intérieures, Virginia Woolf se remémora plusieurs événements troublants qui suscitèrent en elle des sentiments de rage, d'impuissance et de honte – réactions courantes chez les survivants de l'inceste – pour s'être «laissée» abuser. Qui plus est, elle se rappela avoir été agressée sexuellement à l'entrée de la salle à manger de leur résidence d'été (qui allait servir de cadre à son roman *La Promenade au phare*). DeSalvo fait un lien entre le souvenir bouleversant de cet événement, avec son sillage de dégoût et de honte de soi, et les troubles de l'alimentation dont souffrira plus tard Virginia. Autre élément : l'agression se produisit près d'un grand miroir et il est fort possible que la jeune fille ait pu s'y voir pendant l'agression. À partir de ce moment, Virginia détesta se regarder dans un miroir. Si elle avait souscrit à la théorie freudienne selon laquelle les souvenirs d'agressions sexuelles provenaient de «pulsions et forces incontrôlées» d'une personne, il lui aurait fallu croire que ses douloureux souvenirs résultaient de ses propres «désirs» inconscients. L'injustice d'une telle allégation est à fendre l'âme.

Même si rien n'avait bouleversé sa vie intime, Virginia vécut à une époque difficile et tourmentée. Les nazis avaient envahi l'Europe; Londres et le sud de l'Angleterre étaient bombardés. La maison de Virginia n'y échappa pas. Comme bon nombre d'autres gens, elle crut que les Anglais ne pourraient pas tenir le coup encore longtemps et que l'invasion était imminente. Son mari, Leonard Woolf, était juif; ils envisagèrent la possibilité d'absorber des «somnifères» si les nazis occupaient l'Angleterre, plutôt que d'être envoyés dans un camp de concentration.

En outre, en lisant des lettres que son père avait adressées à sa mère, où elle espérait glaner des renseignements sur sa vie, elle apprit qu'elle avait été une enfant non désirée. Cette découverte la bouleversa et la terrassa. Ses parents, écrivit-elle, «voulaient limiter leur famille et ont fait ce qu'ils ont pu pour empêcher ma naissance».

Aux yeux de Louise DeSalvo, cette découverte s'avéra le coup fatal : «À la lecture de Freud, elle avait dû remettre en question sa perception du passé; à la lecture de son père, elle apprit une chose difficile à absorber, même dans les meilleurs moments.» Épuisée par le combat qu'elle avait livré toute sa vie contre ses sentiments de rejet, d'inadaptation, de désespoir et de peur, Virginia aspirait à la paix avant tout. Comme l'invasion appréhendée ne venait pas, elle ne put attendre plus longtemps : la dernière semaine de mars 1941, elle se rendit à une rivière avoisinante, lesta son manteau avec une lourde pierre, se jeta à l'eau et se noya.

Dans cette tragique histoire, nous rappelle Louise DeSalvo, nous ne devons pas oublier qu'« en 1892, une jeune fille de dix ans terrorisée, du nom de Virginia Stephen, saisit sa plume pour la première fois pour tracer le portrait du monde vu à travers les yeux d'une enfant abusée. À partir de cet instant et tout au long de sa vie, elle ne cessa d'explorer pourquoi et comment l'agression s'était produite, l'effet qu'elle avait eu sur elle et avait dû avoir sur les autres ». Virginia Woolf « savait que derrière les masques que portent les gens ordinaires, il y a des blessures intimes que personne ne peut deviner ».

En 1897, Virginia n'avait que quinze ans et avait été agressée pendant plus de la moitié de son existence. Elle écrivait néanmoins : « Voilà la vie qui nous a été donnée et nous devons en tirer le meilleur parti possible. La main contre la garde de l'épée – et à l'esprit un vœu fervent non prononcé ! »

Virginia décida que sa destinée allait être « très sacrée » et « très importante ». Même si, à la fin, elle ne réussit plus à supporter le poids de ses blessures profondes, aucune *excuse* ni aucune *circonstance* ne l'empêcha de léguer un précieux héritage à celles d'entre nous qui sommes disposées à entreprendre des fouilles intérieures pour déterrer et assimiler nos vérités, quelque insondables puissent-elles être.

« Virginia Woolf se considérait comme une guerrière, engagée comme Jeanne d'Arc à défendre sa vie, peut-être prête à tuer ou à mourir pour ses croyances », conclut Louise DeSalvo. À bien des égards, elle fut cette guerrière, et sa plume lui servit d'épée.

L'heure de plomb

Les rasoirs font souffrir ; les rivières sont humides ;
les acides tachent et les pilules donnent des crampes.
Les fusils sont illégaux ; les nœuds lâchent ;
les gaz sentent mauvais. Autant vivre.

DOROTHY PARKER

« Nous ne pouvons pas rayer une page de notre vie », écrivait George Sand en 1837, « mais nous pouvons jeter le livre au feu ». Je n'ai jamais lancé mon autobiographie dans les flammes, mais, à des moments de noirceur et de désespoir, il m'est arrivé d'y penser. Assise à fixer le feu, j'ai pleuré, prié, fermé le livre et suis allée me coucher, épargnée de l'autodestruction par la grâce. Le lendemain matin, je me suis repentie et j'ai remercié de pouvoir écrire une autre page. « En tant que sujets, nous vivons tous en suspens, d'un jour à l'autre, d'une heure à l'autre », écrivait la romancière Mary McCarthy. « Autrement dit, nous sommes les héroïnes de notre propre histoire. Nous ne pouvons pas croire que c'est fini, que nous sommes "finies", même si nous l'affirmons ; nous attendons un autre chapitre, un autre épisode, demain ou la semaine prochaine. »

Parfois, cependant, la peur de ce qui adviendra – ou la crainte de voir nos attentes déçues – nous donne l'impression de mourir à petit feu. *Je veux que cela cesse. Ça ne va jamais s'arranger. Tu ne me comprends pas. Il n'y a pas d'issue.* « Les gens se suicident pour une seule raison : échapper à leurs tourments », écrit Li Ang dans *La Femme du boucher.*

Elle a entièrement raison. Quand vous êtes convaincue de ne plus avoir aucune raison de vivre – ni aujourd'hui, ni demain, ni jamais –, quand *rien* n'indique que les choses vont changer ou s'améliorer (Comment ? Pourquoi ? Selon qui ?), quand la douleur – physique, émotive, psychique – est si vive que vous suppliez à genoux d'en être délivrée, vous ne voulez pas d'un autre chapitre.

Vous n'avez qu'un mot en tête: *Fin*. «On achève bien les chevaux », dit Horace McCoy dans un roman publié en 1935, qui traite d'un marathon de danse, symbole de la misère humaine. Dans un film inspiré de cet ouvrage, réalisé en 1969, Jane Fonda joue le rôle d'une jeune femme qui s'attire son destin tragique sous la forme d'un vagabond; elle veut mettre fin à ses jours, mais a besoin d'une autre main pour appuyer sur la gâchette.

« Tout le monde a pensé au suicide et s'est dit que cela aurait très bien pu lui arriver », admet Diane Ackerman, poète et auteure acclamée, dans *A Slender Thread : Rediscovering Hope at the Heart of Crisis*. Ayant travaillé comme bénévole au service d'écoute téléphonique d'un centre d'aide, elle réfléchit au lien intime qui se crée entre la personne qui se sent au bout du rouleau et celle qui l'écoute, compatit à sa douleur et tente de l'aider à « se garder une porte ouverte » et à donner une autre chance à la vie.

« La planète est remplie d'êtres écorchés, irrités, perdus, déboussolés, de gens qui ont exploré le vaste éventail des dysfonctions, de gens assommés par une épreuve soudaine. [...] Dès que quelqu'un se met dans la peau de l'autre et tend la main pour le sauver, il pose un geste d'amour envers lui-même », écrit Ackerman.

Je sais ce qui amène les gens, les femmes en particulier, à mettre fin à leurs jours: le dégoût de soi. Après avoir mis la table pour le déjeuner de ses enfants, Sylvia Plath se mit la tête dans le fourneau. Elle avait écrit *le* roman des années soixante, *The Bell Jar*, qui aborde sans détour la question de la dépression et des tentatives de suicide chez les adolescents. Dans son roman, elle avait sauvé son héroïne, mais elle était trop révoltée, trop passive et trop épuisée pour se sauver elle-même. La poète Anne Sexton avala des somnifères avec de l'alcool, puis s'endormit pour toujours dans une automobile remplie de monoxyde de carbone. Cinq ans auparavant, elle avait écrit deux poèmes prémonitoires sur l'amour non partagé. « J'ai envie d'en finir avec la vie », écrivait-elle dans une lettre, « de me donner enfin le pouvoir de choisir ». Chez ces deux femmes d'une étonnante créativité mais profondément perturbées, le dénominateur commun était le dégoût de soi. Je trouve navrant et révoltant de voir qu'en dépit de ses réalisations, la femme a tendance à adopter l'image tronquée que les autres ont d'elle, particulièrement quand celle-ci vient de l'homme avec lequel elle a une relation intime.

En fin de compte, la question de la vie ou de la mort gravite autour du pouvoir de choisir son propre destin. « Le choix est la marque de notre espèce », rappelle Ackerman. Si vous parcourez la littérature du monde, vous serez renversées par le nombre de femmes qui parlent de mettre fin à leurs jours parce qu'elles ont oublié le pouvoir qu'elles ont sur leur vie.

C'est un homme, bien sûr, qui a évoqué le plus célèbre suicide de femme dans la littérature. Dans le roman de Tolstoï *Anna Karénine*, ni Anna, ni son amant, Alexis Vronsky – le jeune officier fringant pour qui elle abandonne mari, enfant et respectabilité – ne purent résister à la pression de leur milieu social d'où ils furent bannis à cause de leur liaison. Vers la fin du roman, Anna et Vronsky vivent ensemble, mais ils sont malheureux: l'amour du jeune officier pour Anna a considérablement diminué au cours de leur exil; son aventure a eu des conséquences plus graves qu'il ne l'avait imaginé au départ. De son côté, Anna est si malheureuse qu'elle souhaite la mort. Elle a tout sacrifié à son amant et tout ce qu'il sait faire, c'est la bouder. *«Mourir! [...] Oui, cela réglerait tout.»* Cela effacerait sa honte et le punirait. *«Si je meurs, lui aussi aura de la peine. Il éprouvera de la pitié pour moi, m'aimera et souffrira à cause de moi.»*

Ces propos d'Anna vous semblent mélodramatiques? Pourtant, aucune femme n'est à l'abri de telles pensées. Une seule fois est une fois de trop. Comme le fait observer Ackerman, « la pensée magique consiste à croire que le suicide va changer sa relation avec l'autre ». Ce sera sûrement le cas. Il aura d'autres relations et pas vous.

« Le commencement des choses [...] est nécessairement vague, embrouillé, chaotique et excessivement dérangeant », en particulier pour Edna Pontellier, la belle héroïne tragique et désabusée qui nage nue vers sa fin, dans le roman de Kate Chopin intitulé *L'Éveil* et paru en 1899. Mais quand vous êtes malheureuse et n'entrevoyez pas d'issue, il en va de même du dénouement: vague, embrouillé, chaotique et excessivement dérangeant. Même chose pour ceux qui restent, surtout les enfants de suicidés:

quatre-vingt pour cent d'entre eux tenteront eux aussi de mettre fin à leurs jours, et plusieurs y réussiront. Je sais également que personne d'entre nous n'a la moindre idée des innombrables vies que nous touchons et contribuons à améliorer au cours de notre vie – ou des vies que nous court-circuitons, y compris la nôtre.

«Nul chagrin, nulle douleur, nul malheur, nulle peine d'amour ne saurait nous excuser d'abréger nos jours tant que nous pouvons continuer à servir», écrivait Charlotte Perkins Gilman en 1935. Malheureusement, c'est dans la lettre qu'elle laissa avant de se suicider qu'elle s'est exprimée ainsi. Comme elle avait conclu qu'elle n'était plus «utile», cela lui avait semblé la seule option. Peut-être en était-elle venue à ce constat parce qu'elle avait passé toute sa vie à penser aux autres et non à elle-même. La plus triste victime de la vie est le martyr.

Nous sommes portées à croire que nous n'avons pas beaucoup d'importance; pourtant, chacune de nous a le pouvoir d'enflammer le monde. Au lieu de cela, nous laissons souvent le dégoût de soi roussir notre âme jusqu'au jour où nous prenons feu, comme un matelas sur lequel on a lancé une allumette.

Il est arrivé à une de mes amies de sombrer dans un tel désespoir qu'elle songea sérieusement à s'enlever la vie. Elle alla jusqu'à planifier son geste et à réserver une chambre d'hôtel pour s'assurer que les siens ne trouveraient pas son corps. Même si nous avions souvent parlé de ses difficultés, ce n'est que lorsqu'elle eut pris la décision de vivre et de retourner en thérapie que je pus mesurer la profondeur de sa détresse. Quand elle me confia à quel point elle avait failli commettre l'irrémédiable, je lui dis qu'elle aurait dû me faire part de sa détresse.

«Non, rétorqua-t-elle. Si je t'avais dit: "Sarah, je suis si malheureuse que je vais me suicider", que m'aurais-tu répondu?»

«Sans doute: "Enlève-toi cette idée de la tête!" ou "Ne dis pas cela!"»

«Exactement. C'est pourquoi je ne t'ai rien dit.»

Elle a raison; c'est là un triste constat sur le concept d'amour inconditionnel. Nous ne supportons pas l'idée qu'un être aimé soit si désemparé qu'il souhaite en finir avec la vie, ou que nous ne puissions pas l'aider; alors, nous le faisons taire.

Je demandai à cette amie ce qui l'avait empêchée de commettre son geste. Elle me répondit qu'elle avait dressé une liste où elle avait pesé le pour et le contre. Elle avait ensuite écrit les noms de toutes les personnes qui comptaient à ses yeux : sa famille, ses amis, ses collègues. Elle avait pensé à chacune d'elles et avait imaginé sa réaction à son suicide :

Peinée / dérangée

Accablée de douleur / s'en sortira

Terrassée / ne se le pardonnera jamais ni ne me le pardonnera

À son grand étonnement, la plupart des personnes qui figuraient sur sa liste faisaient partie de la dernière catégorie. Quand elle se rendit compte qu'elle laisserait un sillage de douleur en s'enlevant la vie, elle revint sur sa décision. « Je n'étais pas prête à affronter ce karma », me confia-t-elle avec le sourire. Aujourd'hui, elle travaille comme bénévole pour un service d'écoute téléphonique destiné aux personnes suicidaires. Quand elle entend à l'autre bout du fil quelqu'un lui dire qu'il veut mourir, elle lui répond : « Dis-moi pourquoi. Raconte-moi ce que tu ressens. » Après avoir laissé son interlocuteur se vider le cœur, elle lui demande de dresser sa liste pendant qu'il est encore au téléphone.

Le suicide est l'ultime expulsion de la demeure de notre âme. « Je n'avais jamais vraiment réfléchi au fait qu'on ne m'accordait qu'une chance », se rappelle Anne Tyler. Elle a raison, mais vous devez être là pour l'attraper, cette chance.

En prendre son parti

J'ai lu, j'ai marché des milles, le soir, sur la grève ;
j'ai écrit des vers minables et cherché sans relâche
une personne merveilleuse qui surgirait de la pénombre
et changerait ma vie. Jamais ne m'est-il venu à l'esprit
que ce pouvait être moi.

ANNA QUINDLEN

C'était comme si ses larmes allaient laver sa blessure. « "Doux Jésus, murmura-t-il, je regrette tellement !" Je pleurais moi aussi. Quand je pleurais, à cette époque, c'était sur sa souffrance, non sur la mienne. » C'est ainsi que Fran Benedetto, l'héroïne du puissant roman de Anna Quindlen, *Black and Blue*, entame sa description de sa descente inconsciente, insidieuse et cachée au purgatoire du dégoût de soi que représente le fait de devenir et de demeurer une victime de violence conjugale. D'une année à l'autre, elle disait à son fils – et se le disait à elle-même – que ses bleus et ses fractures résultaient d'accidents, et c'était vrai : « L'accident, c'est que j'avais rencontré Bobby Benedetto dans un bar et que j'en étais tombée follement amoureuse. » Les coups n'ont pas tardé à venir ; à la violence physique s'est ajoutée l'humiliation, puis la haine – non pas envers lui, mais envers elle-même, « la femme effarouchée qui n'osait pas prendre la télécommande sur la table basse de peur de le mettre en colère ».

Selon la doctrine catholique, les personnes qui sont mortes en état de grâce, mais avec quelques péchés sur la conscience, expient leurs fautes non pardonnées en passant par un lieu appelé purgatoire avant d'être admises au ciel. Chez les bouddhistes, le purgatoire prend le nom de *yama*, où sont calculés le bon et le mauvais karma. Impossible de prévoir combien de temps l'âme devra séjourner au purgatoire. Élevée dans une famille irlandaise catholique, je me rappelle avoir cru dans mon enfance que seules mes prières pourraient en délivrer les âmes qui y erraient. Je ne m'en fais plus pour les âmes du purgatoire ; maintenant, je prie pour les femmes battues.

À un moment donné, Fran compare sa situation avec celle d'une femme dont on a parlé dans les journaux, qu'un concierge avait tenue en captivité dans un sous-sol pour abuser d'elle à sa guise. « Une partie de moi avait croupi dans cette cave, à l'affût des bruits de pas dans l'escalier. Je n'étais même pas enchaînée. Je restais parce que je me disais que les choses allaient s'améliorer ou, du moins, qu'elles n'allaient pas empirer. Je restais parce que je voulais un père pour mon fils et un foyer pour moi. Pendant longtemps, je suis restée parce que j'aimais Bobby Benedetto. [...] Mais il a fait de moi sa complice, et moi, j'ai fait de [notre fils] Robert le mien. »

Cette prise de conscience sera le moment décisif de la vie de Fran. Elle s'aperçoit que son fils est devenu un enfant craintif, cachottier, méfiant. Elle constate l'effet pervers de ses mensonges (comme cette fois où elle lui avait dit avoir accidentellement buté contre une porte), de ses subterfuges (par exemple, elle avait pris l'habitude d'ouvrir les robinets de la salle de bain pour couvrir le bruit de ses sanglots), des histoires qu'elle inventait de toutes pièces (comme la fois où elle avait raconté à son enfant que les bruits terrifiants qu'il entendait la nuit provenaient du téléviseur des voisins). « Mais dans un recoin de son esprit », il connaît la vérité, et Fran sait que « le secret tuait l'enfant en lui et la femme en moi, du moins ce qui restait d'elle. Je devais sauver sa peau, et la mienne ».

Pourquoi n'avait-elle pas quitté la maison plus tôt, emmenant son fils avec elle ? « C'est difficile à comprendre pour une femme qui n'a jamais vécu cette situation, qui n'a jamais vu son mari repenti sangloter si fort qu'on aurait dit qu'il avalait du verre. » Au début, Fran était restée parce qu'ils venaient d'avoir un enfant ; puis, parce qu'elle ne voulait pas perturber les premières années, si importantes, de leur fils ; plus tard, quand cette excuse ne fut plus valable, elle demeura, même une fois l'année scolaire terminée, pour ne pas gâcher les vacances. « C'est ainsi que je suis restée, restée, restée », même après avoir compris que la marque d'amour la plus sûre de son mari, c'était le bol de soupe qu'il lui apportait après lui avoir cassé la clavicule.

Partir, c'est *tout* laisser derrière soi, le bon comme le mauvais. Ce n'est pas seulement fuir les horribles querelles, ou les moments d'ennui qui cimentent les jours des gens mariés, mais aussi dire adieu à une vie plus vaste que celle que nous allons vivre en solitaires, même si, comme Fran en vient à le comprendre, cette vie a été « réduite aux rudiments ».

Au cours des premiers mois qui ont suivi ma séparation, où je me suis retrouvée seule, ce qui me manquait le plus, les souvenirs qui me chaviraient l'âme, c'étaient les petits rituels rassurants, à peine reconnus, de la vie quotidienne : nourrir les chats le matin pendant que l'eau bout pour le thé, mettre la table, le soir, regarder un film en famille, manger des hamburgers tous les samedis soirs…

« Chaque fois que je songeais à partir, c'était autant à ma maison qu'à Bobby que je pensais, avoue Fran. Les abat-jour et les ministores, le bien-être que j'éprouvais à dormir sur mon matelas extra-ferme, sous mon propre toit [...] tout cela contribuait à me faire rester. Si cela vous semble idiot, pensez seulement au sentiment de sécurité que vous ressentez quand vous ouvrez l'armoire et y trouvez les tasses dans lesquelles vous avez bu votre café jour après jour, année après année. [...] Les petites choses : le train-train quotidien, l'ordre. C'est ce qui m'a fait rester si longtemps. Ça, et l'amour. Ça, et la peur. Non pas tant la peur de Bobby que celle de me retrouver dans un petit appartement minable avec vue sur un mur. La peur de me retrouver là d'où je venais … »

Pendant longtemps, cela suffit à lui faire surmonter l'angoisse de ne pas savoir où ni quand sa main s'abattrait sur elle – et si elle en réchapperait la prochaine fois. « Il m'a fallu douze ans de fierté domestique et dix-sept ans de mariage pour me rendre compte qu'il y a des choses pires qu'une cuisine exiguë et une moquette sale. »

Fran se résoudra enfin à partir, non pour elle-même, mais pour son enfant, Dieu merci. « Je n'ai pas grand talent pour faire des choses pour moi ; mais pour Robert, c'est différent. »

Ce livre merveilleux, émouvant, déstabilisant, lègue un message à chacune d'entre nous. Franz Kafka disait qu'écrire, c'est prier. Ce livre de dévotion de Anna Quindlen nous chavire même si jamais un homme n'a levé le bras sur nous. Parfois, explique

Kafka, «nous avons besoin de livres qui nous ébranlent comme un cataclysme, qui nous chagrinent profondément, comme la mort d'un être que nous aimions plus que nous-mêmes, comme de nous voir bannir et condamnés à l'exil, comme un suicide». Il existe plusieurs façons de s'enlever la vie. Personne ne le sait mieux, ou ne le cache moins bien, qu'une femme battue.

Permettre au chagrin de s'exprimer

Le chagrin pleinement accepté est chargé de cadeaux. En effet, il y a une alchimie dans le chagrin. Il peut être mué en une sagesse, qui, si elle n'apporte pas la joie, peut procurer le bonheur.

PEARL BUCK

Il y a plusieurs années, j'ai animé un atelier sur *l'abondance dans la simplicité* destiné aux mères des camarades de classe de ma fille. Comme toujours, j'ai insisté sur l'importance de trouver le sacré dans l'ordinaire. Il arrive si souvent que nous passions nos jours dans la brume ou la frénésie – jusqu'à ce que l'Esprit nous tire du sommeil et nous fasse prendre conscience de toutes les raisons que nous avons de remercier, tant pour tout ce que nous avons que pour tout ce à quoi nous avons échappé.

Ces moments de grâce sont nos *révélations quotidiennes*. « La beauté du monde a deux tranchants, écrit Virginia Woolf: le rire et l'angoisse, qui séparent le monde en deux. » Peut-être faisait-elle référence à ces moments de métamorphose joyeux ou graves, ou les deux, comme l'immense soulagement que vous ressentez quand l'enfant que vous aviez perdu de vue, ne fût-ce que quelques minutes, est retrouvé sain et sauf. Avec toutes les tragédies qui se vivent dans le monde, disais-je aux femmes qui participaient à l'atelier, si nous pouvons border nos enfants, le soir, nous mettre au lit en sachant qu'ils sont sains et saufs et nous réveiller avec eux le lendemain matin, nous sommes bénies entre toutes les femmes. Toutes les participantes m'ont exprimé leur accord d'un signe de la tête. Durant la pause qui a suivi, une des mères, une femme charmante que je ne connaissais que vaguement mais dont je voulais faire plus ample connaissance depuis longtemps, m'aborda en me disant que ce que j'avais dit à propos des révélations quotidiennes avait éveillé en elle de profondes résonances.

Deux semaines plus tard, par un magnifique lundi matin d'octobre, le téléphone sonna. C'était une amie qui m'appelait pour m'annoncer qu'une camarade de classe de nos enfants, Alison Sanders, avait perdu la vie dans un accident de la route. Non, mon Dieu, non. « Tu connais sa mère, n'est-ce pas ? Beth Sanders. Elle a suivi ton atelier. » Beth était cette femme avec qui je m'étais entretenue pendant la pause. La tragédie avait un beau visage.

Comme parents, c'est là l'épreuve que nous craignons le plus. Le cauchemar que nous prions de ne jamais avoir à vivre – quand nous avons la force de formuler cette demande –, le coup de téléphone que vous ne recevrez jamais, vous dites-vous. L'inconcevable. Pourtant, chaque jour, l'inconcevable se présente à une femme, quelque part dans le monde. « Les mères intentent un procès à Dieu chaque jour quand elles voient leurs enfants souffrir ; chaque jour, Dieu est déclaré coupable », écrit Mary Lee Wile dans *Ancient Rage*, un roman biblique captivant sur la colère compréhensible de la mère de Jean le Baptiste à l'égard de Dieu après l'assassinat de son fils.

Quand l'impensable est raconté dans le journal, nous pouvons tourner la page. Au bulletin de nouvelles ? Nous pouvons fermer la radio ou le téléviseur. Mais quand il arrive à une personne que nous connaissons, nous sommes obligées d'y penser, et cela nous terrifie. Souvent, les femmes qui perdent un enfant se sentent trahies par les autres femmes ; elles ont l'impression que nous les évitons (ce qui est parfois le cas) et cessons même de parler de leur enfant décédé. (Nous sommes réduites au silence par la culpabilité et une peur innommable.) Nous ne pouvons nous comparer aux amis de Job qui concluent que celui-ci s'était attiré ses malheurs, mais plutôt aux amies de son épouse. La Bible ne rapporte pas leurs propos, mais je serais prête à parier que ce n'est pas ce qu'elles dirent qui importa, mais ce qu'elles pensèrent. *Si cela peut arriver à une femme aussi bonne et aimante que toi, qu'est-ce qui peut m'arriver à moi, et aux miens?*

Cet après-midi-là, quand les mères passèrent prendre leurs enfants à l'école, elles se parlèrent à voix basse et pleurèrent ensemble. Après avoir séché ses larmes, chacune se demanda ce qu'elle pouvait faire. Cuisiner, faire le ménage, être à l'affût des besoins des autres: voilà comment s'exprime le chagrin d'une femme, surtout si la peine tient de l'indicible.

Je me suis informée à propos des arrangements funéraires. Alison allait être ramenée à la maison, me dit-on; la famille allait accueillir les visiteurs de trois à neuf heures au cours des prochains jours. Cette décision m'a étonnée. Comme bien des gens, j'étais habituée (et réfractaire) aux artifices mortuaires de notre société: salon funéraire, cercueil tapissé de satin de mauvais goût, deuil embaumé et confiné à des séances de deux heures, même pour les membres de la famille. J'avais souhaité me recueillir auprès de mon père et de ma mère après leur mort – dernière occasion de leur dire tout ce que je n'avais pas pu leur exprimer de leur vivant; or, il m'a été difficile de le faire pendant plus d'une demi-heure. Vingt ans plus tôt, ayant participé à une veillée mortuaire qui s'était déroulée dans une maison d'une région rurale de l'ouest de l'Irlande, j'avais été impressionnée par le caractère intime des rites funèbres irlandais. Je n'avais toutefois jamais vu de tels rites en Amérique.

On m'apprit que des femmes organisaient une veillée. Est-ce que j'aimerais me joindre à elles? Bien sûr. Les détails me seraient communiqués plus tard.

«Une veillée est un acte de dévotion – un moment consacré à l'observation et à l'attente», explique Noela N. Evans dans *Meditations for the Passages and Celebrations of Life*. Les veillées – lectures, prières, méditations, chants – font partie des pratiques religieuses, mais la plupart d'entre nous ne les intégrons pas à notre vie quotidienne. Je m'attendais à ce qu'un groupe de mères se rassemblent pour prier en silence pour Beth, Alison et leur famille ; au lieu de cela, j'appris que des personnes se relaieraient pour veiller Alison nuit et jour dans sa chambre. Le but de cette veillée était de prier et de faire des lectures pour guider l'enfant dans son passage de la vie à la mort. Selon Rudolf Steiner, philosophe autrichien du début du vingtième siècle et fondateur de l'école Waldorf, que fréquentaient les enfants de Beth et ma fille Katie, notre essence spirituelle (que j'appelle le moi authentique) quitte lentement notre corps physique. Pendant trois jours, l'âme de la personne défunte plane autour, rassemblant dans les leçons de cette vie ce dont elle a besoin pour passer à la suivante.

Steiner croyait également qu'avant notre naissance, notre âme s'entend avec Dieu pour fixer le moment où nous quitterons cette terre, une fois assimilées les leçons de la présente incarnation. Nous pourrions comparer le séjour terrestre au stage que font certains étudiants à l'étranger. Rares sont ceux qui ont le goût de sauter dans le premier avion dès la fin de l'année scolaire passée à Londres, Paris, Rome ou Madrid pour retrouver leurs parents ; de même, une âme a besoin d'encouragement pour s'arracher aux plaisirs du séjour terrestre. Nous devons dénouer en douceur les liens qui nous retiennent ici-bas. Nos regrets retiennent le défunt, car il ressent notre peine à le voir partir. Aussi importe-t-il de rassurer celui qui s'apprête à franchir le seuil de l'au-delà et de le laisser réintégrer sa divine demeure.

J'étais mal à l'aise quand je suis arrivée chez Beth. Comment arriverais-je à m'asseoir dans la pièce où elle se trouvait au chevet de son enfant décédée ? Je la connaissais à peine ; c'étaient ses amis intimes et des membres de la famille qui animaient la veillée. Il serait plus convenable que je reste en bas avec les autres et me contente d'offrir mes sympathies en gardant respectueusement mes distances. Cependant, une amie m'affirma que Beth souhaitait que j'aille m'asseoir à ses côtés dans la chambre d'Alison. En traversant la cuisine, je remarquai qu'elle avait collé sur le réfrigérateur des pensées recueillies lors de mon atelier ; nos vies étaient destinées à se croiser sur le plan spirituel. Mes paroles à propos des adieux les plus difficiles que puisse vivre un être humain, lors de l'atelier, venaient de l'âme.

Un flot ininterrompu de nourriture, d'amis, de parents et de fleurs défilait dans la petite maison de Beth remplie à pleine capacité.

Tous les sens étaient mis à contribution : la vue, l'ouïe, le goût, le toucher, l'odorat, et la conscience. Toute la gamme des sentiments humains s'y exprimaient : pleurs, conversations, bruits d'enfants – et même des rires. Des étrangers embrassaient les proches, se réconfortaient les uns les autres, s'entraidaient, se servaient mutuellement. « Les liens les plus étroits que nous puissions connaître sont les liens du chagrin », observait Cormac McCarthy. « La communauté la plus profonde est la communauté d'afflictions. »

L'intimité était palpable. Vraie. Authentique.

« C'est comme ça que nous devrions vivre, n'est-ce pas ? », dis-je à une femme dont je venais de faire la connaissance. « Vous avez raison », me répondit-elle doucement. « N'est-ce pas merveilleux ? » Nous avions l'air de visiteurs débarqués sur une planète inconnue, aux confins de la galaxie ; et à bien des égards, nous l'étions.

À l'étage, c'était la même chose. La Mort était notre hôte, mais la Vie était l'invitée d'honneur. Alison était allongée dans un beau cercueil de pin tout simple, recouvert des tissus colorés avec lesquels elle aimait jouer, dont elle se servait pour fabriquer des maisons ou des capes de rois. Elle portait une couronne de fleurs et était entourée de ses animaux de peluche, de ses jouets et d'offrandes de ses frères. La grâce et le chagrin veillaient sur elle. Des chandelles qui éclairaient la pièce émanait un doux parfum de fleurs et de cire d'abeille. Des décorations fabriquées par ses camarades de classe ornaient les murs. Dans un coin, il y avait une chaise avec une petite lampe pour permettre à la personne qui veillait de faire la lecture. Un flot de visiteurs venus exprimer leur amour et leur soutien à Beth défilait lentement et régulièrement. Adultes et enfants étaient embarrassés en entrant dans la pièce, mais Beth s'empressait de les mettre à l'aise. Les enfants posaient des questions, des plus prosaïques aux plus profondes. Pourquoi Alison était-elle si froide ? Parce que son corps reposait sur un lit de glace sèche. Les entendait-elle parler ? Bien sûr que oui, répondait la mère. Leur première image de la mort n'était pas effrayante. Alison était différente de la fillette qu'ils avaient vue quelques jours auparavant et ils essayaient de comprendre du mieux qu'ils pouvaient (comme leurs parents), mais c'était … *c'était*, tout simplement. Pouvaient-ils lui laisser un dessin ou un mot ? Leur mère pouvait-elle raconter à Beth ce qu'avait fait ou dit Alison, parler du jeu auquel ils s'étaient adonnés ensemble? Qu'adviendrait-il de sa citrouille d'Halloween? Serait-elle sculptée? Cela préoccupait beaucoup les enfants. Oui, les rassurait Beth. La citrouille se transformerait en visage effrayant, comme l'avait souhaité Alison. On s'en occuperait. (Et cela fut fait.)

Dans le corridor, deux garçons discutaient tout bas:

«Qu'en penses-tu? Tu crois que c'est elle?

– Ouais. Mais, j'sais pas.

– Quoi?

– Tu crois qu'elle fait semblant?

– Ce n'est pas Alison. C'est seulement son corps *mort*.

– Ouais. Son corps *mort*. D'après toi, où est-elle?

– Je te parie qu'elle est dans la cour en train de faire de la trampoline.

– Ouais. Allons la retrouver. »

Les personnes chargées de la veillée allaient et venaient en silence; elles veillèrent Alison toute la nuit et la journée du lendemain.

La vie après la perte

L'épreuve comme muse. L'épreuve comme personnage.
L'épreuve comme vie.

ANNA QUINDLEN

Tant que nous serons en vie, nous ne pourrons pas échapper aux pertes. Les pertes font partie de la vie. «Avez-vous déjà pensé, quand une catastrophe se produit, qu'un instant avant, les choses étaient différentes? Si vous pouviez retourner à *alors* et éviter *maintenant*, n'importe quoi, mais pas *maintenant*», demande la romancière anglaise Mary Stewart. «Vous vous acharnez à recréer cet *alors*, mais vous savez que c'est impossible. Alors vous essayez de réduire ce moment au silence, de ne pas le laisser bouger et se révéler.»

On raconte qu'une femme, ayant perdu son fils unique, était désespérée, inconsolable, seule au monde. Elle alla demander au Bouddha de l'aider à guérir sa peine. S'il ne le pouvait pas, elle suivrait son enfant dans la tombe et renoncerait à suivre le fil de son destin. Au diable le karma. Elle ne voulait ni ne pouvait continuer à vivre ainsi. Le Bouddha consentit à lui venir en aide; cependant, il lui demanda de lui rapporter une graine de moutarde en provenance d'un foyer qui n'avait jamais connu de chagrin. Elle entreprit donc une longue quête qui l'amena à parcourir le monde entier et à se présenter à toutes les maisons qu'elle rencontrait: elle n'en trouva aucune que le chagrin n'eut visitée. Toutefois, comme tout le monde pouvait comprendre ce qu'elle vivait, chacun tint à lui offrir un présent pour la consoler. Cela ne ferait pas disparaître sa peine, mais pourrait peut-être l'aider. De retour chez elle, la femme ouvrit son cœur et montra au Bouddha ce qu'on lui avait offert: acceptation, patience, compréhension, gratitude, courage, compassion, espoir, vérité, empathie, souvenir, force, tendresse, sagesse et amour. «Ils m'ont offert tout cela pour m'aider», lui dit-elle.

« Vraiment ? Et comment te sens-tu maintenant ? », demanda-t-il à la femme.

« Différente. Plus lourde. Chaque cadeau me réconforte à sa façon, mais il y en a tellement que j'ai dû agrandir mon cœur pour pouvoir les contenir, et je me sens maintenant remplie. C'est quoi, cet étrange sentiment de plénitude ? »

« Le chagrin. »

« Vous voulez dire que je suis comme les autres, maintenant ? »

« Oui », lui répondit doucement le Bouddha. « Vous n'êtes plus seule. »

Sacrements quotidiens

Tous nos gestes peuvent devenir des sacrements.

FREYA STARK

J'ai connu plusieurs moments bénis au cours de ma vie, mais les deux expériences les plus sacrées qu'il m'ait été donné de vivre furent de mettre mon enfant au monde et d'aider l'enfant d'une autre femme à le quitter. Selon une ancienne croyance, l'être humain ne peut survivre à la vue du visage de Dieu : la Lumière divine est si puissante qu'elle consumerait sa chair. C'est pourquoi l'Esprit est apparu à Moïse dans le buisson ardent. Aujourd'hui, l'Esprit se manifeste à nous sous les voiles de la vie, de la mort et de l'amour.

Selon moi, toutes les personnes qui ont accompagné Alison dans son passage à l'autre monde auront une perception différente de la mort. Comprenez-moi bien : je redoute encore la mort de mon enfant, la douleur du grand départ, l'ampleur de la perte, le sentiment d'être abandonnée. Mais je n'ai plus peur de ma propre mort ; c'est là une première étape. Je suis reconnaissante à Beth et à Alison de m'avoir offert cette importante leçon de vie. « C'est le déni de la mort qui est en partie responsable du sentiment qu'ont les gens de mener une vie vide, sans but [...] », affirme Elisabeth Kübler-Ross, « car lorsque vous vous comportez comme si vous étiez immortel, il devient si facile de remettre à plus tard les choses que vous savez devoir faire. » Beth ne pouvait rien faire pour changer le destin de son enfant ni le sien, mais elle pouvait honorer sa fille en prenant soin d'elle avec le même amour, le même respect et la même dévotion dans la mort que dans la vie. Quand la mort cérébrale d'Alison fut confirmée, Beth demanda qu'on la maintienne en vie toute la nuit. Elle s'étendit à ses côtés dans son lit d'hôpital et la cajola comme elle l'avait fait depuis sa naissance. Au cours des jours qui suivirent, elle continua à pourvoir de son mieux aux besoins spirituels de son enfant pendant son ultime traversée. Ce faisant, elle prit conscience que si elle était impuissante devant la mort, la vie, elle, lui demandait d'affirmer son pouvoir. La vie a besoin de femmes qui revendiquent leur pouvoir, se le réapproprient et s'en servent pour le bien de tous. C'est là le destin de toute femme. Le vôtre et le mien, comme celui de Beth.

Les choix authentiques nous obligent à quitter notre zone de confort. Il est plus facile de le faire quand nous prenons conscience de la raison pour laquelle le pouvoir nous a été donné : améliorer le monde. C'est en suivant la voie intuitive du cœur que nous pouvons prendre des décisions inspirées par l'âme. Parce que Beth l'a fait, toute une communauté a appris en une semaine plus de choses sur la vie et sur la mort que la plupart des gens en soixante-dix ans. Bien sûr, il y a eu des larmes, mais personne n'oubliera la magie ambiante, la présence intemporelle et palpable de l'Esprit – de Dieu et d'Alison. Décrivant la déchirure du cœur qui vit un bouleversement, le poète irlandais W. B. Yeats parle de « terrible beauté ». Or, qu'est-ce que la mort d'un enfant, sinon une révolte contre l'ordre naturel de l'univers ? Il n'y a pas d'autre façon de décrire le cadeau qu'Alison nous a offert que d'évoquer cette *terrible beauté*. Les jeux des enfants à proximité de la chambre de la fillette et leurs rires qui ponctuaient le silence d'êtres encore sous l'effet du choc nous ont rappelé d'une manière profondément personnelle l'urgence de la vie, le caractère sacré de nos relations et le continuum éternel.

Alison prenait place dans la minifourgonnette de son père quand elle a été heurtée mortellement par le sac gonflable qui s'est déclenché lors d'une collision à vitesse réduite dont elle aurait dû sortir indemne. À la suite de cet accident, son père, Rob Sanders, fonda *Parents for Safer Airbags*, une association de parents endeuillés qui travaillent à empêcher que cette terrible tragédie ne se reproduise. Leurs actions ont sensibilisé la population à cette question et certainement contribué à sauver la vie de plusieurs enfants. Leur œuvre se poursuit.

De même que celle de Beth. Elle a consacré son énergie à maintenir le contact avec son enfant (non seulement avec sa mémoire, qui appartient au passé) et à mettre sur pied un centre d'aide unique en son genre, appelé *Crossings : Caring for Our Own at Death*, qui a pour mission d'aider les gens à honorer leurs aspirations naturelles, authentiques et sacrées au cours des quelques jours cruciaux du passage d'un être cher à l'au-delà. Contrainte par les circonstances à inventer ses propres rites funéraires, Beth a constaté que les choix inspirés qu'elle a faits pour aider sa fille à franchir le seuil de l'autre monde ont permis aux proches et aux amis de transformer en une expérience signifiante et sacrée un événement habituellement marqué par le chaos, la confusion, la perte de contact et un sentiment d'impuissance engendrant des regrets ineffaçables. « Abordez la mort avec sollicitude et délicatesse. Car il est difficile de mourir, de franchir la porte, même quand elle s'ouvre », nous exhorte D. H. Lawrence dans son poème intitulé *All Souls' Day*. « Du fond de votre cœur, prenez soin encore une fois de vos morts, équipez-les avec amour, comme des marins qui partent en mer. »

La vie de Beth a pris un cours imprévu, mais elle a acquis une beauté, une passion et une intensité enviables à mes yeux parce qu'elles sont la quintessence de la quête de quelque chose de supérieur. Un jour, je lui ai demandé comment elle faisait pour continuer à vivre après l'impensable. Elle m'a répondu en souriant : « J'essaie simplement de vivre mon karma avec le plus de grâce possible. » Beth croit qu'avant de nous incarner, nous choisissons nos leçons. Selon elle, notre karma est lié à notre décision, une fois incarnées, d'honorer ou non le voyage de notre âme vers l'authenticité. C'est sans doute la meilleure définition du karma que j'aie entendue.

Nous sommes nées pour aimer inconditionnellement certaines âmes et les aider à se réaliser ; de même, certaines âmes sont venues sur terre pour nous aimer. Nous pouvons leur donner naissance, en rencontrer d'autres sur un terrain de jeu, dans un atelier, au travail, lors d'une rencontre organisée. Nous nous tournons vers certaines âmes, nous nous détournons des autres : ce choix devient notre destinée, notre histoire d'amour personnelle. Mais en fin de compte, il n'y a qu'une histoire : celle du cœur. « Mon histoire a commencé par l'amour », écrivait Marie Corelli en 1890. (N'est-ce pas que les femmes sont sages depuis longtemps ?) « C'est ainsi que s'amorce l'histoire de tout homme et de toute femme, s'ils sont assez honnêtes pour le reconnaître. »

Parfois, il est très difficile de savoir quel choix nous devons faire pour accomplir notre destin, particulièrement si ce choix risque de bouleverser notre vie et celle des êtres qui en font partie. Quand cela se produit, nous ne sommes peut-être pas les mieux placées pour prendre de telles décisions. C'est pourquoi, je demande alors : « Que ferait l'Amour ? »

Et vous savez quoi ? L'Amour a toujours réponse à tout.

SUR LE TERRAIN

La demeure sacrée

*Représentez-vous l'intérieur de votre maison comme votre âme
et son architecture extérieure comme votre charpente osseuse,
votre héritage génétique.[...]
Notre vrai foyer est à l'intérieur de chacun de nous ; c'est notre amour
de la vie qui transforme une maison en foyer.*

ALEXANDRA STODDARD

Où vous sentez-vous à l'aise ? Nous ne pouvons pas toujours habiter le lieu géographique auquel nous aspirons « au cœur de notre cœur », selon l'expression de W. B. Yeats dans son poème *The Lake Isle of Innisfree*. Où que nous soyons, cependant, nous pouvons nous créer un nid douillet pour nous et notre famille.

Quand j'étais petite, comme j'aimais prendre le drap dont je me servais pour me transformer en princesse et en recouvrir une petite table, dans le salon, pour me faire une maison bien à moi ! C'était mon refuge ; je m'y sentais à l'aise et pouvais y inviter d'autres personnes si j'en avais le goût.

Nos jeux d'enfants nous initient à l'art de bâtir une maison, qui correspond au besoin primitif qu'ont les oiseaux et plusieurs mammifères de se construire un nid. Le garçon s'y initie dans son fort ; la petite fille, dans la maison qu'elle s'est fabriquée. Pouvez-vous retrouver ce plaisir de la découverte et de l'invention dans votre foyer actuel ?

Vous avez gardé votre boîte de crayons *Crayola* jaune et verte ? Pourquoi ? Êtes-vous surprise du plaisir et du sentiment de liberté qui vous envahissent quand vous la ressortez ?

Vous arrive-t-il encore de vous en servir, ne fût-ce que pour griffonner ? Quand elle était petite, une de mes amies a fait des dessins sur le mur du salon. En apercevant son chef-d'œuvre, sa mère a hurlé et lui a ordonné de jeter tous ses crayons à la poubelle, un par un. Elle n'a plus jamais fait de dessins sur un mur. Ni sur quoi que ce soit, d'ailleurs. Je lui ai suggéré de coller une grande feuille de papier sur un mur et d'y faire des dessins avec des craies, des crayons de couleur ou de l'aquarelle. Quand j'étais enfant, je me faisais toujours réprimander parce que je dépassais les lignes en coloriant. Aujourd'hui, quand j'ai le goût de faire l'impertinente, je m'achète un livre à colorier et je colorie *où je veux*, puis j'expose mon œuvre au-dessus de mon ordinateur. Pourquoi ne pas vous payer la boîte de crayons de luxe – celle qui contient *toutes* les couleurs et un aiguisoir en prime ? Donnez-vous-en à cœur joie, utilisez toutes les couleurs !

Quelles sont vos fleurs et fines herbes préférées ? En avez-vous dans le jardin ou la maison ? Il n'y a rien de plus apaisant, rien qui vous plonge plus directement dans le rythme de la vie que de travailler dans un jardin, si petit soit-il, de tailler, d'enlever des feuilles mortes, d'arroser, d'encourager vos plantes à pousser. Puis de vous couper quelques feuilles de basilic, du persil ou de la ciboulette pour le souper.

Gertrude Jekyll (1843-1932) fait partie des femmes à éclosion tardive dont parle Brendan Gill dans *Late Bloomers*. Elle a dépassé « le jardin victorien conventionnel, avec ses plates-bandes de fleurs en formes géométriques. [...] Son propre jardin lui servant de banc d'essai, elle partit en guerre contre la laborieuse artificialité des jardins alors en vogue ». Elle collabora avec le jeune architecte Edwin Lutyens : ce dernier conçut « plusieurs des plus belles maisons de campagne des îles Britanniques » alors qu'elle en dessinait les jardins. « Elle élaborait toujours un plan précis, puis s'organisait pour que le tout semble tout à fait naturel : une profusion de plantes et d'herbes indigènes dont les couleurs se mariaient harmonieusement et dont les parfums constituaient un élément plus important que les grosses fleurs aux couleurs criardes. »

Qu'avez-vous planté dans votre premier jardin ? Des carottes ? Des haricots ? Des impatientes ? Des pois de senteur ? Vous pouvez combler plusieurs besoins en cultivant un jardin : non seulement le besoin de nourriture, mais le besoin de couleurs. Libre à vous d'y agencer les couleurs comme sur une toile.

En voyant une belle aubergine, une patate sucrée ou des champignons, au marché, vous demandez-vous comment vous pourriez les apprêter? Pourquoi pas?

Quelle est la première chose que vous avez appris à faire cuire? Du bacon et des œufs? Des pommes de terre en purée? Du pain doré? Prenez-vous encore plaisir à cuisiner, même si vous avez dû le faire des milliers de fois? Une actrice doit aborder son rôle avec fraîcheur et enthousiasme, même si elle l'a joué des centaines de fois; elle doit interpréter chaque scène comme si c'était la première fois. Pourriez-vous retrouver l'enthousiasme que vous aviez quand vous cuisiniez bruyamment dans votre enfance, vous efforçant d'inventer un nouveau plat?

Aujourd'hui, allez cueillir ou procurez-vous des fines herbes et parsemez-en une salade ou une omelette; ou bien, mettez-les simplement dans un pot et humez-en les merveilleux parfums.

Rapport de fouille

Comment définiriez-vous le *confort*? Énumérez cinq choses qui l'incarnent à vos yeux.

Votre intérieur est-il aussi douillet que vous le souhaiteriez? Reflète-t-il qui vous êtes, vous et votre famille? Quelles images avez-vous recueillies dans votre grande enveloppe: planchers carrelés, fauteuils recouverts de chintz, simples secrétaires en érable, élégantes tables de salle à manger? Quels sont vos tissus préférés? Pourquoi ne pas en choisir un pour vous fabriquer de nouvelles taies d'oreillers ou un joli sac à rebuts que vous suspendrez à une armoire?

Dressez une liste des lieux que vous avez habités, suivant les tranches d'âge que vous avez établies sur la carte de votre site. Qu'est-ce que vous y avez particulièrement aimé? Chez qui vous réunissiez-vous entre amis quand vous étiez jeune? Pourquoi cette maison vous attirait-elle? Pouvez-vous recréer ce sentiment de bien-être dans votre demeure actuelle?

SENTIR

Rien ne peut guérir l'âme comme les sens ;
rien ne peut guérir les sens comme l'âme.

Oscar Wilde

Sentir qu'il existe autre chose

Je n'ai pas peur. [...] Je suis née pour faire cela.

JEANNE D'ARC

Si Jeanne d'Arc a pu changer le cours d'une guerre avant d'avoir dix-huit ans, vous pouvez bien sortir du lit.

E. JEAN CARROLL

Il était une fois une jeune femme qui quitta maison, famille et tout ce qui lui semblait faire obstacle à son bonheur (comme terminer ses études et épouser le gentil garçon d'à côté qui avait mauvaise haleine) pour partir à la recherche de l'âme sœur. Elle était farouchement déterminée à poursuivre sa quête, prête à faire le tour du monde s'il le fallait et à s'y consacrer jusqu'à la fin des temps. Au moins un an, en tout cas – limite décrétée par son billet aller-retour.

Bien sûr, ce n'est pas ce qu'elle dit à ses parents horrifiés, qui n'étaient pas du tout favorables à «cette aventure», comme on désignait insidieusement son projet lors des discussions orageuses de fin de soirée autour de la table de cuisine. Elle leur raconta plutôt qu'elle partait pour l'Europe pour y trouver la célébrité et la fortune. Elle voulait aller plus loin que sa mère dans la vie. *Elle* allait être quelqu'un, lançait-elle à ses parents avec la prétention et la certitude inébranlables qu'on n'affiche qu'entre dix-huit et vingt-sept ans.

En fin de compte, après qu'elle eut versé beaucoup de larmes et promis qu'elle écrirait souvent, trouverait une église dès qu'elle se serait installée et ne sortirait jamais avec un inconnu sans avoir d'argent dans ses poches, ils se résignèrent à la laisser partir.

Naturellement, elle ne donna pas de nouvelles, ne pensa même pas à chercher une église et sortit avec des inconnus, sans argent de poche, parce que la plupart du temps elle n'en avait pas. C'est sans doute pour cela que trois décennies plus tard, elle frémit rien qu'à la pensée de tous les maux de tête dont elle a été la cause, de toutes ses larmes et récriminations, de tous les dangers auxquels elle a échappé, de toutes les aventures auxquelles elle a survécu, de toutes les histoires qu'elle a pu raconter. Elle *sait* pourquoi elle se surprend souvent à épier sa fille au beau milieu de la nuit, comme si la vigilance pouvait à elle seule retarder l'inévitable – le jour où celle-ci lui annoncera qu'elle veut aller plus loin que sa mère dans la vie.

Entrer en contact

*Les contacts se font lentement ; parfois,
ils se développent dans le secret.*

MARGE PIERCY

Pouvez-vous vous remémorer les meilleurs moments de votre vie ? Moments de clarté et d'engagement, de transcendance et de transformation, d'enthousiasme et de dévotion. Moments parfaits où vous vous êtes sentie si merveilleusement vivante que vous avez rendu grâce spontanément. Vous vous souvenez ? Revivez ces instants de joie profonde où chaque pulsation se faisait l'écho de Molly Bloom, l'héroïne irlandaise de James Joyce, qui s'exclamait dans un élan de passion : « Et oui, j'ai dit oui, et oui je le ferai. »

Quel est le premier souvenir qui vous vient à l'esprit ?

Dans ces instants inoubliables, la présence de l'Esprit était tangible, témoignant de l'éveil extraordinaire qu'est le miracle de l'authenticité. Si vous étiez consciente de cette présence divine, ces moments devenaient des révélations quotidiennes – heures merveilleuses où tous les parasites disparaissent soudainement grâce à l'intervention divine. C'est dans de telles occasions que les messages codés de l'âme, que nous ignorons souvent parce que nous ne les saisissons pas, non seulement s'éclairent, mais trouvent en nous de profondes résonances.

L'Esprit se manifeste aussi dans les inévitables moments de déni, de dépression et de désespoir. Quand notre foi faiblit. Quand nous fulminons. Quand nous nous sentons trahies, abandonnées, démunies. Quand nous voulons qu'on nous laisse tranquilles. Nous sommes loin d'être parfaites, mais notre instinct ne nous trompe pas : nous savons ce qui est juste et ce qui ne l'est pas. Et *cela* ne l'est pas. Durant ces interminables nuits de l'âme, cependant, nous ne sommes pas seules, Dieu merci. Les anges sont toujours là pour nous aider à nous relever et à sortir du gouffre du doute. Mais nous devons les appeler à l'aide, ne fût-ce qu'en criant ou en chuchotant « Au secours ! » De notre premier à notre dernier souffle, et au-delà, nous ne sommes jamais seules sur la route de la plénitude.

L'âme sensible

Ce sont nos désirs humains qui font de nous des reflets du divin.

JOHN O'DONOHUE

Nous avons du mal à croire, quand nous nous sentons seules et aspirons à quelque chose de supérieur – peu importe ce que nous avons ou n'avons pas –, que nous nous faisons l'écho de nos origines.

Ce sont nos aspirations spirituelles qui ont fait de nous des êtres humains. Nos aspirations et notre solitude. L'Esprit désirait une bien-aimée.

C'est ainsi que le désir et le rêve du divin ont fait surgir de la terre un être de fragrance et de souffle, de vision et de voix, à goûter et à toucher, avide de connaître et d'être connue : la bien-aimée.

Vous.

Depuis l'aube des temps, on nous dit que nous avons été créées à l'image de Dieu. Si nous le croyons, cette image doit comprendre ce que nous nions : notre soif insatiable. Il y a des indices de notre véritable identité dans tout ce qui nous entoure, dans tout ce qui suscite notre désir d'autre chose. Selon Rainer Maria Rilke, « Dieu parle à chacun de nous en nous créant, puis nous accompagne en silence au sortir de la nuit. Voici ce qu'il nous murmure à l'oreille :

Toi qui as été envoyé irrévocablement,

Va au bout de tes aspirations.

Incarne-moi. »

Le langage secret de l'âme

La sensualité, voulant une religion, a inventé l'Amour.

NATALIE BARNEY

Nous avons été créées pour connaître, interpréter, savourer et éclaircir le mystère de la Vie par nos sens. Dieu merci, la plupart d'entre nous avons le plein usage de nos sens et pouvons « percevoir le monde dans sa beauté et sa terreur saisissantes, directement aux pulsations de notre pouls », nous dit la poète et naturaliste Diane Ackerman dans son délicieux ouvrage *Le Livre des sens*. Pourtant, il nous arrive souvent de vivre dans la grisaille, sourdes au Mystère qui nous entoure.

Saviez-vous que, de toutes les activités humaines, faire l'amour est la seule qui sollicite et stimule tous nos sens à la fois : la vue, le goût, l'odorat, l'ouïe, le toucher et l'intuition. (Le sexe ne fait appel qu'à cinq de ces sens. Devinez lequel manque à l'appel.)

En effet, nos sens parlent le langage secret de l'âme. Les traditions spirituelles orientales ont toujours reconnu le caractère sacré de notre sexualité et honoré le fait que nos sens sont les chemins qui mènent à l'âme. Chaque jour, de multiples façons, l'Esprit tente de rétablir le contact avec nous par le truchement de nos sens. Déprimées ou non, quand nous cherchons et nous réjouissons de trouver le sacré dans ce que nous qualifions de « profane » – l'arôme d'une sauce à spaghetti qui mijote ou l'exquise sensation des draps frais lavés sur la peau –, nous réintégrons le Paradis par la paix et le plaisir. Si vous ne me croyez pas, changez vos draps et mettez-vous à hacher des tomates, des oignons et de l'ail.

« Les sens ne font pas que *donner un sens* à la vie par leurs révélations audacieuses ou plus subtiles », explique Diane Ackerman. « Ils découpent la réalité en pièces vibrantes et les rassemblent en un nouveau motif signifiant. »

Trouver un sens à tout cela

*Le besoin de trouver un sens [...] est aussi réel que le besoin
de confiance, d'amour et de rapports avec d'autres êtres humains.*

MARGARET MEAD

S i seulement nous pouvions comprendre. Si seulement nous
pouvions trouver un sens à tout cela. Pourtant, même quand
nous sommes en pleine forme, après une bonne nuit, nous n'arrivons pas à comprendre la moitié de ce qui se passe autour de
nous. Selon George Eliot, « si nous avions une vision et une perception pénétrantes de toute la réalité humaine *ordinaire*, ce serait
comme entendre pousser l'herbe et battre le cœur de l'écureuil ;
nous pourrions mourir de la clameur qui emplit l'autre versant du
silence. Dans l'état actuel des choses, les plus agités d'entre nous
ont les oreilles bouchées par leur bêtise ».

Le seul moyen que j'ai découvert pour retrouver ma route
quand je suis perdue, c'est de m'en remettre à mon intuition –
cette faculté que nous avons de connaître quelque chose sans
preuve rationnelle. On fait parfois référence à l'intuition comme
à un « sixième sens » ; et, comme l'imagination, c'est un don spirituel.

Les animaux sauvages dépendent de leurs instincts pour survivre ; nous dépendons de notre intuition pour nous épanouir. « Le
seul moyen de mener une vie riche, c'est de vous fier à votre instinct profond ; si vous laissez votre peur des conséquences inhiber
cet instinct, votre vie risque d'être sûre, convenable et limitée »,
écrivait Katharine Butler Hathaway en 1946.

Nous avons accès à ce pouvoir merveilleux en tout temps.
Malheureusement, nous lui fermons souvent la porte. Sauf quand
nous sommes amoureuses ou sur le point de le devenir. L'écrivain
anglais D. H. Lawrence, qui a passé sa vie à décrire la femme
amoureuse, a défini l'intuition comme l'intelligence « issue de la
sexualité et de la beauté ». Il avait raison.

Quand nous vivons les affres de l'amour romantique, quand la cadence de notre rire évoque l'essence même de la sexualité et de la beauté, nous nous éveillons d'une façon particulière à nos sens. Peut-être n'entendons-nous pas battre le cœur de l'écureuil mais, quand nous succombons aux charmes de quelqu'un, nos perceptions sensorielles décuplent. « La pulpe d'une pêche, la lumière de l'aube, la musique des cloches d'une église au loin – l'amour amplifie le plaisir que la personne amoureuse prend à la moindre expérience et lui donne une signification particulière », dit Ethel S. Person dans *Dreams of Love and Fateful Encounters*. Nous devenons alors des aimants attirés inéluctablement vers le sens de la vie, car l'amour nous initie aux « divins mystères ».

Mais combien de fois au cours de notre vie vivons-nous la haute saison du cœur ? Combien de fois savourons-nous le fruit mûr ? Chaque été, la pêche devient lourde et exhale le parfum hypnotique de sa délicieuse maturité. Avez-vous laissé son jus dégouliner sur votre menton cet été ? Pourquoi pas ? Les règles de bienséance vous en empêchent-elles ?

Si le fruit n'est pas cueilli comme une offrande d'amour; si la pêche tombe au sol, alourdie non seulement par ses sucs mais par sa longue attente d'un cueilleur; si le moment de son exquise perfection passe sans qu'aucune bouche ne témoigne de la saveur de la vie en la goûtant, dites-moi, qui gaspille ? Est-ce l'amoureuse qui a décidé de ne pas se promener dans le verger parce qu'elle était seule, ou celle qui a choisi de goûter l'offrande qu'un autre être lui présentait ?

Une femme avec un passé

Les femmes [...] ont trois mille ans à la naissance.

SHELAGH DELANEY

Dans la vingtaine, j'ai séjourné en Angleterre, en Irlande et en France. Mon initiation à l'authenticité s'est faite quand j'ai eu l'heureuse fortune de rencontrer une femme étonnante qui a été mon premier mentor et m'a fait découvrir l'extraordinaire enfoui dans mon ordinaire.

Quand j'ai fait la connaissance de Cassandra, une femme de la Renaissance, j'étais prisonnière de ma timidité. Chaque fois que je me rendais à ses aimables invitations à une réception ou à une fin de semaine à la campagne, je ne tardais pas à m'excuser et j'allais me réfugier dans une pièce, à l'écart de la foule. Cassandra finissait par me trouver, confortablement installée au coin du feu à savourer un bon livre. Un soir, après m'avoir retiré mon livre et avant de me ramener à la salle à manger, elle me fit parler de ma gêne. Je lui avouai ma peur de me ridiculiser même dans les conversations les plus banales. Elle m'assura que je n'aurais plus jamais à m'inquiéter de cela si je régalais mes interlocuteurs d'histoires osées, folles et audacieuses.

« Eh bien, vous avez de beaux livres sur des aventurières de l'époque victorienne dans votre bibliothèque, lui dis-je. Je vais voir ce que je peux y trouver. »

« Trouver ? », s'écria-t-elle en feignant l'horreur. « Sarah, tu ne peux pas *emprunter* les histoires des autres sans avoir commencé à *vivre* les tiennes. Tu dois devenir ta propre héroïne. La plupart des gens ont des vies remplies de péripéties, mais sans but. Tu dois te mettre à considérer chaque jour comme une page blanche qui attend que tu la remplisses d'anecdotes amusantes, de profonds tournants, de choix déstabilisants, d'élans de passion. Le monde adore les conteurs, mais plaint ceux qui refusent de raconter leurs propres histoires. »

La grande fugue

*Le jour de votre naissance, on a installé une échelle
pour vous aider à vous évader de ce monde.*

RUMI

Un enfant commence à échapper à sa mère dès qu'elle le couche dans son berceau. Croyez-vous qu'un bébé se débat avec la détermination d'un lutteur pour soulever sa belle petite tête blonde simplement pour voir de plus près son stupide ourson de peluche ? Réfléchissez un peu ! Il tâte le terrain. Il part en reconnaissance. Il prend les dimensions des parois de son berceau qu'il va escalader avant que vous alliez le border pour la troisième fois.

Un des hommes les plus adorables que j'ai rencontrés dans ma vie s'est demandé pendant des années pourquoi ses parents ne l'aimaient pas assez quand il était petit pour verrouiller la porte de la cuisine. À l'âge de trois ans, il s'était fait nourrir la nuit plus souvent par un policier du quartier que par ses parents ; chaque soir, une fois la maisonnée assoupie, il fuguait. Au début, je n'arrivais pas du tout à comprendre pourquoi un bambin qui ne parlait pas encore dévalait régulièrement en titubant une petite route de campagne, vêtu de son pyjama du Dr Denton. Puis, un jour, la réponse m'est venue avec une clarté étonnante. « Il te fallait trouver ta famille spirituelle », dis-je à mon ami. « Même s'ils t'ont mis au monde, tes parents n'ont pas joué ce rôle. »

Qui de nous ne s'est pas sentie parfois étrangère et déphasée dans sa famille, au point de se demander si les infirmières n'avaient pas interverti les bébés à la pouponnière ? Notre vraie famille nous comprendrait, non ?

Jouer à cache-cache

N'ayons pas peur de ce qui est caché.
N'ayons pas peur les uns des autres.

MURIEL RUKEYSER

À chaque instant de chaque jour, consciemment ou inconsciemment, nous essayons toutes de trouver notre famille
spirituelle ou de nous cacher de nos proches. Certaines d'entre
nous, comme cet ami dont je viens de parler, le faisons plus tôt que
d'autres, mais nous finissons toutes par nous rendre compte que
tout le monde joue à cache-cache. Les personnes capables d'écouter, curieuses ou tout simplement ouvertes aux possibilités de la
vie, entrent facilement dans le jeu, clamant à l'Univers : « Prête,
pas prête, j'y vais... ». Les moins dégourdies d'entre nous optons
pour la méthode difficile : nous ruons dans les brancards et crions
tout le long du parcours vers l'illumination : « Prête, pas prête,
sauve-toi ! »

Nous ne devrions jamais confondre notre famille spirituelle et
nos proches. Malheureusement, nous passons notre temps à le
faire, ce qui entraîne détresse et désillusion. Notre famille spirituelle comprend les êtres que nous aimons et qui nous aiment
inconditionnellement depuis l'aube des temps. Nous sommes parfois unis à eux par les liens du sang, mais pas toujours.

Nos proches, eux, sont ces êtres qui passent dans notre vie
pour nous aider à accomplir notre destin. Ils peuvent en faire partie une heure ou ce qui nous semble une éternité – le temps qu'il
faut pour que nous puissions apprendre notre leçon.

Faire la distinction entre notre famille spirituelle et nos
proches met notre âme à l'épreuve ; c'est là son rôle. Nos proches
appuient sur tous nos boutons et déclenchent tous nos signaux
d'alarme, menaçant souvent notre santé mentale. Voici un bon
indice : il peut s'agir d'êtres que vous n'aimez pas particulièrement.
Vous est-il déjà arrivé de haïr une personne en la voyant ? Elle fait

sans doute partie de vos proches. Elle est un miroir qui reflète une faille majeure de votre personnalité à laquelle vous devez porter une attention immédiate. Les êtres que nous détestons nous rendent folles, comme certains aspects de nous-mêmes agressent notre moi authentique.

Cependant, nos proches changent souvent de forme. Et la plupart du temps, nous les aimons. En fait, nous pouvons être si attachées à ces êtres qui contribuent à notre métamorphose spirituelle que nos rapports avec eux deviennent obsessionnels et destructeurs. C'est ce qui se produit quand nous aimons le mauvais homme.

Les mauvais hommes

*Une femme doit aimer un homme qui ne lui convient pas une
ou deux fois dans sa vie pour pouvoir apprécier un bon parti
quand il se présente.*

MARJORIE KINNAN RAWLINGS

Un homme n'a pas besoin d'être trafiquant de drogue, bandit, proxénète, escroc, coureur de jupons, violeur, meurtrier ou pédophile pour être qualifié de *mauvais*. C'est *tout* homme qui se conduit mal ou vous fait sentir mal plus de deux fois, que vous soyez en sa présence ou en son absence. Surtout en son absence. Vous reconnaîtrez le vaurien à l'odeur aigre-douce qu'il laisse sur son passage.

Un mauvais homme peut être sage ou saint, prêtre, poète, philanthrope ou politicien. Il peut avoir remporté le prix Nobel de médecine ou l'Oscar du meilleur metteur en scène. Il peut nourrir les affamés ou sauver les baleines. Il peut être un mari idéal pour la voisine, mais pas pour vous. Comme le résume Anna Quindlen, «la testostérone n'est pas nécessairement toxique». C'est la leçon que toute femme a choisi d'apprendre en cette vie.

Tenez-vous bien sur votre chaise: *Les mauvais hommes sont des grâces déguisées destinées à nous apprendre, par les tourments, à nous aimer nous-mêmes.*

Même les mauvais hommes ont des cadeaux à nous offrir

Il est tragique que certains cadeaux doivent coûter si cher.

BERTA DAMON

Naturellement, je suis tombée désespérément amoureuse d'un homme qui était désespérément amoureux de Cassandra. Elle était de vingt ans son aînée et ignorait ses avances comme elle aurait traité un petit chien gentil, mais turbulent et indiscipliné, tentant constamment de sauter sur elle. À travers le prisme de la passion, je voyais Richard comme un dieu: beau, riche, instruit, spirituel, possédant le charme débraillé des gens d'Oxford. Je le traitais aussi comme un dieu – ce qu'il croyait être. Après notre admiration pour Cassandra, cela s'avéra notre plus grand terrain d'entente. Quand il ne fut plus possible de nier l'évidence, je demandai en tremblant à Cassandra pourquoi Richard la laissait indifférente. «Parce qu'il est si épris de lui-même qu'il n'a plus de place pour personne d'autre. Je me suis fait un principe de n'aimer que les hommes qui me réservent la première, la deuxième et la troisième place dans leur cœur. Je ne mérite pas moins. Toi non plus. La seule différence entre nous deux, Sarah, c'est que je *sais* cela et que toi, tu ne l'as pas encore appris. Il est triste que nous devions créer notre propre malheur avant de prendre conscience qu'un auteur peut toujours choisir une fin heureuse. Je t'ai déjà dit, ma chérie, de devenir l'héroïne de tes propres histoires, non leur victime. »

Ses propos m'ont piquée au vif. J'étais mise à nu ; j'avais honte. Je lui en voulais de nous tourner en dérision, Richard et moi, de balayer nos sentiments du revers de la main. Je suis partie de chez elle en colère, jurant de ne plus jamais la revoir. En déterrant ce pénible souvenir, je comprends maintenant qu'en fait, Cassandra m'avait simplement dit la vérité, par affection pour moi. Ce soir-là, je fis part de cette conversation à Richard. Il m'écouta sans mot dire, puis une immense tristesse l'envahit. « Bien sûr, je ne pour-rai plus jamais la regarder en face », me dit-il doucement. Mon cœur bondit dans ma poitrine. Était-ce possible ? J'avais vaincu ma rivale ? Je crus que mes prières avaient été exaucées.

Plusieurs mois plus tard, cependant, Richard ne m'aimait tou-jours pas. Il était plutôt épris du souvenir de l'homme qu'il serait devenu si Cassandra l'avait aimé. Lors de notre dernière rencon-tre, je lui ai demandé pourquoi il lui était si difficile d'oublier Cassandra. « Parce que c'est une femme qui a un passé », m'a-t-il répondu. « Une femme qui te fascine parce qu'elle insiste pour se chérir plus que tout au monde, toi y compris. »

C'est la pensée qui compte

L'amour est bref, l'oubli est long et la compréhension encore plus.

MERLE SHAIN

J e ressasse l'observation de Richard depuis vingt-cinq ans. À dire la vérité, je n'ai pas été en mesure de la comprendre tant que je ne me suis pas mise à me comprendre moi-même. Contrairement au vieil adage selon lequel « c'est en comprenant qu'on commence à savoir », je crois que c'est en sachant qu'on commence à comprendre. En effet, je devais d'abord apprendre à me connaître moi-même – la personne que j'avais été, que j'étais et que j'étais appelée à être – pour espérer saisir une notion aussi fondamentale que l'amour de soi.

Aujourd'hui, je suis en mesure d'admettre qu'à sa triste façon, Richard m'a fait un cadeau lui aussi. Cassandra était différente des femmes plus jeunes parce qu'elle affichait fièrement sa passion pour la vie plutôt que ses sentiments. Je me précipitais dans les bras de Richard comme toutes les femmes sont portées à le faire avec les hommes ; Cassandra, elle, savait se retenir parce qu'elle avait une haute estime d'elle-même. Elle connaissait sa valeur. Elle savait que l'amour qu'elle avait à donner irait à l'homme qui le mériterait. Quand vous êtes jeune, le sentiment de votre valeur est lié à l'amour des autres ; quand vous avez un passé derrière vous, vous connaissez votre valeur et vous vous aimez. C'est là la source de l'estime de soi. *Nul homme ne peut vous donner l'estime de soi, mais plusieurs peuvent vous l'enlever.*

À première vue, Richard semblait dire que Cassandra était centrée sur elle-même. Elle l'était, mais de la bonne façon, c'est-à-dire qu'elle était centrée sur sa propre vérité, sur son moi authentique.

Cassandra savait qu'elle méritait d'être aimée, vraiment, follement, profondément. Inconditionnellement, passionnément, exclusivement. C'était une femme qui n'acceptait aucun compromis parce que c'était la seule façon d'aimer qu'*elle* connaissait.

Travaux pratiques

Passons maintenant aux travaux du cœur.

RAINER MARIA RILKE

I l m'est venu à l'esprit que, pendant au moins la moitié de ce livre, je traite des aspects négatifs des relations : peines, mauvais hommes, mauvais choix. Ce n'est pas une coïncidence. C'est dans les relations amoureuses que nous, les femmes, faisons nos travaux pratiques de croissance spirituelle. Comme l'observe ironiquement la romancière Kathleen Norris, « Il y a des hommes avec qui je pourrais passer l'éternité, mais pas cette vie-ci. »

La femme est une créature centrée sur le cœur. C'est dans notre cœur que nous logeons. Bien sûr, nous rendons souvent visite à notre tête : il y a des femmes qui dirigent des entreprises, fondent des banques, publient des magazines, vont dans l'espace, jouent à la Bourse, négocient des contrats de millions de dollars, se font élire au gouvernement, réalisent des bulletins de nouvelles, rédigent les décisions de la Cour suprême et remportent des prix Nobel. Une fois que tout a été dit et fait, cependant, la femme se réveille et s'endort dans son cœur. Le cœur est le soleil de son système solaire. Tout le reste – enfants, travail, maison, famille, amis et créativité – sont des planètes qui gravitent autour de son cœur, qui leur procure chaleur et lumière.

Que de fois devons-nous interrompre nos activités – à la maison, au travail, avec nos enfants –, annuler un rendez-vous, reporter une date limite ou laisser tomber un projet personnel pour mettre de l'ordre, peser, discuter et disséquer avec une amie les caprices d'une relation intime ! Sitôt notre projet de bilan financier établi, nous analysons – intérieurement ou en donnant un petit coup de téléphone à une copine –, les façons de réagir à une autre offense inconsciente, à un autre anniversaire oublié, à un autre silence blessant. Ce n'est qu'après avoir mis ces questions émotives sur le tapis que nous pourrons retourner à nos colonnes de chiffres pour préparer une réunion importante. La paix à tout prix, jusqu'à tomber d'épuisement et devoir demander le divorce ou la réorganisation de notre relation afin d'équilibrer le bilan de l'amour.

Nous ne pouvons pas nous en empêcher. Aller au cœur des choses est une pulsion de l'âme. C'est un besoin impératif, aussi pur qu'une prière. Quand le cœur d'une femme n'est pas en paix, elle ne peut investir ni son temps, ni son énergie créatrice ni ses émotions dans autre chose. Elle ne peut se concentrer. Comme elle est prise dans un tourbillon d'êtres et de choses qui attendent avec impatience l'attention qu'elle ne peut leur donner – parce qu'elle lutte courageusement contre la désintégration de son univers –, elle est tiraillée, désorientée, ennuyée, éparpillée, déprimée et souvent irritable.

Toute l'énergie spirituelle, créatrice et sexuelle d'une femme – son pouvoir – émane de son cœur. Quand le cœur est en danger, son moi authentique suit sa première directive : se débarrasser des obstacles, se disposer à recevoir et à envoyer de l'amour, aligner le cœur sur ce qui est vraiment important, puis se mettre au travail. La vraie vie, quoi. Il n'y a rien de plus important pour une femme qu'une relation intime harmonieuse – avec son amant, son conjoint, ses enfants, ses parents, ses frères et sœurs, ses amis.

Vous trouverez peut-être utile, comme moi, de connaître l'anatomie du cœur d'une femme. Le cœur est un viscère musculaire qui pompe le sang pour le faire circuler dans tout l'organisme. Maintenant, imaginez que le sang est l'amour. Le cœur d'une femme ne cesse de se remplir et de faire circuler l'énergie de l'amour. Quand il se présente une obstruction, un durcissement des artères provoqué par la colère, la frustration ou le ressentiment, l'amour ne peut pas circuler librement et le cœur se met à faire mal. Vous êtes-vous déjà sentie triste, abandonnée ou contrariée au point de ressentir une douleur dans la poitrine ? Le mal de cœur existe bel et bien.

Quand allons-nous cesser de prétendre que ces choses n'ont pas d'importance ? Lorsque nous nous querellons ou que nous sommes glacées sur place par un être aimé, aller au cœur des choses est la seule et unique chose qui compte.

Dans la cage thoracique, le cœur physique est maintenu par des membranes de tissu conjonctif et relié aux veines et aux artères. Sur le plan spirituel, le cœur de la femme est maintenu par ses liens avec les êtres qu'elle aime. Son pouls – physique et spirituel – est réglé par un système nerveux unique qui accélère ou ralentit l'émission ou la réception des messages par de petites ondes électriques qui « se déplacent le long d'un mince faisceau de fibres neuromusculaires appelé faisceau de His. »

Je jure que je n'ai pas inventé cela. (Voir la rubrique « Cœur » dans l'encyclopédie *Encarta* de *Microsoft*.) J'essaie de comprendre.

Les besoins de l'autre. Ses désirs. Sa confusion. Ses préférences. Ses priorités. Ses problèmes. Sa souffrance. Ses complexes. Son stress. Ses peurs. Ses déceptions. Ses attentes. Ses phobies. Ses affaires. Ai-je oublié quelque chose ?

Quand nous réussissons à colmater les brèches d'une relation intime importante, ou, mieux encore, à nous rendre compte que nous ne sommes pas responsables du comportement mesquin, grossier, odieux, inconsidéré ou égoïste de l'autre (un apprentissage de toute une vie), nous, les femmes, pouvons nous ressaisir avec une vitesse étonnante. Quand nous sommes en paix, quand nous nous sentons aimées et que nous aimons bien en retour, nous retrouvons notre chemin et sauvons le monde avec un sourire. On dit, et je suis d'accord avec cela, qu'il n'y a *absolument rien* que deux femmes ne puissent accomplir avant midi si on leur laisse la paix. À moins, bien sûr, que l'une d'elles ne soit brouillée avec son mari ou son amant.

Devenir une femme avec un passé

*Nous trouvons ce que nous cherchons ;
si nous ne le trouvons pas, nous le devenons.*

JESSAMYN WEST

Il n'y a rien de plus séduisant, fascinant et romantique que d'être perçue comme *une femme avec un passé*. Sauf, bien sûr, savoir que vous l'êtes, ce qui fait de vous une femme glorieuse, magnifique, puissante. En fait, *toutes* les femmes ont un passé parce que le destin de toute femme est d'aimer et d'être aimée réellement, follement, profondément. Chacune de nous aime ou a aimé passionnément. Selon Annie Dillard, nous avons toutes été créées pour exprimer notre « propre étonnement ». Une femme avec un passé n'a fait que cela dans sa vie. Elle célèbre ses singularités, se réjouit de ses extravagances, se sent à l'aise dans sa peau, défie ses peurs et chérit ses faiblesses. C'est pourquoi elle a la ferme conviction qu'il n'y a pas d'autres femmes comme elle, qu'il n'y en a jamais eu et qu'il n'y en aura jamais.

Une femme avec un passé. Histoire passée. Vies passées. Amours passées. Passion – passée, présente et à venir.

Contrairement à nous toutes, une femme avec un passé ne pleure pas en secret un amour perdu, un amour qui aurait pu la définir, mais plutôt un amour qu'elle a refusé. D'après moi, nous pleurons toutes un tel amour: l'amour que nous n'avons pu rendre, l'amour qui nous a fait peur, l'amour qui nous a mises au défi, l'amour qui nous aurait coûté plus cher que ce que nous étions prêtes à payer, l'amour qui nous a ruinées, l'amour irrégulier, auquel nous avons tourné le dos.

Quel amour avez-vous perdu? Non, pas celui-là. Pas les causes perdues, même si Dieu sait que nous en avons eu plus que notre part. Cherchez encore.

D'accord, je vous donne un indice.

Qui *est* cet amour perdu ? Vous ressentez la perte de cette présence incroyable dans les absences de chaque jour. *Vous-même.*

Vous avez bien lu. C'est la femme enflammée et enthousiaste en vous qui a été éliminée (du moins le croyiez-vous) et enterrée il y a longtemps sous le tas d'opinions, de préférences et de préjugés des autres. La femme en vous ensevelie sous les attentes impossibles des autres et vos propres attentes destructrices. La femme enterrée vivante dans la fosse du dégoût de soi. La femme avec votre passé. Votre moi authentique. La femme que vous aspirez à devenir. La femme que l'Esprit vous a destinée à être.

Désir sacré

Il me semble que tant que nous vivrons, nous ne pourrons jamais cesser d'avoir des aspirations et des désirs. Il y a des choses que nous sentons belles et bonnes, et nous devons les désirer.

GEORGE ELIOT

L a seule chose qui soit plus irrésistible que de dire la vérité, c'est de l'écouter. Comme des papillons de nuit attirés vers la flamme, nous passons notre vie à chercher secrètement des moments dérobés où nous laisser entraîner par quelque chose de plus vaste que notre vie actuelle. Notre cœur agité nourrit un « désir sacré », comme l'exprime magnifiquement Gœthe, le grand écrivain allemand. Ce désir sacré, c'est de vivre passionnément plutôt que passivement.

Dans l'eau calme des nuits d'amour
Où vous avez été conçu, où vous avez conçu,
Un sentiment étrange vous envahit
Devant la chandelle qui brûle en silence.

Enfin libéré de l'obsession de la noirceur,
Un désir d'union extatique
Vous entraîne vers le ciel.

La distance ne vous fait plus vaciller,
Vous vous envolez, montez en flèche, accédez à la magie,
Fou de lumière.
Vous êtes papillon de nuit,
Et vous voilà parti.

Aussi longtemps que vous n'accepterez pas cette vérité
Et ne serez pas prêt à mourir pour pouvoir vivre,
Vous marcherez sur cette sombre terre
Comme un invité inquiet et seul.

La passion est l'âme sœur de la vérité. Que nous assimilions ou non cette vérité sacrée peut faire toute la différence. Voler est le destin du papillon de nuit. Ses ailes, souvent roussies parce qu'il se rebiffe contre son destin, noircissent, se couvrent de cloques et s'abîment. La prudence le condamne à une mort lente et atroce. Mais le petit papillon qui embrasse son destin inéluctable, trouvant enfin le courage de sortir de l'orbite de l'indécision, s'élance vers son destin, illuminé, transfiguré, dans une explosion de chaleur et de lumière ; enfin en harmonie avec sa nature passionnée, lui-même, maintenant et pour toujours.

L'horloge karmique

Il y a des fois où nous sommes tenues dans l'ignorance.

JUDITH VIORST

I l était une fois une femme prisonnière d'un mariage impossible, sans amour, qui apparaissait pourtant à tout le monde comme une union bénie des dieux. Le genre de mariage dont rêve toute jeune fille. C'est pourquoi elle avait creusé de profonds fossés autour de son château avant même de dire «oui» au Prince des ténèbres.

La vie de ce couple célèbre – le mari était vedette de cinéma –, avec leurs demeures fastueuses et leurs magnifiques enfants semblait idyllique. C'est du moins l'image qu'ils projetaient dans les magazines de luxe où ils apparaissaient régulièrement.

Son mari ne la battait pas avec ses mains mais avec ses paroles. Les blessures psychologiques sont beaucoup plus faciles à cacher que les blessures physiques, ce qui les rend encore plus dangereuses. En effet, une blessure cachée ne peut guérir. Bien que cette femme fût belle, bonne, généreuse, intelligente, sage et accomplie dans son domaine, en plus d'être une mère dévouée, son mari passait son temps à la rabaisser et à lui faire des reproches. Ses amis intimes n'en revenaient pas, cloués sur place comme des passants curieux qui s'attardent sur les lieux d'un grave accident. Ils étaient incapables de trouver une explication à ce drame, à part le fait que le mari était d'une beauté peu commune. Mais ils savaient aussi que leur amie ne connaissait plus l'étreinte de son homme depuis longtemps et ne jouissait plus de son charme qu'en public. Elle n'en continuait pas moins de s'enliser dans ce mariage de façade qui la détruisait, et de lui demeurer fidèle.

Un jour, cependant, deux décennies de bonheur public et de torture privée connurent une fin abrupte. La femme découvrit que son mari entretenait une liaison avec la bonne depuis dix ans; elle ne put supporter cette nouvelle humiliation. Quatre heures après avoir découvert le pot aux roses, le jour même de leur vingt et unième anniversaire de mariage, elle demanda le divorce.

Peu après, comme elle le faisait chaque année au moment de son anniversaire, elle consulta une astrologue. Elle et son mari avaient en commun un des signes du zodiaque les plus fidèles, amoureux et propices aux relations. Mais leurs tempéraments étaient aux antipodes ; cela l'avait intriguée mais elle n'avait jamais cherché à en savoir plus, même si elle croyait à l'astrologie, avait fait faire les cartes du ciel de ses enfants et offrait souvent des séances de consultation astrologique à ses amis. Pour mieux comprendre l'origine de ses problèmes conjugaux, elle demanda à l'astrologue de faire la carte du ciel de son mari et d'évaluer leur compatibilité.

La réponse de l'astrologue la prit au dépourvu : en quarante ans, cette dernière n'avait jamais vu un couple aussi incompatible. « Votre incompatibilité est si extrême, si violente, que j'ai cru avoir fait erreur. Alors, j'ai refait votre carte du ciel. Si vous n'étiez restés qu'une semaine ensemble, j'en aurais déjà été fort étonnée. Je n'arrive pas à imaginer comment vous avez pu vivre vingt ans ensemble. Le coût psychique a dû être énorme. Mais vos gains spirituels l'ont été également. Votre mari n'a pas le même signe que vous ; il est né juste à la lisière. Vous êtes à l'opposé l'un de l'autre. Lumière et ténèbres. Vous êtes fidèle ; il est déloyal. Vous êtes passionnée ; c'est un cérébral. Vous êtes généreuse ; il ne pense qu'à prendre. Je n'ai jamais rien vu de tel. »

La femme fut renversée par ces révélations. Comment tout cela avait-il pu se produire ?

« Tout ce que je vois, c'est que votre âme ne vous a pas mise au courant parce qu'il s'agissait d'une union karmique. Si vous aviez su, vous auriez aussitôt mis fin à cette relation. Mais vous ne le pouviez pas. Vous deviez vivre ensemble pour assimiler les trois principales leçons que nous devons tous apprendre : la passion, la trahison et le pardon. »

L'union essentielle

Le chemin vers l'âme le plus solide et le plus sûr, c'est la chair.

MABEL DODGE

Anaïs Nin disait que «certaines d'entre nous voyageons toute notre vie pour trouver d'autres vies, d'autres âmes». La plupart du temps, nous pensons que l'être que nous cherchons désespérément est l'âme sœur – l'être que nous reconnaîtrons immédiatement si nos chemins viennent à se croiser, avec qui nous nous sentirons tout de suite à l'aise, que nous aurons l'impression de connaître depuis toujours. Comme nous aspirons à rencontrer cette âme qui nous vouerait un amour inconditionnel! C'est pourtant une aspiration étonnante, car est-il possible que quelqu'un nous connaisse et nous aime mieux que nous-mêmes? Comme beaucoup de femmes, j'ai passé la moitié de ma vie à chercher obstinément cette présence fuyante, convaincue que je ne pourrais pas être complète sans m'unir à elle. J'avais raison. Mais aujourd'hui, je me rends compte que l'être que je cherchais n'est pas une autre personne. À mon grand étonnement, j'ai découvert que c'est un autre *moi* que je cherchais. Mon moi authentique. Même chose pour vous. Comment expliquer autrement que, lorsque nous sommes perdues et désorientées, nous disions: «Je me cherche.»

SUR LE TERRAIN

Les relations

Le mot intimité vient d'un terme latin qui signifie intérieur.

SUSAN WITTIG ALBERT

Dans nos relations les plus précieuses, nous avons assez confiance en l'autre pour lui révéler notre moi intime et l'autre peut aussi compter sur nous.

Selon Carl Jung, « la rencontre de deux personnalités est comme le contact entre deux substances : s'il y a une réaction, les deux seront transformées ». De quelles façons vos relations vous ont-elles transformée ?

En fouillant minutieusement votre site, vous avez déterré votre vieille boîte à bijoux où vous aviez remisé le bracelet que vous avait offert votre premier amoureux, ainsi que les lettres que vous avez écrites et reçues quand vous étiez aux études. Lesquelles de ces personnes font partie de votre cercle intime, des êtres avec qui vous vous sentez en affinité et en sécurité ? Les êtres en présence desquels votre moi authentique peut se manifester, être apprécié et aimé ? Quels ont été vos véritables amis, les personnes qui se sont occupées de vous et se sont réjouies de vous voir heureuse ?

Relisez les lettres que vous avez reçues. Qui était cette personne à qui votre mère, votre amie ou votre amoureux s'adressait ? Rappelez-vous-la et décrivez-la. Relisez les lettres que vous avez écrites quand vous étiez aux études. À quoi pensait cette jeune fille ? Y a-t-il des choses dans ces lettres qui vous surprennent ?

Essayez de reprendre contact avec une personne que vous aimeriez revoir. Écrivez-lui une lettre.

Rapport de fouille

Choisissez des photos des personnes que vous aimez et faites-en des copies pour votre album de trouvailles. Ou encore, dessinez-les ou trouvez un symbole qui les représente.

Comment définiriez-vous une bonne relation ? Quels éléments doit-elle comporter ?

Précisez l'idée que vous vous faites d'un bon mariage ou d'une bonne relation amoureuse. Limitez-vous aux aspects positifs – nous en connaissons toutes les côtés négatifs. Projetez-vous dans l'avenir et représentez-vous dans un foyer heureux : qui aimeriez-vous avoir à vos côtés ?

« La chose la plus importante qu'une femme puisse faire pour l'autre, c'est d'illuminer et d'élargir sa vision du possible », écrit la poète Adrienne Rich.

De qui avez-vous élargi la vie ?

Qui a illuminé *votre* vie ?

SUR LE TERRAIN

Le jeu

Créer une nouvelle chose n'est pas l'œuvre de l'intellect
mais de l'instinct ludique mû par une nécessité intérieure.
L'esprit créateur joue avec les objets qu'il aime.

CARL JUNG

Revenons au site sacré de votre âme. Place au jeu. Avez-vous déterré des jouets que vous aimiez dans votre enfance ? Ce sont là vos osselets et votre balle de caoutchouc au fond de votre coffre ? Prenez vos osselets de métal ; vous vous rappelez cette sensation dans le creux de la main ? Lancez-les en l'air et tentez de les recevoir avec le dos de la main.

N'est-ce pas ce que vous faisiez ? N'êtes-vous pas étonnée de la confiance et de la dextérité de la fillette de neuf ans qui pouvait ramasser en une fraction de seconde le nombre exact d'osselets ? Qu'est-elle devenue ?

Je suis persuadée que le plaisir de certains de ces jeux d'enfant était en grande partie tactile. Dans votre fouille, vous réveillez votre sens du toucher en même temps que vos souvenirs.

Quel est cet objet ? Un vieux porte-clefs ? Ne l'utilisiez-vous pas pour jouer à la marelle ? C'était votre porte-bonheur ? Retrouvez le plaisir de le soupeser dans votre main. Cela vous donne-t-il le goût de le lancer ? De lancer de la pâte à pain ? De lancer une boîte de conserve et de tirer dessus ? De sauter à la corde ?

Pourquoi ne pas ressortir certains de ces jouets ? Vous pourriez les ranger dans une petite boîte sur une table. J'en ai une où je garde vingt belles billes de mon enfance. Mon amie et moi les trouvions dans un terrain vacant derrière chez nous. Nous ne savions pas que quelqu'un les lançait pour s'exercer au tir ; nous croyions qu'elles poussaient comme des mauvaises herbes. Nous montions des pièces de théâtre où elles devenaient des personnages : les grosses jouaient les rôles de la mère et du père ; les plus petites étaient les bébés. Leur beauté me fascine encore : les vert et bleu, la transparente qui ressemble à une topaze, la blanche avec des bulles qui fait penser à une boisson gazeuse.

Quelle imagination fertile nous avions, mon amie et moi ! Dans un roman de Ntozake Shange intitulé *Sassafrass, Cypress and Indigo*, il y a un beau passage où une des fillettes se fait réprimander pour son imagination débordante : « Indigo, je ne veux plus en entendre parler, tu m'entends ? Je ne mettrai pas la table avec ma vaisselle du dimanche pour quinze poupées qui ont eu leurs règles aujourd'hui. »

Pour qui aimiez-vous mettre la table avec votre belle vaisselle ?

Rapport de fouille

Quels ont été, dans votre enfance, vos livres préférés ? Organisez une petite rencontre avec une amie pour vous lire des passages de vos livres favoris à voix haute. Mieux encore, faites-le avec des enfants. Ou peut-être avez-vous le goût de lire le Dr Seuss toute seule ? Allez-y ! Notez dans votre album des citations d'auteurs qui vous ont marquée.

Mettez sur pied un cercle de lecture ou encore un club de tennis ou de randonnée pédestre. Réunissez quelques amis pour organiser l'horaire ; vous pourrez ainsi vous adonner à votre activité préférée tout en passant du temps en bonne compagnie.

Faites repiquer vos vieux films sur vidéocassettes pour pouvoir les regarder plus facilement avec votre famille ou vos amis.

Quel est votre passe-temps de prédilection ? Votre actrice et votre acteur favoris ? Vos artistes préférés ? Les films, les jeux, les vacances, les petites douceurs, les bandes dessinées, les fantasmes, les musiques et les magazines qui vous accrochent particulièrement ? Décrivez-les dans votre album.

AUTRE CHOSE

*Nous ne sommes pas satisfaits de ce que nous avons appris
sur le monde et sur nous-mêmes. Nous attendons toujours
l'arrivée d'un étranger qui nous révélera autre chose.
C'est de cette « autre chose »
que nous avons le plus besoin ; elle nous manque.
Alors, allez-y, étranger ! [...] dites-lui qui elle est,
par-delà ce qu'elle sait déjà sur elle-même [...] sur sa vie,
ses ans, sa grande dépense de soi, ce qui est doux
et ce qui est amer chez elle,
la faim qu'elle ressent et la faim qu'elle voit.*

ELIO VITTORINI

La reine de Saba

Salomon avait trois cents épouses et sept cents concubines.
Il n'y avait cependant qu'une femme aux pieds de laquelle
il se prosternait :
la reine de Saba. Elle n'était ni l'une, ni l'autre ;
elle était son âme sœur.
C'est pourquoi il lui donnait tout ce qu'elle lui demandait et beaucoup,
beaucoup plus encore. En retour, elle se donnait à lui. Leur ravissement
était sans bornes et leur amour partagé ne les trahit jamais.

Mon histoire d'amour préférée est celle du roi Salomon, que les Anciens considéraient comme l'être le plus sage du monde, et de la reine de Saba, qui n'avait rien à lui envier.

Avant Hélène de Troie, avant Cléopâtre, avant Catherine la Grande, il y eut la reine de Saba, la première femme avec un passé dont l'histoire fait mention. Nous ne savons pas grand-chose d'elle – les allusions bibliques à son sujet sont sommaires –, à part le fait qu'elle était si attrayante, séduisante et étonnante qu'elle inspira à Salomon le plus beau poème d'amour jamais écrit : le *Cantique des cantiques*. Pour moi, cela veut tout dire. En fait, tout ce qu'il nous faut savoir à propos de la reine de Saba, c'est qu'elle était assez futée pour accomplir ce que mille autres femmes n'avaient pas réussi : elle a fait s'agenouiller le roi le plus puissant de la Bible et ce, avec le sourire.

Comment donc réussit-elle cet exploit ? En osant être elle-même, dans toute sa gloire. L'égale du roi. Elle le savait et lui aussi, et elle s'arrangea, finement mais résolument, pour qu'il ne l'oublie pas. Elle était la première femme à ne pas s'incliner devant lui. *Elle* savait qui méritait la vénération. C'est pourquoi elle le regarda droit dans les yeux, lui lança probablement un sourire entendu, puis se retira dans sa tente où elle attendit qu'il se présente chargé de ses offrandes d'amour. Elle laissa le roi lui offrir tout ce qu'elle désirait, et beaucoup plus encore, *avant même* de se tourner vers lui. Et pourquoi ?

Saba était consciente du bonheur qu'elle pouvait procurer à Salomon. Elle voulait voir s'il méritait son amour. Avant d'accepter ses avances, elle voulait voir s'il pouvait rehausser la qualité de *sa* vie.

Saba désirait ardemment une âme sœur, un compagnon qui la considérerait comme une égale sur tous les plans – intellectuel, émotif et passionnel. Bien que seule depuis trop longtemps déjà, elle était la reine de Saba et n'allait pas s'accommoder de moins que cela. Elle savait que, pour une femme, il y a pire que la solitude : c'est de vivre avec un homme qui ne vous mérite pas et n'en est même pas conscient. Salomon était-il le bon parti ? Roi ou non, elle devait le mettre à l'épreuve.

Par ailleurs, la reine de Saba était une femme très généreuse. C'était même ce qui faisait sa renommée ; ses sujets vivaient dans l'aisance et l'adoraient. Quand elle se présenta à la cour du roi Salomon, elle lui apporta les plus beaux objets des quatre coins du monde comme gages de son estime. Le roi fut ébloui de sa largesse.

Ce n'était pas des biens matériels que Saba attendait de Salomon ; elle avait déjà tout. Elle voulait plutôt savoir si l'homme le plus sage de la planète connaissait les véritables désirs d'une femme : des dons du cœur. Amour inconditionnel, désintéressement, soutien, fidélité, enthousiasme, attention, prévenance, dévotion, romantisme, constance, sollicitude, primauté des émotions. C'étaient là les cadeaux dignes d'une reine.

Dès le premier regard, Salomon sut que la reine de Saba était une femme unique au monde. Il voulut gagner son cœur sans partage, comme homme et non seulement en sa qualité de roi le plus puissant du monde. Comme elle était son égale, il savait qu'il devait faire une chose qu'il n'avait encore jamais faite : ouvrir son cœur et accorder la priorité absolue au bonheur et au bien-être de sa bien-aimée. Il devait trouver ce qui la ravissait et le lui procurer. Le roi savait qu'il était son âme sœur. Et il allait le lui prouver : il sortit ses meilleurs vins et ses plus beaux fruits, choisit lui-même les fleurs et les parfums qu'il lui offrirait. Il remettait à plus tard les affaires d'État pour se retrouver aux côtés de Saba ou veillait à ses loisirs si la gestion du royaume ne pouvait pas attendre.

Pour toute femme qui aspire à quelque chose de supérieur, méditer sur les dons, les talents et la sagesse de la reine de Saba peut s'avérer une grande source d'inspiration.

Saba savait que lorsqu'un homme se présente dans votre vie – peu importe qu'il soit roi ou charpentier (l'un n'exclut pas l'autre) –, s'il n'a pas votre générosité d'esprit et ne peut combler vos besoins affectifs, vous ne serez *jamais* heureuse avec lui. Si vous êtes engagée dans la voie de l'*abondance* (où vous avez sûrement déjà fait de grands pas) et que l'être aimé (que vous le connaissiez depuis une semaine ou partagiez sa vie depuis vingt ans) s'est installé dans le *manque*, vous serez tous les deux frustrés et en perpétuel désaccord.

Rien d'autre n'a d'importance. Ni vos signes astrologiques, ni la façon qu'il a de vous faire rire, ni ses baisers qui vous font tomber en pâmoison. Si vous n'êtes pas tous les deux généreux, démonstratifs et en harmonie sur le plan émotif, vous aurez toujours l'impression, avec raison, de ne pas recevoir l'amour que vous méritez.

Ma dévotion pour la reine de Saba s'est accrue le jour où j'ai surpris une conversation fort instructive entre deux jeunes employées du rayon des cosmétiques d'un grand magasin. J'attendais qu'on me serve, mais j'ai été tellement fascinée par leur discussion à propos des tribulations amoureuses d'une amie commune que je n'ai pas osé les interrompre. L'ami de cœur de cette femme semblait une brute de la pire espèce et l'avait été depuis le début. Elles auraient eu le goût de l'écorcher vif ; quant à leur amie, elles se retenaient pour ne pas lui flanquer une gifle. C'en était trop. La patience, l'amour et la tolérance de nos sœurs spirituelles ont des limites, quel que soit notre penchant pour l'autodestruction. Les anges n'ont pas toujours des ailes.

« J'aurais le goût de la prendre par les épaules et de lui crier "Ressaisis-toi ! Garde la tête haute devant ton homme. Ne renonce pas à ton trône. Tu as oublié tes droits ancestraux. Tu es la fille de la reine de Saba. Agis donc selon ton rang." »

«*Amen*», ajouta sa copine. «Il n'y a pas un homme au monde que je laisserais me traiter de la sorte.»

«C'est parce que nous deux, nous savons que nous sommes de sang royal.»

«C'est vrai. Quand un homme me demande ce que j'attends de lui, tu sais ce que je lui réponds? "Tout ce que tu as, mon cher, et plus encore. Donne-moi tout ce que tu as, puis je te ferai savoir si cela suffit. Si ce n'est pas assez, je te le dirai; ainsi, tu pourras m'en offrir davantage."»

Sur ce, les deux femmes éclatèrent de rire, et moi aussi.

«C'est ce que devrait faire cette fille. Elle est en train de faire une mauvaise réputation à toutes les femmes.»

«Puis-je vous aider?», me demanda l'une d'elles.

Je lui répondis qu'elle l'avait déjà fait. J'étais venue acheter du rouge à lèvres, mais je venais d'être illuminée et ne voulais pas rompre le charme. Je reconnais la vérité quand je l'entends et, ce jour-là, j'étais prête pour ma prochaine leçon. L'Esprit a toutes sortes de façons de nous parler.

«Les femmes qui se déprécient rendent la vie dure à toutes les femmes», écrivait Nellie McClung en 1915; ces deux jeunes femmes le savaient. À vrai dire, je n'avais jamais pensé à cela. Mais ce jour-là, cette vérité toute simple m'apparut soudain dans toute sa splendeur, porteuse de fructueuses réflexions.

Presque toutes les femmes que je connais souffrent, à des degrés divers, d'un syndrome de déficience-en-reine-de-Saba – un déséquilibre perturbant la communication entre le cerveau et l'âme. Parmi les symptômes de cette maladie, il y a la distorsion, la désorientation et la confusion qu'on retrouve également chez les membres des familles royales détrônées qui vivent en exil. Autrement dit, chez les personnes qui ont perdu le nord – intérieur et extérieur. Celles d'entre nous qui souffrons de ce mal mystique – qui apparaît et disparaît selon notre degré de bien-être émotif, de confiance en nous et de capacité d'adaptation – passons notre temps à oublier qui nous sommes. Nous égarons notre couronne.

Quand nous nous coupons de notre véritable nature, nous ne sommes plus en mesure de nous fixer des limites qui nous protègent, nous nourrissent et entretiennent notre estime de nous-mêmes. Nous oublions que nous sommes des femmes de premier ordre et avons tendance à nous rabaisser aux yeux des autres pour nous faire accepter. Mais si vous voulez être admirée, adorée et aimée, vous devez garder la tête haute. Vous pouvez être sûre d'une chose : la reine de Saba ne souffrait pas de dégoût de soi.

« Ce qui est terrible, c'est de faire semblant que le médiocre est fantastique, que vous n'avez pas besoin d'amour alors que vous en avez besoin ; que vous aimez votre travail quand vous savez fort bien que vous êtes capable de faire mieux », observe Doris Lessing. « Il n'y a qu'un seul véritable péché : c'est de se convaincre que ce qui est de second ordre est pour le mieux. »

Vous n'êtes pas de second ordre. Vous êtes issue d'une famille ancienne, d'une souche sacrée : les filles de Saba. Gardez la tête haute, mon amie. Il n'y a pas un homme au monde qui mérite que vous abdiquiez votre trône.

Âmes sœurs

Deux êtres sont nés pour unir leur route, leur vie, leur cœur.
Si, par hasard, l'un d'eux se détourne, se perdent-ils pour toujours ?

MICHAEL TIMMINS

Oui, ils se perdent, mais pas pour toujours. Seulement pour cette vie. Ce qui se perd, c'est le duo qu'ils auraient formé ensemble, qui aurait pu embraser le monde par sa passion et sa détermination, racheter et rapatrier une portion du cœur du monde et de leur propre cœur. Un ensemble qui aurait prouvé formellement, irréfutablement et indubitablement que le grand amour s'inscrit dans le plan divin de chacune d'entre nous.

Ce n'est pas tout. Il y a autre chose qui se perd. Selon la tradition mystique celtique, quand deux êtres destinés à unir leur chemin, leur vie et leur cœur s'étreignent, une troisième entité vient au monde – compagnon ou compagne spirituelle qui veille sur ces deux âmes pour les aider à s'aimer pleinement. S'ils décident de se détourner du labyrinthe conjugal, cette entité cessera de jouer ce rôle. Mission interrompue.

Comprenez-moi bien : nos choix en matière d'amour sont sacrés. Quand un cœur se détourne *consciemment* des caresses et des défis qu'offre l'autre – que ce soit vous ou lui –, une bonne partie de ce qui était appelé à être se perd.

Nous parlons ici d'âmes sœurs, du Bien-aimé et de la Bien-aimée. *Ma Bien-aimée est à moi, et moi à elle*, disait Salomon à propos de la reine de Saba. L'amour comme réunion et reconnaissance anciennes, non pas comme geste délibéré, acte de volonté, fantasme ou passade. *Mon Bien-aimé est à moi, et moi à lui*. Certains appellent cet amour authentique « le seul et unique ». Pour ma part, mon âme me souffle un autre nom : l'Autre.

L'Autre.

Cette autre âme, explique John O'Donohue, faisait partie de la même motte de terre que vous « des millions d'années avant que le silence de la nature ne soit rompu ». Puis vint la séparation, qui fit de vous « des formes distinctes abritant des individus et des destins différents ». Depuis l'aube des temps, cependant, vous pleurez en secret la perte de l'autre. « Pendant les milliers d'années où vos formes d'argile erraient dans l'univers, votre désir l'un de l'autre ne s'est jamais éteint. »

« Les Celtes avaient une belle et subtile perception de l'amitié. Dans la liturgie celtique primitive, une personne qui agissait comme un maître, un compagnon ou un guide spirituel était appelée *anam cara*, expression gaélique désignant l'âme sœur. C'est à l'*anam cara* qu'un individu se confiait, révélait des aspects cachés de sa vie, de son esprit et de son cœur. Cette personne entretenait un lien particulier avec vous et votre amitié était un acte de reconnaissance absolue. Elle passait outre aux conventions, à la morale et à la religion. L'*anam cara* vous voyait d'un point de vue éternel. »

Comment savoir si un être aimé est votre âme sœur, votre *anam cara*? Si vous en êtes amoureuse, il doit l'être, non? Pas nécessairement. Il y a plusieurs personnes auprès de qui nous pouvons être heureuses, mais ces relations n'ont pas toutes un caractère d'*inévitabilité*. Chez les âmes sœurs, ce sentiment est puissant. Cela peut être très difficile, car reconnaître cette inévitabilité vous rend plus vulnérable que jamais. Celles pour qui le contrôle fait partie de leur *modus operandi* trouveront cela très inconfortable.

« Tout amour durable entre deux êtres, si surprenant ou inhabituel soit-il, semble inaltérable, prédestiné, irrésistible et foncièrement normal pour le couple qui y est plongé », observe Lillian Ross, qui, dans *Here But Not Here*, a relaté sa liaison – longue de quarante ans – avec William Shawn, le directeur du *New Yorker*.

Combien de nos amours semblent-elles inaltérables, prédestinées, irrésistibles et inévitables? Trouver l'âme sœur nous met souvent dans tous nos états parce que cela bouscule des systèmes et des relations sur lesquels nous comptions pour donner une force, une stabilité et une structure à notre vie. Je ne crois pas qu'il y ait de sentiment plus terrifiant que celui que nous éprouvons au moment de nous abandonner à notre destinée lorsqu'elle est liée à un autre être. Un film charmant de Henry Jaglom intitulé *Déjà vu* « soulève des questions embarrassantes sur les compromis à faire dans la vie, que plusieurs couples heureux de plus de trente ans préféreraient ne jamais aborder », notait Stephen Holden dans le *New York Times*. Faut-il tout envoyer promener quand le grand amour frappe à votre porte? Seigneur! c'est là une question dérangeante qui, lors de la projection du film à laquelle j'ai assisté, cloua sur leur siège presque tous les spectateurs pendant plusieurs longues minutes après le générique. « C'était un film intéressant », dit enfin la femme assise près de moi à son mari. « En effet, répliqua-t-il, mais heureusement que tu es mon âme sœur. »

Celui qui aime
votre âme de pèlerine

Quelle que soit la matière dont notre âme est faite,
la sienne et la mienne sont pareilles.

EMILY BRONTË

C ela fait maintenant un an que je sens la présence sacrée de l'Autre, dans ma solitude et mon demi-sommeil. Mais je n'ai pas encore vu son visage en cette vie. J'étais séparée et vivais seule depuis plusieurs mois quand William Butler Yeats me tira de mon sommeil. Il était assis au pied de mon lit. Depuis trente ans, Willie est mon guide et mon messager spirituel dans mes rêves, mais c'est là une autre histoire.

« Oui, Willie.

– Sarah, c'est le moment.

– Le moment de quoi, Willie ?

– Sarah, il t'attend.

– Qui m'attend ?

– Celui qui aime ton âme de pèlerine. Celui qui chérit tes joies et tes chagrins.

– Je pensais que c'était toi, Willie.

– Tu as raison, mais il y en a un autre.

– Comment vais-je le trouver ?

– Suis ton cœur.

– Comment vais-je le reconnaître ?

– Ouvre l'œil.

– De quoi a-t-il l'air ?

– Il est le reflet de ton âme.

– Pourrais-tu être plus précis ? Puis-je en savoir plus ?

– C'est justement ta quête de quelque chose de supérieur qui te mènera à lui. »

Puis il disparut. Toute cette conversation céleste ne dura que quelques battements de cœur. Je n'en saisissais pas le sens. Je comprends rarement. Mais cela ne m'arrête plus.

Le reflet de mon âme.

C'est ma quête de quelque chose de supérieur qui me mènera à lui.

Vous vous demandez comment les livres et les voyages intérieurs voient le jour ? J'ai entrepris le périple de *L'Abondance dans la simplicité* en m'assoyant à ma table un matin comme les autres pour dresser la liste de toutes les choses pour lesquelles je devais remercier. J'avais décidé de cesser de mettre l'accent sur ce qui me manquait, car j'en avais marre de vivre dans le manque.

Ce matin-là, j'en avais assez d'être seule. Je me suis alors mise à rédiger une annonce à l'intention de mon *anam cara*, mon âme sœur, où je décrivais ses qualités spirituelles dans le menu détail. Je ne connais ni son nom, ni son âge, ni la couleur de ses yeux ou de ses cheveux (ni même s'il a des cheveux), mais je connais 104 choses merveilleuses à son sujet. Quand j'ai montré ma liste à une amie, elle s'est écriée : « C'est ton portrait tout craché ! »

Intéressant, n'est-ce pas ?

Le reflet de mon âme.

Quand j'ai soumis ma liste à *un* ami, il s'est exclamé : « Mon Dieu, Sarah, t'accommoderais-tu de la moitié de cela ? »

« Pourquoi le devrais-je ? », m'entendis-je rétorquer. Pourquoi devrions-nous nous contenter de moins que l'union du Ciel et de la Terre ? J'ai passé toute ma vie à faire des compromis, à trébucher, à survivre à peine. J'ai vécu un tremblement de terre et, au mitan de ma vie, je me vois obligée de repartir à zéro. Eh bien, quant à recommencer, cette fois, je veux partir du bon pied. Je refuse de m'accommoder de ce qui ne me suffisait pas. J'aspire à tout autre chose.

Connaître et être connue

Vous pouvez vous retrouver à la fin de votre vie à en savoir davantage sur les autres que sur vous-même.

BERYL MARKHAM

«C'est si court, une vie humaine. À peine venons-nous de nous rendre compte que nous sommes ici qu'il est déjà temps de penser à repartir. La brièveté de la vie donne un caractère d'urgence à notre désir de nous connaître nous-mêmes», rappelle John O'Donohue. «C'est peut-être ce que nous apporte l'amitié. Le reflet fidèle de notre vie et de notre âme est notre véritable ami. Un ami nous aide à voir qui nous sommes et ce que nous faisons ici-bas.»

Nous cherchons dans le regard de l'autre non seulement notre valeur, mais notre définition. Nous nous définissons par les rôles que nous jouons dans la vie des autres. Qui suis-je? Épouse? Mère? Enseignante? Comptable? Ce sont là des rôles. Certains durent plus longtemps que d'autres, mais ils restent toujours des rôles.

Qui êtes-vous?

Et si c'était un mystère? C'est cela, votre réalité. C'est cela, votre vérité. Cette autre chose que vous cherchez. Ce n'est pas une autre personne. Ce n'est pas le grand amour. Le grand amour, c'est votre quête d'autre chose qui vous y mènera. «Quand on est étranger à soi-même, on est aussi coupé des autres», soutient Anne Lindbergh. Je partage cet avis.

Parfois, cependant, inexplicablement, vous rencontrez une âme sœur, platonique ou passionnée. Pendant un moment, en sa présence, vous ne vous sentez plus seule, vous ne vous sentez plus étrangère. Cette personne semble si bien vous connaître – vos centres d'intérêt, vos préoccupations, vos valeurs. Elle partage vos passions. En une heure, il s'installe entre vous une sympathie, une familiarité, une intimité qui prendront des années à se développer chez d'autres, ou ne le feront jamais. Vous avez rencontré un proche, un ou une amie spirituelle si extraordinaire que vous avez l'impression d'être des jumeaux qui ont été séparés à la naissance. Votre *alter ego*, mais pas nécessairement l'Autre.

«Une âme sœur est quelqu'un à qui vous vous sentez profondément reliée; c'est comme si la communication et la communion entre vous n'était pas le fruit d'un effort intentionnel mais d'une grâce divine», dit Thomas Moore dans *Les Âmes sœurs : honorer les mystères de l'amour et de la relation.* «Nous pouvons trouver une âme sœur dans diverses formes de relations – amitié, mariage, au travail, au jeu, dans la famille. Cette forme d'intimité est rare, mais elle ne se limite pas à une seule personne ni à une seule forme. »

Pendant un certain temps, vous êtes donc heureuse. Comblée. Satisfaite. Puis, vous savez ce qui arrive ? Vous cessez de chercher votre moi authentique. Vous n'avez plus besoin de le faire. Vous avez trouvé un ami en chair et en os. *Deo gratias.* Vous étiez perdue. On vous a retrouvée.

Même dans les circonstances les plus favorables, cependant, la vie est tout à fait imprévisible. Notre amoureux nous quitte. Notre ami déménage. L'un ou l'autre meurt. Une liaison tourne mal, une amitié s'altère. Puis vous constatez, dans la quarantaine ou la cinquantaine, que vos amis ne peuvent plus vous sauver, pas plus que l'amour ne peut le faire à lui seul comme vous le croyiez dans la vingtaine ou la trentaine.

Vous est-il déjà arrivé une chose si merveilleuse que vous avez eu tout de suite envie de la partager, mais qu'aucune des personnes à qui vous auriez aimé en parler n'ait été à la maison ? Ou d'avoir un gros chagrin d'amour et que la seule amie qui aurait pu vous comprendre ait branché son répondeur ? Vous avez alors l'impression de n'avoir personne au monde à qui vous adresser.

Et vous avez raison.

Il n'y a personne au monde qui puisse nous libérer du sentiment de vide et de séparation qui accompagne le désir désespéré d'être connue avant de mourir. Du désir de nous connaître. Pour le meilleur ou pour le pire, comme nous n'avons pas la moindre idée de ce que c'est, nous appelons cela la quête d'autre chose.

Cœur cruel

Nous avons nourri notre cœur de fantasmes.
Cela l'a rendu cruel.
Il y a plus de substance dans nos inimitiés
que dans notre amour...

W. B. YEATS

Yeats écrivit ces lignes en pensant à Maud Gonne, la célèbre beauté irlandaise qui lui fit subir la torture d'un amour jamais consommé. (Elles sont tirées d'un poème sur la guerre civile dans son pays, mais qui traite autant du déchirement de son âme que du destin politique de l'Irlande.)

Cette liaison platonique dura trente ans. Elle l'appelait «un mariage spirituel». Pauvre Willie! Sa fièvre ne tomba qu'à un âge avancé. Il était si désespérément amoureux de Maud qu'il tenta même (sans succès) d'épouser sa fille pour se rapprocher d'elle. La vie et l'amour ne se montrèrent pas très généreux envers Yeats, une belle âme sensible et évoluée en plus d'être l'un des plus grands poètes de tous les temps. Son destin ne l'amena pas à s'unir à Maud mais à la Vie. C'est pourquoi il est mon âme sœur et peut-être la vôtre; mais nous ne pouvons remplacer Maud.

Qu'arrive-t-il cependant si ce n'est pas votre âme qui se détourne de votre destinée, mais celle de votre compagnon? Êtes-vous alors condamnée à vivre seule pour toujours et à ne jamais vivre en symbiose?

Non. L'amour n'est pas si cruel et mesquin. Vous avez peut-être cette impression aujourd'hui, mais cela ne durera pas.

Selon moi, voici ce qui se produit quand, chez deux êtres qui sont nés pour unir leurs routes, leurs vies et leurs cœurs, l'un d'eux décide de bifurquer. Son karma se poursuit selon son choix. Cependant, je suis convaincue qu'il se prépare des moments de déchirement quand il se rendra compte que vous étiez l'amour de sa vie et qu'il a laissé passer sa chance d'être heureux.

Soit, votre destin change également. Vous êtes laissée en plan. Mais comme vous n'étiez pas destinée à être seule, votre âme aspire à autre chose. Vous avez alors deux choix : abandonner votre quête et vivre des relations insatisfaisantes avec des hommes qui ne vous conviennent pas jusqu'à la fin de vos jours, ou cesser votre course. Vous pouvez vous arrêter un moment, assez longtemps pour jurer à Dieu que vous aimez mieux rester seule pour le restant de votre vie que d'endurer une seule autre minute de relation malsaine et destructrice avec un homme qui ne vous mérite pas. Vous décidez d'accorder une danse à Celui grâce à qui vous êtes là.

L'Esprit.

En demandant à l'Esprit de vous combler de son amour pour vous aider à vous épanouir, vous commencez vraiment à vous réincarner. Vous devenez votre propre Bien-aimé.

« Le bien-aimé est celui qui vous nourrit, vous fait confiance, vous soutient, vous encourage, vous aime sans condition », affirme Iyanla Vanzant. « C'est vous. »

Vous avez bien lu : vous-même !

Vous et l'Esprit. L'équipe de rêve. Le couple idéal. La fusion du Ciel et de la Terre. Encore mieux que celui qui vous a quittée. Vous tombez amoureuse pour la première fois et découvrez que votre âme sœur est la Vie. « Pour moi, il n'y a rien de plus excitant que d'imaginer que la *vie* est mon amant – qui me fait *toujours* la cour », écrit Julie Henderson dans *The Lover Within*. « Vivre ce type de relation avec la vie est un défi et un abandon qui m'incitent à vivre plus profondément chaque instant. »

Quand vous tombez follement amoureuse de la Vie – en dépit de sa complexité, de ses compromis et de ses contradictions –, la Vie tombe follement amoureuse de *vous*, en dépit des *vôtres*. Croyez-moi, jamais vous ne trouverez un amant qui saura mieux vous aimer, vous désirer, vous étreindre et vous transporter que la Vie. C'est une relation d'égal à égal. « Et si c'était la Vie qui était destinée à être votre amoureux ? », demande Willa Cather.

Y avez-vous déjà songé ?

Autre chose

*Toute relation que vous avez avec une autre personne
reflète la relation que vous avez avec vous-même.*

ALICE DEVILLE

Ralph Waldo Emerson soutenait qu'on ne peut dire qu'une
personne ait réussi dans la vie si elle n'a pas survécu à la trahison d'un être qu'elle aimait et en qui elle avait confiance.

Je ne suis pas d'accord. À mes yeux, le véritable succès va
beaucoup plus loin : c'est survivre à la trahison de quelqu'un qu'on
méprisait et maltraitait – soi-même.

Comment y arriver ? En y mettant fin, tout simplement. Aujour-
d'hui même. En demandant dès maintenant le courage d'apprendre à transformer le dégoût de soi en amour de soi, chaque jour
de notre vie, par nos choix passionnés.

Vous avez dû vous rendre compte à l'heure qu'il est que cette
autre chose à laquelle nous aspirons n'est pas l'argent, la renommée, une maison digne des revues de décoration intérieure ou une
aventure avec une vedette de cinéma.

Ce que nous recherchons, c'est le repos de l'âme. L'estime de
soi.

La connaissance de soi. Savoir que notre passion est sacrée et
que la seule façon d'avoir une vie authentique, c'est d'être fidèles
à nos passions.

Or, la seule façon de demeurer fidèles à nos passions, c'est de
jurer que jamais plus nous ne nous trahirons nous-mêmes.

L'objet ultime de notre quête, c'est la certitude que personne
d'autre que nous-mêmes ne peut nous trahir. D'autres êtres que
nous aimons et en qui nous avons confiance nous décevront, nous
laisseront tomber, nous blesseront, parce qu'ils sont humains. Nous
aussi, nous décevrons, laisserons tomber et blesserons des êtres

que nous aimons, parce que nous sommes humaines. Tous les êtres humains, même ceux qui s'aiment de tout leur cœur, peuvent se décevoir, se laisser tomber et se blesser.

Mais, fort heureusement, personne au monde ne peut nous trahir.

Nos espoirs ressemblent à des regrets et nos regrets ressemblent à des espoirs quand nous nous trahissons nous-mêmes. Quand nous ne bougeons pas, même si nous savons que nous devons prendre les devants. Quand nous ne nous relevons pas après avoir trébuché. Quand nous renions la personne et les choses que nous aimons. Quand nous laissons les autres choisir à notre place.

Pour connaître autre chose, nous devons faire quotidiennement des choix courageux. Or, notre capacité d'effectuer de tels choix est inextricablement liée à l'estime de soi. Est-ce que je mérite d'être heureuse ? Bon sang que oui ! Vais-je encore être malheureuse ? S'il n'en tient qu'à moi, jamais !

Si nous pouvons nous parler de la sorte, notre processus de réincarnation est en bonne voie. Nous n'avons plus à accepter le monde tel qu'il est parce que nous pouvons maintenant le refaçonner, le reconquérir et le recréer à notre image.

Pour y parvenir, cependant, nous devons prendre conscience que nous avons trouvé notre mission de vie : déterrer nos rêves enfouis. Car seule notre archéologue intérieure peut décrypter le langage de notre âme : nos besoins et nos désirs authentiques. Nous devons connaître nos véritables besoins et désirs si nous voulons faire les choix qui nous permettront de les honorer.

Nos besoins et nos désirs véritables sont encodés dans nos rêves, dans la mémoire de nos aspirations les plus profondes. Continuons de nous débarrasser de l'incrédulité du monde pour pouvoir déterrer la détermination, la paix et le plaisir qui nous apporteront la joie.

La quintessence de la quête d'autre chose, c'est de savoir que nos choix – et, à partir de maintenant, seulement les nôtres – doivent avoir la priorité. Si cela fait de nous des femmes centrées sur nous-mêmes, nous pourrons interrompre notre recherche parce que nous aurons déjà trouvé ce que nous cherchions.

Cette «autre chose» dont il est question tout au long de ce livre, c'est le soin, la communion, l'amitié, la relation, l'engagement. C'est donner et recevoir un amour inconditionnel. Au terme de la journée, ou d'une vie, tout ce qu'il nous reste vraiment, c'est soi-même et l'amour. Si nous nous aimons – vraiment, follement et profondément –, nous aurons tout ce dont nous avons besoin.

Pour l'amour de tout ce qui est sacré, ayons la conviction de ne mériter rien de moins que ce qu'il y a de mieux.

BIBLIOGRAPHIE

Elle aime trop les livres ; cela lui a chambardé le cerveau.

LOUISA MAY ALCOTT

M es citations proviennent de sources nombreuses et diverses. Mes recueils de citations favoris sont : *The New Beacon Book of Quotations by Women* (compilation effectuée par Rosalie Maggio), Beacon Press, Boston, 1996 ; *Bartlett's Familiar Quotations*, 16e édition, sous la direction de Justin Kaplan, Little, Brown and Company, Boston, 1992 ; *The Columbia Dictionary of Quotations* (compilation faite par Robert Andrews), Columbia University Press, New York, 1993.

❖ ❖ ❖

Ackerman, Diane, *A Natural History of the Senses*, Random House, New York, 1990. (Édition en français : *Le Livre des Sens*, Grasset & Fasquelle, Paris, 1991.)

_____, *A Slender Thread : Rediscovering Hope at the Heart of Crisis*, Random House, New York, 1997.

Albert, Susan Wittig, Ph.D., *Writing from Life : Telling Your Soul's Story*, Jeremy P. Tarcher/Putnam Books, New York, 1996.

Ang, Li, *The Butcher's Wife and Other Stories*, Cheng and Tsui, Boston, 1995. (Édition en français : *La Femme du boucher*, Flammarion, Paris, 1992.)

Anthony, Evelyn, *The Avenue of the Dead*, Coward, McCann & Geohegan, New York, 1982.

Bagnold, Enid, *National Velvet*, Avon Books, New York, 1991.

Baldwin, Christina, *Life's Companion : Journal Writing as a Spiritual Quest*, Bantam Books, New York, 1991.

Bowen, Elizabeth, *To the North*, Viking Penguin, New York, 1997.

Branden, Nathaniel, *The Psychology of Self-Esteem*, Bantam Books, New York, 1983.

Brown, Molly Young, *Lighting a Candle : Quotations on the Spiritual Life*, Hazelden/Harper Collins, 1994.

Buck, Pearl S., *To My Daughters, With Love*, Buccaneer Books, Cutchogue, New York, 1992.

Cameron, Julia, avec Mark Bryan, *The Artist's Way : A Spiritual Path to Higher Creativity*, Jeremy P. Tarcher/Putnam Books, New York, 1992. (Édition en français : *Libérez votre créativité. Osez dire oui à la vie !* Dangles, Paris, 1995.)

Ceram, C. W., *Gods, Graves, and Scholars : The Story of Archaeology*, Vintage Books/Random House, New York, 1986. (Édition en français : *Des dieux, des tombeaux, des savants ; le roman vrai de l'archéologie*, du Rocher, Monaco, 1986.)

Chopin, Kate, *The Awakening*, Avon Books, New York, 1982. (Édition en français : *L'Éveil*, Liana Levi, Paris, 1998.)

Christie, Agatha, *An Autobiography*, Berkley, New York, 1996.

Conway, Jill Ker, *Written by Herself : Autobiographies of American Women : An Anthology*, Vintage Books/Random House, New York, 1992.

Davis, Rebecca Harding, *Life in the Iron Mills and Other Stories*, Feminist Press, New York, 1985.

Davis, Dr Avram et Manuela Dunn Mascetti, *Judaic Mysticism*, Hyperion, New York, 1997.

Deetz, James, *In Small Things Forgotten : An Archaeology of Early American Life*, Anchor Books/Bantam Doubleday Dell, New York, 1996.

DeSalvo, Louise, *Vertigo : A Memoir*, NAL-Dutton, New York, 1996.

_____, *Virginia Woolf : The Impact of Childhood Sexual Abuse on Her Life and Work*, Beacon Press, Boston, 1989.

Evans, Nœla N., *Meditations for the Passages and Celebrations of Life*, Crown, New York, 1994.

Fagan, Brian M., *Eyewitness to Discovery: First-Person Accounts of More Than Fifty of the World's Greatest Archaeological Discoveries*, Oxford University Press, New York, 1996.

Ferrucci, Piero, *Inevitable Grace*, Jeremy P. Tarcher/Putnam Books, New York, 1990.

Fraser, Kennedy, *Ornament and Silence: Essays on Women's Lives from Edith Wharton to Germaine Greer*, Alfred A. Knopf, New York, 1996.

Gibran, Khalil, *The Prophet*, Alfred A. Knopf, New York, 1996. (Édition en français: *Le Prophète*, Casterman, Paris, 1956.)

Gill, Brendan, *Late Bloomers*, Artisan/Workman, New York, 1996.

Godden, Rumer, *A House with Four Rooms*, William Morrow, New York, 1989.

Gunderson, Edna, « The New Madonna » in *USA Today*, 3 mars 1998.

Henderson, Julie, *The Lover Within: Opening to Energy in Sexual Practice*, Station Hill Press, Barrytown, New York, 1997.

Ibsen, Henrik, *A Doll's House*, Penguin Books, Londres, 1965. (Édition en français: *Maison de poupée*, Actes Sud, Paris, 1987.)

Jong, Erica, *Fear of Fifty*, HarperCollins, New York, 1994. (Édition en français: *La Peur de l'âge; ne craignons pas nos 50 ans*, Grasset & Fasquelle, Paris, 1996.)

Keller, Helen, *The Story of My Life*, Bantam Books, New York, 1990.

Kipfer, Barbara Ann, *The Wish List*, Workman, New York, 1997.

Lawrence, D.H., « All Souls' Day » in *Complete Pœms*, Penguin Books, New York, 1993.

Linfield, Jordan L. et Joseph Krevisky, *Words of Love: Romantic Quotations from Plato to Madonna*, Random House, New York, 1997.

McCoy, Horace, *They Shoot Horses, Don't They?* Buccaneer Books, Cutchogue, New York, 1993. (Édition en français: *On achève bien les chevaux*, Gallimard, Paris, 1999.)

McIntosh, Jane, *The Practical Archaeologist: How We Know What We Know about the Past*, Facts on File®, New York, 1986.

McMillon, Bill, *The Archaeology Handbook: A Field Manual and Resource Guide*, John Wiley ans Sons, New York, 1991.

Microsoft Encarta Multimedia Encyclopedia (CD-ROM), Microsoft, Redmond, Washington, 1998.

Miller, Sue, *The Good Mother*, Harper & Row, New York, 1986.

Moffat, Mary Jane et Charlotte Painter, *Revelations: Diaries of Women*, Random House, New York, 1974.

Moore, Thomas, *Soul Mates: Honoring the Mysteries of Love and Relationships*, HarperCollins, New York, 1992. (Édition en français: *Les Âmes sœurs: honorer les mystères de l'amour et de la relation*, Le Jour, Montréal, 1995.)

Morrison, Mary C., *Let Evening Come: Reflections on Aging*, Doubleday, New York, 1998.

Myss, Caroline, *Spiritual Madness: The Necessity of Meeting God in Darkness* (2 cassettes audio), Sounds True, Boulder, Colorado, 1997.

Norris, Kathleen, *Amazing Grace: A Vocabulary of Faith*, Riverhead Books/Penguin Putnam, New York, 1998.

O'Donohue, John, *Anam Cara: A Book of Celtic Wisdom*, Cliff Street Books/HarperCollins, New York, 1997.

Olsen, Tillie, *Silences*, Seymour Lawrence/Delacorte Press, New York, 1978.

Person, Ethel S., *Dreams of Love and Fateful Encounters: The Power of Romantic Passion*, Viking Penguin, New York, 1989. (Édition en français: *Voyage au pays des fantasmes; du rêve à l'imaginaire collectif*, Bayard Centurion, Paris, 1998.)

Quindlen, Anna, *Black and Blue*, Random House, New York, 1998. (Édition en français: *Noir comme l'amour*, Belfond, Paris, 1999.)

Renfrew, Colin et Paul Bahn, *Archaeology: Theories, Methods and Practice*, Thames and Hudson, New York, 1991.

Rilke, Rainer Maria, *Rilke's Book of Hours: Love Pœms to God*, Riverhead Books/Putnam, New York, 1996. (Édition en français: *Le Livre d'heures* in *Œuvres poétiques et théâtrales*, La Pléiade, Gallimard, Paris, 1997.)

Rose, Phyllis, *The Norton Book of Women's Lives*, W. W. Norton, New York, 1993.

Ross, Lillian, *Here But Not Here*, Random House, New York, 1998.

Rumi, *The Illuminated Rumi*, Broadway Books/Bantam Doubleday Dell, New York, 1997.

Sark, *A Creative Companion*, Celestial Arts, Berkeley, Californie, 1991.

Selznick, Irene Mayer, *A Private View*, Alfred A. Knopf, New York, 1983.

Shain, Merle, *Some Men Are More Perfect Than Others*, Bantam Books, New York, 1973.

Shange, Ntozake, *Sassafras, Cypress & Indigo*, St. Martin's Press, New York, 1996.

Sheehy, Gail, *New Passages: Mapping Your Life Across Time*, Random House, New York, 1995.

Sleigh, Julian, *Crisis Points: Working Through Personal Problems*, Floris Books, Royaume-Uni, 1990.

Steinem, Gloria, *Revolution from Within: A Book of Self-Esteem*, Little, Brown & Company, Boston, 1992. (Édition en français: *Une révolution intérieure; essai sur l'amour-propre et la confiance en soi*, Interéditions, Paris, 1992.)

Stoddard, Alexandra, *Creating a Beautiful Home*, William Morrow, New York, 1992.

_____, *Making Choices: The Joy of a Courageous Life*, William Morrow, New York, 1994.

Thurman, Judith, *Isak Dinesen: The Life of a Storyteller*, St. Martin's Press, New York, 1982.

Tolstoï, Léon, *Anna Karenina*, Alfred A. Knopf, New York, 1983. (Édition en français: *Anna Karénine*, Gallimard, Paris, 1951.)

Tyldesley, Joyce, *Daughters of Isis: Women of Ancient Egypt*, Penguin Books, New York, 1995. (Édition en français: *Les Femmes dans l'ancienne Égypte; les filles d'Isis*, du Rocher, Monaco, 1998.)

_____, *Hatchepsut : The Female Pharaoh*, Viking, New York, 1996. (Édition en français : *Hatshepsout, la femme pharaon*, du Rocher, Monaco, 1997.)

Tyler, Anne, « Still Just Waiting » in *The Writer on Her Work* (éd. par Janet Sternburg), Norton, New York, 1992.

Waller, Robert James, *The Bridges of Madison County*, Warner Books, New York, 1992. (Édition en français : *Sur la route de Madison*, Albin Michel, Paris, 1993.)

White, Kate, *Why Good Girls Don't Get Ahead but Gutsy Girls Do*, Warner Books, New York, 1996.

Wile, Mary Lee, *Ancient Rage*, Thorndike Press, Thorndike, Maine, 1996.

Williamson, Marianne, *A Return to Love : Reflections on the Principles of a Course in Miracles*, HarperCollins, New York, 1993. (Édition en français : *Un retour à l'Amour. Réflexions sur les principes énoncés dans* Un Cours sur les miracles, Éd. du Roseau, Montréal, 1993.)

_____, *Illuminata : Thoughts, Prayers, Rites of Passage*, Random House, New York, 1994.

Woolf, Virginia, *Orlando*, Harcourt Brace & Company, New York, 1928. (Édition en français : *Orlando*, Stock, Paris, 1992.)

_____, « A Sketch of the Past » in *Moments of Being* (éd. par Jeanne Schulkind), Harcourt Brace & Company, New York, 1985.

_____, *A Room of One's Own*, Harcourt Brace Jovanovich, New York, 1929. (Édition en français : *Une chambre à soi*, Éd. Denoël, Paris, 1992.)

Yeats, W. B. « The Stare's Nest by My Window » in *Meditations in Time of Civil War* in *Collected Works*, Macmillan, New York, 1933.

TABLE DES MATIÈRES

TRÉBUCHER

LA TOURMENTE

SENTIR

AUTRE CHOSE

IMPRESSION
IMPRIMERIE GAGNÉ

IMPRIMÉ AU CANADA